전통 인성교육이
해답이다

Education of Humanism

전통교육의
재해석과 현대화

신창호

심승우
윤영돈
이승철
임도영
임홍태
지준호
한성구
함규진

이 저서는 2015년 대한민국 교육부와 한국연구재단의 지원을 받아 수행된 연구임(NRF－2015S1A5A2A03048682).

머리말

모든 시대는 그 시대를 표상하는 시대정신(時代精神, Zeitgeist)이 존재합니다. 헤겔은 이 시대정신을 개인으로서 인간 정신을 넘어선 보편적 정신세계가 역사 속에서 스스로 전개해 나가는 과정의 양태라는 의미로 풀어냈습니다. 그렇다면, 21세 초반의 인류가 직면한, 특히, 대한민국을 살아가는 많은 사람들에게 지배적 중심을 차지하는 시대정신은 무엇일까요?

인공지능이 생활을 선도하는 이 시대는 더욱 세분화·전문화의 과정을 거친 영역이 수많은 시스템으로 엮어져 있습니다. 적절한 표현은 아닙니다만, 4차 산업혁명이라고 명명되기도 하는 고도 산업사회에서 기술문명의 성장은 우리에게 편리성과 색다른 휴식을 던져주기도 하지만, 인류 삶의 전 영역에서 기존의 생활 생태계를 교란시키며 위협하기도 합니다. 이 과정에서 교육적으로는 인성교육(人性敎育) 문제가 등장했습니다. 인간은 다른 동물과 달리 당연히 독특한 인성을 담보로 생활합니다. 그런데 인성을 교육해야 한다니요? 아이러니한 교육적 문제입니다. 인성교육의 대두와 강조는 현대사회에서 인간 존재의 변화와 직결됩니다. 인간 존재는 그대로인데, 인간됨에서 인간다움으로 나아가는 목적과 내용, 방법의 측면에서 변질이 발생했습니다. 그렇다면 무엇을 기준으로 인성교육을 고려할 수 있을까요? 우리 연구진의 고민이 거기에 있었습니다.

우리가 살고 있는 여기 이때, 인성교육을 반추(反芻)해 볼 수 있는 거울은 무엇일까? 과연 그런 바탕을 찾을 수는 있을까? 그 고민의 귀착지점은 전통이었습니다. 전통에서 인성교육의 차원을 탐구하고 현대성을 부여해 보려는 데로 초점이 모아졌습니다. 전통을 고려하면서, 심사숙고할 사안이 있었습니다. 바로 전통(傳統)과 인습(因襲)을 구분하여 연구에 반영하는 작업이었습니다. 현대사회처럼 급변하는 시대에 과거의 가치관만을 고집하는 일은 현재의 삶을 생명력 넘치게 하는 전통은 아니라고 판단했습니다. 그런 사고와 행위는 현재의 삶을, 현재의 교육을, 세부적으로는 현대적 인성교육을 거역하는 고질병과 같은 인습이 될 수 있습니다. 인간 사회는 소중한 전통을 개인은 물론 그 사회의 삶으로 내면화 할 때 현실을 충만하고 미래를 창출하는 삶으로 전이할 수 있습니다. 그것이 과거와 현재, 미래라는 시공간을 진정으로 소통하는 전통이라고 봅니다. 에드워드 쉴즈는 전통이 받아들여질 때 그것은 너무나 자명한 문화이고, 그 어떤 행동이나 신념처럼 중요한 것이라고 했습니다. 이때 전통은 현재에 존재하는 과거이자 어떤 새 발명품과 마찬가지로 현재의 큰 부분이 됩니다. 때문에 전통은 우리 삶의 본보기나 청지기로 작용합니다.

　공자가 『논어(論語)』에서 설파한 것처럼, 우리 연구팀의 화두도 '온고이지신(溫故而知新)'으로 정했습니다. 주지하다시피 '온고(溫故)'는 배우고 물으며 탐구하는 연구 작업으로 문화적 전통을 학습하고 습득하는 일입니다. '여기-이때-이 상황'에서 과거의 사유를 다양한 측면으로 탐색하는 학문 행위입니다. '지신(知新)'은 그것을 통한 새로운 문명의 발견이자 창조입니다. 창조는 전통에 대한 반성과 의심, 성찰이 없다면 불가능합니다. 인간의 삶은 늘 과거와 현재, 미래가 중첩되며 흘러갑니다. 그것은 인간이 과거로부터 벗어날 수 없는 동시에 현재의 순간을 거쳐 미래로 나아가고 있다는 의미입니다. 때문에 인간은 과거 문명에 대한 이해를 통해 현재에 충실하며 미래를 개척해 나갈 힘을 얻습니다. 과거와 미래는 현재 속에서 연속적이고 지속적입니다. 그것이 전통의 힘입니다.

본 연구팀의 작업은 이런 정신에 기초하여 이루어졌습니다. 이에 전통의 현대 교육화 문제를 비롯하여, 전통의 재해석과 범주화, 전통의 재조명과 통섭, 전통교육의 현대화, 전통교육의 현대화와 시사점 등 여러 논의를 바탕으로 인성교육의 밑바탕을 그려나가는데 일조하려고 노력했습니다. 본 연구의 책임을 맡아 이끌어준 지준호 교수님을 비롯하여 함께 연구하며 논의한, 심승우, 윤영돈, 이승철, 임도영, 임홍태, 한성구, 함규진 교수님께 고마움 마음을 전하며, 여러 가지 어려운 사정에도 불구하고 출판을 맡아준 피와이메이트 식구들께 깊이 감사드립니다.

2018. 6.

저자를 대표하여 신창호 씀

이 책은 신창호 외 연구자들이 2016년부터 2018년까지 한국연구재단의 지원을 받아 실행하고 있는 "온고지신 교육모델 개발 연구" 제1차년도 보고서를 수정 보완하여 책으로 엮은 것이다. 연구를 진행할 수 있게 해준 한국연구재단과 책이 나오게 해주신 피와이메이트에 깊은 감사를 드린다.

차 례

서언 :
전통의 현대교육화 문제

제1장

서언 :
전통의 현대교육화 문제

1. 21세기, 전통과 인성에 대한 고민

우리는 오랫동안 '전통'에 높은 가치를 부여하며 충실하게 계승하고 전수하며 적극적으로 현창하는 일에 많은 힘을 쏟아왔다. 교육정책과 문화정책을 입안하고 시행하는 데 있어서도 '전통'의 가치를 발양하는 것은 매우 핵심적인 과제였다. 하지만 최근 들어 소위 '국뽕'(국수주의 마약)이라는 은어가 젊은이들 사이에서 유행할 정도로 전통 가치와 우리 문화의 우수성은 경시되거나 심지어는 한낱 조롱거리에 불과한 것으로 취급되고 있는 실정이다. 물론 홉스봄(Hobsbawm, Eric) 등이 "만들어진 전통"론에서 날카롭게 분석했던 것처럼,[1] 과거 우리나라의 권위주의 정권이 체제에 대한 국민의 충성심을 높이기 위하여 의도적으로 전통을 미화하고 왜곡했던

---

1) Hobsbawm, Eric(외), 박지향·장문석 역, 『만들어진 전통』, 휴머니스트, 2004, pp.35-45.

면이 적지 않았다.[2] 따라서 이러한 상황을 고려할 때, 과거와 같은 방식으로 전통을 교육하거나 전수하는 일은 시의적으로나 방법적으로도 효용성이 크지 않아 보인다.

한편, '전통'은 사회공동체 구성원의 내적 정체성을 이루며, 그 공동체성을 구축하는 기반이 된다. "보편주의냐 다문화주의냐"라는 작금의 논쟁으로부터 연역할 수 있듯이, 베르거(Peter Berger)의 주장대로 "그 사회공동체의 전통문화에서 핵심적인 부분은 존중하고, 부차적인 부분에 대해서는 서로 합리적이고 평화로운 타협을 모색하는 것"[3]이 이러한 '전통'을 둘러싼 현대사회에서의 논쟁을 해소할 수 있는 가장 설득력 있는 해결책이 될 수 있다.

그러나 강조하건대, 이러한 모색이 다시 기존처럼 "국뽕"이라는 비웃음을 사기 쉬운, 다분히 파시즘적이고 체제수호적인 것이어서는 안 된다. 전통을 계승하면서 현대를 개선한다는 목표가 헌팅턴(Huntington)이 언급한 "형용모순"[4]이라는 당착에 빠져서는 안 된다. 이에 우리는 신세대에 "통용될 수 있고, 통용되어 마땅한" 전통교육 내용과 교육방식을 연구해야 한다. 그러기 위해서는 정치사상적으로 전통의 의미와 전통을 교육하는 의의를 규명하고, 사상사·문화사적 탐색을 통해 전통교육의 내용을 재구성함과 동시에 교육학적으로 효과적인 교수 방법을 고안하여야 한다. 이런 상황에서 유학(전통사상), 정치학(정치사상), 교육학(교육철학) 간의 학제 간 융복합적 연구는 난관에 봉착해 있는 '전통'과 연관된 우리 사회의 여러 문제를 해결할 수 있는 실마리를 제공해 줄 수 있으리라고 생각한다.

2) 강정인, 「박정희 대통령의 민족주의 담론 : 민족과 국가의 강고한 결합에 기초한 반공·근대화 민족주의 담론」, 『사회과학연구』 20집 2호, 2012, p.60.
3) Berger, Peter(외), 함규진 역, 『의심에 대한 옹호』, 산책자, 2010, pp.229-239.
4) Huntington, Samuel, 강문구·이재영 역, 『제3의 물결 : 20세기 후반의 민주화』, 인간사랑, 2010, p.84.

2. 오늘날에도 전통은 필요하다

첫째, 본 연구는 자유주의 시민문화의 병폐를 극복하기 위한 것이다. 다시 말하자면, 자유주의의 비합리적인 측면인 원자론적 개인주의, 과도한 합리주의, 사적 소유권에의 지나친 집착, 물질만능주의, 공동체의 파괴, 인간 소외 등 사회적 병폐와 병리 현상을 극복할 수 있고 실제적으로 교육 현장에서 적용 가능한 대안적 교육모형을 적극적으로 탐색해야 한다는 시대적 요청을 배경으로 한다.5) 이를 위해 본 연구에서는 우선 서구의 정치사회사상과 교육철학의 이론 가운데 자유주의적 병폐를 극복할 수 있는 이론적·실천적 자원에 주목하고 이를 현대적으로 재해석함으로써 전통교육 철학 및 방법과의 적극적인 통섭을 모색하고자 한다. 대표적으로, 비(非)자유주의적 전통으로 분류될 수 있는 공화민주주의 및 참여민주주의, 심의민주주의 계열의 학자들(루소, 아렌트와 스키너, 테일러, 무페, 센달, 페팃 등)이 강조하는 공적 책임의식과 민주적 덕성을 지닌 시민주체의 형성이라는 측면은 본 연구가 지향하는 교육철학 및 교육방법에 많은 시사점을 주고 있다. 또한, 자유주의가 지닌 비합리적인 측면들을 극복하는 과정에서 우리 전통사상의 가치도 새롭게 조명 받아 긍정적 역할을 하게 될 가능성도 적지 않다. 물론, 이때의 전통은 교조적이거나 화석화된 가치가 아니라 글로벌 시대의 특징에 맞게 온고지신의 치열한 과정을 경유한 현대화된 전통이 될 것이다.

둘째, 본 연구는 근대적·서구적 교육제도의 혁신을 위한 것이다. 교육

---

5) 양승태, 『우상과 이상 사이에서 : 민주화 시대의 이데올로기들에 대한 비판적 성찰』, 이화여대 출판부, 2007, pp.273-275; Sandel, Michchael, 김선욱 역, 『공동체주의와 공공성』, 철학과현실사, 2008.

의 역할은 시대와 사회의 고통을 치유하고 극복할 수 있는 주체를 길러내는 것임에도 불구하고 초·중등교육과정에서는 입시 위주의 주입식 교육이, 그리고 고등교육과정에서는 분과학문들로 구획된 편협한 지식학문만이 학생들에게 강요되고 있다. 특히 대학은 취업난 속에서 사실상 스펙을 쌓기 위한 고가의 학원으로 전락했으며, 진리탐구의 장이라는 전통적 의미가 무색해진지 오래이다. 그러므로 근대적·서구적 교육내용과 교육과정, 교육방식이 지배하는 교육제도의 현실적 한계를 극복·보완하고, 아울러 미래사회를 이끌어갈 청소년들의 지적－정서적－인성적 역량 증진에 실질적으로 도움을 줄 수 있는 전통교육의 현대화, 현대적 접목이 절실하다.

셋째, 본 연구는 시대적 요청으로서의 전통교육을 활성화하기 위한 것이다. 현대교육이 직면한 현실적 난관 앞에서 이를 극복하고 보완할 수 있는 교육내용과 방법을 전통교육에서 찾고자 한다. 한 국가와 민족에게 있어서 전통문화란 끊임없이 샘솟는 물과 같고, 나무의 뿌리와도 같은 것으로, 전통문화가 가지고 있는 보편적 가치를 탐구하고 전통교육에서 중시한 인성교육과 예절문화를 다시 일으키는 것은 오늘의 교육 문제를 해결하는 데 있어 유용한 해결책이 될 수 있다. 특히, 오늘날 글로벌 시대의 다양성 요구에 전통교육이 어떻게 부응하고 어떻게 변용되어야 하는지를 심도 있게 고찰할 필요가 있다. 즉, 전통교육의 원리와 경험이 고등교육의 학문의 장 내에서만 논의되거나 혹은 단발성 문화이벤트 형식으로 제시되는 것이 아니라, 전통교육이 추구했던 인성교육의 특성과 본질 그리고 그 한계를 분석하여 교육의 궁극적 목적인 '자신을 실현하고' '공동체를 배려'할 수 있는 인재를 양성하기 위한 반성적 접근을 시도하고자 한다.

넷째, 본 연구는 유대와 연대 그리고 사회의 정체성 유지의 기반으로서 전통의 역할을 재조명하기 위한 것이다. '전통'은 공동체의 정체성을 유지시켜주는 유대와 연대의 기반이자 민주주의 심화의 공론적 토대이다. 공동체의 정체성이 점점 희박해지고 상실되는 시점에서 전통의 현대화는 '우리'라는 가치를 일깨우기 위해서도 시급한 일이다. 물론 혈통적 다원성이 크지 않은 한국에서 "다분히 전통적으로 형성되고 유지되어 온 단일(monolithic) 대중문화장"은 아직도 한국인들이 문화의 영역에서 독자성을 유지하는 기반이 되고 있기는 하지만, 과연 전통에 기반을 둔 대중문화장이 진정한 통합의 기반으로 작용하고 있는지를 성찰할 필요가 있다. 이를 통해 전통문화가 젊은 세대들에게 공동체 의식을 갖게 만들고, 세대간에는 가치관 차이를 극복하고 소통할 수 있는 공통의 장으로 기능하게 함으로써 전통적 대중문화장이 사회통합에 기여함과 동시에 통일시대를 대비할 수 있는 기능을 갖도록 준비해야 한다. 즉, 다원화된 시대에 맞게 우리의 전통적인 대중문화장을 체계적이고 합리적으로 제도화시켜 대한민국의 민주주의를 심화하고 사회정의를 구현하기 위한 동력으로 활용할 필요가 있다. 이 과정에서 전통교육의 역할이 절실히 요구된다고 할 수 있다.

3. 전통의 재해석과 활용연구, 어디까지 왔나

전통교육에 관한 연구는 현재 전방위적으로 진척되어 있는 상황이다. 그러나 연구 영역의 측면에서 보자면 실증적 패러다임에 입각한 접근에 비해 전통의 이념적 가치 및 그 사상사적 의의에 보다 많은 연구자의 관심이 편중되어 있다. 또한, 교육과정을 가늠할 수 있는 사료의 발굴이 용이하지 않기 때문에 실제로 현실에 적용 가능한 연구 성과는 다소 미흡한 실정이다. 특히, 현대사회의 병폐를 치유하고 한국적인 민주시민의 형성을 위한 구체적인 교육제도의 근본적인 혁신에 기여할 수 있는 전통교육

의 현대화 기획 및 이를 위한 대안적인 교육콘텐츠와 교육과정, 교육프로
그램의 개발 자체가 거의 없을 뿐만 아니라, 있다 하더라도 결과물의 수
준이 상당히 빈약하다.

전통사상 및 한국철학 분야에서 교육사상 관련 선행연구는 주로 교육
사상가 또는 교육실천가로서의 퇴계와 율곡, 그리고 다산에 집중되어 있
다. 이러한 선행연구들은 다시 문헌 해석적 연구와 파탄에 이른 현대교육
의 대안을 개인의 사상내용에서 탐색하는 연구로 나누어진다. 문헌 해석
적 연구는 주로 교육사상가들의 저서 중에서 관련 교육서를 중심으로 교
육사상을 분석하였고,6) 현대교육이 갖는 문제점에 대한 대안을 찾으려는
연구는 선현들의 교육사상이 현대교육(아동교육)에 주는 시사점을 현대적
으로 재조명하고도 있다.7) 그리고 전통 한국사상과 전통적 교육방법에서
현대교육에 활용할 재료를 발굴하려는 시도도 있다.8) 이상에서 볼 때, 한

6) 김낙진, 「퇴계 이황의 성리학과 도덕교육론」, 『한국초등도덕교육학회 하계학술발표논문집』, 2011, pp.171-188; 김익수, 「율곡의 인성교육론(1) - 주로 격몽요결을 중심으로」, 『한국사상과 문화』 73집, 2014, pp.195-222; 이미숙, 「율곡의 효 교육사상 - 학교모범을 중심으로」, 『청소년과 효문화』 16권, 2010, pp.63-89; 신창호, 「퇴계교육철학과 전통교육 : 『성학십도』를 중심으로」, 『교육철학』 50집, 2013, pp.1-29; 김경호, 「학교모범에 나타난 율곡의 교육사상 - 교육이념과 내용을 중심으로」, 『율곡사상연구』 6집, 2003, pp.133-153; 김경호, 「조선후기 율곡교육사상의 전승과 변용 - 격몽요결을 중심으로」, 『율곡사상연구』 22집, 2011, pp.159-185; 김태오, 「다산의 「아학편」에 반영된 문자교육관」, 『교육철학』 11집, 1993, pp.59-80; 류정희, 「다산의 자녀교육 연구 - 家誡와 書簡을 중심으로」, 『한문교육연구』 6권, 1992, pp.108-151; 김재섭, 「다산 정약용의 교육사상 연구」, 『한국교육사학』 21집, 1999, pp.85-117. 등의 연구성과를 들 수 있다.

7) 김혁수·장윤수, 「퇴계사상을 활용한 어린이 철학교육」, 『초등도덕교육』 44집, 2014, pp. 113-150; 남궁용권, 「율곡의 교육사상과 현대적 의의」, 『율곡학보』 17권, 2000, pp.93-138; 지영숙, 「전통 가정교육사상의 현대적 의의 - 율곡·다산의 교육관을 중심으로」, 『생활과학』 1권, 1998, pp.1-27; 권영임, 「율곡과 다산의 교육사상이 현대아동교육에 주는 의미고찰」, 『교육연구논총』 24권 2호, 2013, pp.19-35; 박의수, 「율곡 이이의 교육사상」, 『한국사상과 문화』 7권, 2000, pp.213-244; 김경호, 「율곡의 교육사상」, 『율곡사상연구』 5집, 2002, pp.231-249; 이용형, 「다산 정약용의 교육관」, 『한국건전사회교육학회 학술세미나집』, 1997, pp.89-116. 등의 연구성과를 들 수 있다.

8) 장승희, 「전통윤리의 교육방법에 관한 연구 : 조선시대 서당교육을 중심으로」, 『도덕윤리과교육』 14호, 2002,

국철학 분야에서 교육사상 관련 연구는 그 대상이 주로 퇴계, 율곡, 다산을 중심으로 이루어지고 있으며, 연구 내용도 선현들의 교육사상의 조명과 발굴에 초점이 맞추어져 있을 뿐, 그 밖의 인물의 교육사상이나 관련 연구는 충분하지 않은 상태이다.

전통교육에 관한 교육학 분야의 연구로는 전통 서원에 대한 연구가 상당히 많다. 이 가운데 서원의 전반적인 상황을 소개하고 신분제의 변화 양상과 연계시켜 서원의 설립과 철폐, 건립주체와 운영주체 그리고 경제 기반과 재정운영에 이르는 다양한 주제를 통해 서원 모습의 복원을 시도한 연구가 있다.[9] 또한, 관학의 학령과 서원(서당)의 학규 등을 중심으로 조선시대 학령 및 학교 관련 자료, 즉 「복천향교 학령」, 「무안향교 교규」, 「영광향교 강규」 등 관학의 학령과 퇴계의 「이산 원규」, 율곡의 「은병정사 학규」, 김원행의 「석실서원 강규」, 박세채의 「남계서당 학규」 등의 학령 및 교규를 검토함으로써 사학으로서 서원의 실제 모습을 가늠하는 연구도 있다.[10] 아울러 동몽(童蒙)의 의미와 개념, 동몽의 시기, 동몽교육이 이루어지는 문중서당의 기능과 운영 등 동몽교육[11]과 관련된 전반적인

pp.126-141; 김성기, 「인성교육 특성화 교육프로그램 개발을 위한 전통유학 교육관의 반성적 고찰」, 『동양철학 연구』 39집, 2004, pp.415-454; 김용재, 「조선시대의 유교교육 – 유교사상의 지식교육과 전인교육을 중심으로」, 『한국사상과 문화』 26권, 2004, pp.231-261; 도민재, 「전통사회 소학 교육과 청소년 예절교육의 방향」, 『유교 사상연구』 32집, 2008, pp.275-297; 지준호, 「공자 '화이부동'의 윤리적 함의와 현대적 가치」, 『동양고전연구』 41집, 2010, pp.275-301. 등의 연구성과를 들 수 있다.

9) 윤희면, 『조선시대 서원과 양반』, 집문당, 2004.

10) 현재까지의 연구동향을 살펴볼 때, 특히 전통교육 제도사 관련 연구자들이 공통적으로 관심을 기울이고 있는 부분은 ① 교육내용: 교육과정 및 교재, ② 교육 및 평가의 방법: 강경과 제술, ③ 교육 관계 범위: 학령 및 학규, ④ 학교의 의례 제도: 학교의례, ⑤ 교육체제의 운영: 도회와 회강(장회)의 다섯 분야로 요약할 수 있다. 박종배, 「조선시대의 학령(學令) 및 학규」, 『한국교육사학』 28권 2호, 2006, pp.213-237.

11) 동몽교육이란 한국 전통사회에서 초등교육, 혹은 유아교육에 상응하는 용어로 문자교육과 예절교육, 그리고 바람직한 인간상의 제시 등을 목적으로 한다. 이러한 동몽(童蒙)교육의 경우, 개념과 시기를 주요한 관심분야로

내용이 연구되었으며,[12] 특히 서당의 서적 간행과 수장(收藏)에 관한 연구를 진행하여 사당간본 총 20종과 그 간행시기를 밝혔고,[13] 동몽 교재 목록 작업도 다수의 학자에 의해 진행된 사례가 있다.[14] 전통교육 교재 및 교육콘텐츠 관련 연구에는 전통 유아교육과 제7차「유치원 교육과정」비교연구가 있으며,[15] 유아예절교육프로그램 개발을 위한 교수매체로서 조선조 동몽 교재가 검토되기도 하였다.[16] 이는 서당 교육과정과 교재에 관한 대표적인 연구로 볼 수 있다. 기타 일제 강점기 이후 강원도 지역 서당 훈장에 관한 구술사적 연구[17] 등 이외에도 향토사학, 향토교육사 분야의 적지 않은 연구자들이 서당에 관한 연구를 진행하고 있다. 그러나 교재 및 교육콘텐츠 개발과 관련한 연구들은 대개『동몽선습』및『격몽요결』등 비교적 접근이 용이한 사료에 압도적으로 많은 관심이 집중되고 있어

다룬다는 점이 특징적이다. 특이할만한 점은 현대교육이 상정하는 아동의 양 측면, 즉 잠재적 성인으로서의 아동과 점토적 가소성을 통해 계발되어야 할 미성숙한 아동이라는 양자를 동시적으로 함의하고 있는 것이다(이희재, 2009; 정순목, 1983; 여영기, 2011).

12) 이희재, 「조선시대 유교의 동몽 교육」, 『공자학』 16집, 2009, pp.87-106; 정순목, 『한국유학교육자료집해(Ⅰ)』, 학문사, 1983; 여영기, 「15-16세기 동몽훈도 연구」, 『교육사학연구』 21권 1호, 2011, pp.123-157; 이욱, 「18세기 가학 전승과 문중서당」, 『국학연구』 18권, 2011, pp.129-155; 박연호, 「조선후기 동몽교육과정의 변화」, 『교육사학연구』 2-3권, 1990, pp.47-64. 등의 연구성과를 들 수 있다.

13) 배현숙, 「조선조 서당의 서적 간행과 수장에 관한 연구」, 『서지학연구』 35권, 2006, pp.5-40.

14) 정순목, 『조선시대의 교육명저순례』, 배영사, 1985; 류점숙, 『조선 후기 동몽 교재의 내용분석』, 경북대 대학원 박사학위논문, 1991; 지정향, 『조선시대 유학의 아동관과 교육적 함의』, 한국정신문화연구원 한국학대학원 박사학위논문, 2009; 정순우, 『서당의 사회사』, 태학사, 2013. 등의 연구성과를 들 수 있다.

15) 박영태·하수연·임경순, 「『동몽선습』과 제7차 『유치원 교육과정』 비교연구」, 『석당논총』 44권, 2009, pp.279-319.

16) 김미라, 「유아예절교육을 위한 교육프로그램 개발 및 교수매체 연구 : 조선조 동몽교재를 중심으로」, 『미래유아교육학회지』 14권 4호, 2007, pp.475-501.

17) 피정만, 「서당 훈장의 구술사적 연구 : 일제 강점기 이후를 중심으로」, 『한국교육사학』 30권 1호, 2008, pp.119-142.

서 보다 새로운 사료의 발굴과 다양한 관점에서의 접근이 필요하다.

정치학 분야에서는 전통교육과 관련된 연구는 거의 없다. 전통사상과 연관된 연구로는 포스트모더니즘적 관점에 근거하여 자유민주주의의 대안으로서의 '유교민주주의'를 모색한 연구가 있으며,[18] 자유주의에 대비되는 공동체주의를 한국적으로 구축함에 있어 유교적 전통의 활용 가능성을 탐구한 연구,[19] '공민사회'의 개념을 통상적인 서구적 개념에서 확장시키며 전통 한국사회의 정치적 정당성을 제시한 연구 등이 있다.[20] 그러나 전통의 재조명이나 재해석은 아직 정치체제론 수준에 머물러 있으며, 구체적 사회현실이나 정책 문제에 착근한 연구는 드물다. 특히, 민주시민교육의 분야는 정치학적으로 중요한 주제임에도 불구하고 이 분야에서의 전통사상 관련 연구는 외면되고 있다. 결국 방법론 차이에서뿐만 아니라 관심 분야의 차이로 말미암아, 한국철학 – 정치사상 – 교육학 분과 간의 융합 연구는 시도 자체가 드물고 연구 성과 또한 미진한 상황이다.

이러한 연구현황은 전통에 대해 모순적인 입장을 보여 온 교육제도 및 대중문화의 경향 아래에서 복고주의나 형용모순이라는 국내외의 비판과 검증을 견뎌내고 오늘날의 각종 사회문제에 해결책을 제시할 수 있는 대안적 교육모형인 '온고지신(溫故知新) 교육 모델' 수립을 위한 유학 – 정치사상 – 교육학 융합 연구가 절실하다는 것을 반증한다.

이와 같은 선행연구의 시사점들은, 본 연구가 단순히 전통교육의 현대적 함의만을 추구하는 것이 아니라, 실제로 그 이상과 목표를 실현할 수

---

18) 함재봉, 「아시아적 가치와 민주주의 : 유교민주주의는 가능한가?」, 『철학연구』 53권 1호, 1998, pp.43-67; 김비환, 「유교적 덕치와 자유주의적 법치의 도덕적 토대 : 통합을 위한 몇 가지 아이디어들」, 『유교문화연구』 9권, 2007, pp.1-21.

19) 이상익, 「유교적 공동체 : 이론(理論), 양상(樣相), 전망(展望)」, 『사회과학논집』 38권 1호, 2007, pp.22-45.

20) 조혜인, 『공민사회의 동과 서 : 개념의 뿌리』, 나남, 2009.

있는 교육콘텐츠와 교육과정, 교육프로그램이 내적인 일관성과 실천적 효과를 갖추어야 한다는 당위적인 방향성을 제시하고 있다. 이는 전통적이고 한국적인 교육원리와 교육방법 등으로부터 시사점과 아이디어를 추출하고, 이를 현대교육과 통섭하여, 전통과 현대의 교육원리·교육철학·교육방법이 창조적으로 융합된 교육 모델의 개발을 추구하는 것이다.

4. 연구의 목표, '온고지신'을 향하여

첫째, 본 연구는 전통의 재해석과 재발견을 통해 전통교육의 현대적 역할을 모색하고자 한다. 서구의 자유주의와 합리주의가 교육을 포함한 다양한 영역의 기본 원리로 작동하고 있는 현실 속에서, 전통에 대한 재해석과 활성화 방안을 모색하는 것은 동양적 가치의 복원을 통한 교육적 활용을 도모하는 것이다. 전통적 가치의 활성화란 외부에서 새로운 것을 주입하는 것이 아니라, 현재 우리의 현실 안에 존재하지만 의식·무의식적으로 배제되어온 가치와 사유들을 복원하고 재생시키는 것을 의미한다. 이것은 일종의 '전통의 재발견'이라는 복고성을 가지지만, 전통의 재발견이 제공하는 가치와 실천은 과거의 것이 아니라는 점에서 전통으로의 회귀와는 질적으로 다르다. 날로 파편화·원자화 되고 있는 현대문명의 그늘 속에서, 더욱이 그 뿌리에 서구적 근대성이 자리잡고 있다는 측면에서, 공자(孔子)의 '온고이지신(溫故而知新)'의 지혜는 어느 때보다 절실하고 심도 깊게 추구되어야 한다. 이는 시대의 병리현상과 아픔을 치유하고 공동체적 인성과 민주적 덕성을 갖춘 시민 주체 형성에 기여하고자 하는 전통교육의 사회적 역할이기도 하다.

둘째, 본 연구는 한국적 전통교육 콘텐츠 발굴과 주체적 교육방식을 모색하고자 한다. 다양한 해석과 평가가 가능하겠지만, 현재 한국의 교육제도는 서구적인 교육모형과 일본식 근대적 교육모형이 절충된 특징을 가진다고 볼 수 있다.[21] 본 연구는 현재의 교육제도가 가진 강점을 살리면서도 서구와 일본 교육제도의 한계를 분석하고, 전통교육의 가치와 의의 및 시사점 등을 집중적으로 재조명함으로써 한국적이고 주체적인 전통교육 콘텐츠를 새롭게 재구성하고자 한다. 전통교육의 내용과 방법을 현대화하여 청소년 교육 혁신을 위한 원칙과 방법을 도출해 내고, 활용 가능한 교수−학습 프로그램을 개발할 것이다.[22] 이를 위해 선현의 문집 및 학령, 학규, 원규, 재규 등의 전통교육 관련 자료를 발굴하고 정리하여, 전통교육의 실제 및 전통교육이 중시한 일상적 가치를 면밀하게 분석함과 동시에, 그 결과물을 통해 전통교육의 '내용', '방법', '체계' 등을 구체적으로 재해석하고 현대화할 것이다. 이러한 과정은 현대사회가 직면한 자본주의의 병폐와 고통을 치유하고 시민 간의 상생관계와 협력을 촉진할 수 있는 한국적 교육방식 모형과 모델 제시로 귀결된다.

----

21) 개화기 당시에 과거제도와 같은 한국의 교육제도를 전근대적이며 심지어 야만적인 것으로 평가절하하는 서구와 일본의 오리엔탈리즘적 시각의 기원에 대해서는 이화여자대학교 한국문화연구원, 『근대계몽기 지식의 발견과 사유』, 소명출판사, 2006 참조. 특히 '3장 문명과 야만의 표상'을 참조하라.

22) 현행 교육제도의 문제점을 지적하고 대안을 모색하려는 연구들은 그동안 적지 않게 진행되어 왔다. 그러나 대부분의 연구들은 전통교육이 현대사회에 주는 시사점과 거시적인 활용 방향의 원칙을 제시하는 수준에 그쳤을 뿐, 구체적이며 실질적으로 활용할 수 있는 실천교육프로그램 형태로 드러나지는 못하였다. 특히, 학교교육의 근본적인 혁신을 통해 현대사회의 병폐를 치유하고 한국적인 민주시민 형성을 모색할 수 있는 전통교육의 현대화 기획이나, 이를 위한 대안적인 교육콘텐츠 개발과 교육과정 및 교육프로그램 제시 등은 거의 없었다. 이러한 문제의식 속에서 본 연구는 단순히 전통교육의 현대적 함의 혹은 대략적인 현대화 방향성만을 제시하는 것이 아니라, 전통교육의 내용과 방식을 창조적으로 계승·변용·현대화하는 동시에 교육콘텐츠와 교육과정, 교육프로그램이 내적인 일관성을 갖추어 그 이상과 목표를 실현하고 실천적 효과를 거둘 수 있는 '온고지신(溫故知新) 교육 모델'을 구현하고자 한다. 이는 전통적이고 한국적인 교육원리와 교육방법 등이 갖는 시사점과 아이디어를 현대교육에 적용시킴으로써, 전통과 현대의 교육원리와 교육철학 및 교육방법이 창조적으로 융합됨을 의미한다.

셋째, 본 연구는 융합 연구를 통해 실제적으로 의미 있고 유용한 전통 계승법을 제시하고자 한다. '전통'이 가지고 있는 사회적, 문화적 의의는 과거 유산에 대한 비판적 계승과 창조를 통한 세대간 소통과 사회적 통합을 이루는 것이라고 할 수 있다. 현재 한국사회에서 벌어지고 있는 갈등의 양상은 대단히 다양하고 광범위하지만, 문제의 근원을 따지고 보면 그것은 대부분 전통에 대한 이해가 부족할 뿐만 아니라 제대로 된 계승법도 모르고 있기 때문에 발생한 것이라고 할 수 있다. 따라서 이 시점에서 '전통이란 무엇'이고, '전통이 갖는 정치사회학적 의미는 무엇'이며, '전통을 어떻게 전수하고 계승할 것인가'를 논의하는 것은 대단히 중요한 과제이자 급격한 서구화와 근대화를 거쳐 온 현재에 반드시 따지고 넘어가야 할 문제이다. 따라서 '전통'에 대한 선행연구를 발전적으로 흡수하고, 정치사회적, 철학적, 교육학적 융합 연구를 진행하여 '전통'의 의미를 명료화하는 동시에 실제적으로 유용한 전통 계승법을 제시하고자 한다.

넷째, 본 연구는 바람직한 시민주체 형성에 기여함을 도모한다. 주지하다시피 전통교육의 중요한 특징 가운데 하나는 이론과 실천, 앎과 삶의 분리를 인식론·존재론적으로 회복하고 통합하는데 있다. 본 연구는 앎과 삶, 지식과 실천, 규범과 현실 등이 이분법적으로 분리되고 유통되어 자기모순적인 인간형을 양산하는 현행 교육제도의 근본적인 한계를 보완하고 정신과 육체, 개인과 사회 등이 통합된 진정한 지·덕·체 전인교육 프로그램, 즉 전통적 가치와 지식 및 실천들을 주체적으로 체화할 수 있고 주체−제도의 효과적인 순환을 가능하게 만드는 교육 모델 구성을 통해 새로운 시민주체의 형성에 기여하고자 한다. 구체적으로는 삶과 사회에 대한 성찰을 기반으로 한 자기수양, 타인과 자연에 대한 공감과 배려, 상생적 공존에 기반을 둔 공공선에 대한 관심과 참여 의지, 유대와 연대의 덕목을 갖춘 주체로서의 시민주체 형성 등의 모색이다. 이는, 개인적 삶의 양식의 변화를 통해 공동체적 유대와 연대를 고취하고, 공적 덕성과 능력을 가진 새로운 통합적 주체를 형성함으로써 공동체의 건설에 기여하는 것이다.

5. 어떻게 할 것인가?

본 연구는 전통교육의 필요성과 현대적 방법론, 정치적 정당성 등을 분석하기 위해 유학(전통사상)·교육학·정치학 간의 통합적 접근을 통하여 전통교육의 개념과 핵심요소를 구체화하고 전통과 현대를 일관하는 보편적 교육내용과 방법을 추출하여 전통교육의 현대화 방안을 모색하고자 한다.

전통교육과 당대 사회와의 상호 영향 관계를 분석하기 위해 사회학적 방법인 반영적 접근 방법과 형성적 접근 방법을 적용할 것이며, 텍스트에 대한 시공간적 분석 및 상징화되고 기호화된 전통교육 요소에 대한 해석학적 연구도 병행할 것이다. 아울러 전통교육 전문가와 초등학교 교사 및 서당교육 강사들과의 면담을 통해 자문을 구할 것이며, 교육프로그램의 초안이 완성되면 초등학교 및 서당교육에 시범 적용하고, 교육 효과를 검토한 후 환류·보완하여 본 연구가 목표한 전통교육의 현대적 적용 가능성을 높이는 구체적 방안을 제시할 것이다.

본 연구의 추진전략에 따른 구체적인 연구방법은 다음과 같다.

첫째, 반영적·형성적 접근 방법의 맥락적 활용이다. 반영적 접근(reflection approaches)은 전통시대에 생산된 다양한 전통 및 전통교육에서 사용되었던 텍스트들이 사회에 대해 무언가를 말해준다는 신념에 기초한다. 즉, 전통의 담지자이며 전수 수단으로서 당대에 생산된 전통문헌이 사회를 반영한다(혹은 사회에 의해 규정되거나 결정된다)는 믿음을 공유하는 다양한 연구방법을 포함한다. 대표적인 반영적 접근 방법들은 한 사회의 문화와 이데올로기(상부 구조)가 그 사회의 경제적 관계(토대)를 반영한다고 가정한 마르크스의 이론방법과 시간에 따른 변화를 추적하는 내용 분석법, 사람들 간의 구조적 관계를 드러내주는 "의례(ritual) 이해하기" 등의 방법들이다. 형성 접근법(shaping approaches)은 반영적 접근 방법의 대척점에 있는 것으로 전통(혹은 전통시기 생산된 텍스트)이나 전통교육이 사회에 영향을 미친다고 생각하는 것에서 출발한다. 즉, 전통이나 전통교육이 사람들의 머릿속에 어떤 생각들을 집어넣을 수 있으며 사회에 영향을 미친다는 핵심적인 믿음 또는 은유를 공유하는 다양한 이론을 포함하고 있다. 이는 반영적 접근 방법과는 달리 사회에 대한 전통이나 전통교육의 부정적인 영향을 조명한다. 본 연구에서는 반영적 접근 방법과 형성적 접근 방법을 통합적으로 적용해 전통교육을 분석할 것이며, 전통 혹은 전통 텍스트와 사회의 관계에 대해 긍정·부정의 양 측면을 최대한 객관적으로 접근해 전통교육이 지닌 보편적 요소들을 도출해 낼 것이다.

둘째, 해석학적 연구(interpretive study)이다. 전통과 현대가 시간적인 의미뿐만 아니라 공간적 의미도 담고 있는 개념이므로 효과적인 분석을 위해서는 동양과 서양, 고전과 현대의 텍스트를 아우르고 해석하는 연구가 필요하다. 본 연구는 전통교육의 필요성과 현대적 방법론, 정치적 정당성 등을 분석하고, 현대적 적용 가능성 탐구를 위해 동양사상, 한국철학, 유학사상, 윤리학, 정치사회학 및 교육학 등의 다양한 이론과 이와 관련된 문헌을 해석학적 연구 방식으로 탐구할 것이다. 기호화되고 상징화된 전통을 해석하고 정치사회학적 의의와 사회의 각 영역에 어떻게 영향을 미쳤는지를 연관 관계 속에서 탐색함으로써 화석화되고 죽은 전통이 아닌 당시 사회의 여러 조건들과 호흡하며 생장하던 살아있는 전통의 모습을 분석해 보고자 한다. 이는 문헌연구를 바탕으로 반영적 접근방법의 연장 선상에서 진행될 것이다.

셋째, 학제간 공동연구이다. 본 연구는 각 연구 주제별로 유학, 정치학, 교육학 전공자의 3팀을 이루어 공동 연구를 진행하였다. 이러한 팀별 공동연구는 각 학문의 전문성을 인정하면서 공통의 개념을 이끌어 냄으로써, 연구자 자신이 속한 학문적 특수성에서 벗어나 공통의 인식 틀에서 다양한 학문적 결과를 검토하고자 하는 목적으로 계획되었다. 특히 전통교육의 내용과 방법, 정치사회적 의미까지 융합적으로 탐색함으로써 전통교육의 특수성과 보편성을 도출하고 이를 토대로 전통을 교육함으로써 새로운 '현대 전통'을 만들어 낼 수 있는 방법을 모색할 것이다.

넷째, 실태조사 및 면담(구술사적 연구)이다. 이 부분은 양적 연구와 질적 연구로 나누어 볼 수 있다. 양적 연구의 측면에서, 본 연구는 전통교육에 대한 인식 정도를 파악하기 위해 어린이와 청소년, 성인세대를 대상으로 실태조사를 진행한다. 전통교육의 중요성은 끊임없이 제기되고 있지만 이에 대한 연구가 제대로 이루어지지 않고 있는 상황이다. 이에 대해 각 세대별로 지각하는 전통에 대한 인식, 전통교육의 문제점, 전통교육의 가능성 등에 대한 조사를 할 것이다. 한편, 질적 연구의 측면에서, 전통교육에 대한 인식 정도를 파악하기 위한 실태조사와 병행해서 현재 전통교육을 수행하고 있는 서당과 서원 등의 교육 담당자들을 대상으로 면담을 실시하여 실험연구의 보완 자료로 활용할 것이다.

이후에 여유가 된다면, 초등학교 교사 및 서당교육 강사와 협의하여 문헌연구와 실태조사, 전문가 자문 및 면접 등을 통해 전통교육 내용과 방법 등을 당시의 정치사회적 상황과 연계해 연구·분석한 후, 현대적 적용 방안을 도출하여 시범적으로 초등교육 현장에 적용하는 실험 연구를 진행할 것이다.

전통의 재해석과 범주화

제2장

전통의 재해석과 범주화

1. 전통의 일상적·학문적 의미와 가치의 변화*

(1) 전통의 일상적·학문적 의미

전통(傳統)이란 일반적으로 이전 세대로부터 전해져 내려와서 현재의 생활문화가 유지되고 발전하는데 있어서 긍정적인 역할을 할 수 있는 문화적인 양식이나 태도 등을 지칭한다. 고병익은 이러한 전통의 의미를 '변화성', '계속성', '독특성'으로 요약하고 있다.[1] 또한, 전통은 시간적인 연속성과 본질적인 의미를 모두 함축하고 있는 것으로, 과거로부터 현재 그리고 미래의 세계로 이어져 가고 있다. 그러므로 전통에 관한 이해는 현재 또는 현대와 관련하여 광범위하게 논의될 수밖에 없으므로 융통성과

---

* 「전통적 가치에 대한 학생들의 의식조사」, 『퇴계학논총』 27, 2016.6.
1) 고병익, 『동아시아의 전통』, 일조각, 1982.

포용성이 요청된다고 할 수 있다. 따라서 전통은 고유성이나 주체성을 전제조건으로 하고는 있지만, 시간적인 지속성을 유지하는 가운데 자각적인 반성이나 타문화와의 교류와 융합과정을 통하여 새로운 형태로도 발전되고 있는 것으로, 현 시대의 정치·경제·사회·문화 등 우리들의 모든 생활영역에 걸쳐 광범위하게 영향을 주고 있다고 할 수 있다.[2) 또한, 전통사상과 가치관은 일시적으로 형성된 것이 아니라 오랜 세월에 걸쳐 민족공동체 내에서 형성된 것으로, 우리 민족의 역사와 문화의 발달에 긴밀히 관계하면서 영향을 미치고 문화발전의 원동력으로 작용하였으며, 미래 세대들에 의해 자자손손 계승되면서 발전한다. 그러므로 이러한 전통문화의 전수와 계승은 민족문화의 발전과 더불어 영구히 이어지는 역사적 실체이자 그 관건은 홍일식 교수의 주장처럼 '우리 역사를 긍정적으로 보는 안목부터 키워나가는 데 있다. 진정한 전통문화의 계승은 이로부터 비롯되며',[3) 우리 역사를 긍정적으로 보는 안목은 전통사상 계승의 출발이라고 할 수 있다. 전통사회와는 다른 변화된 모습을 보이고 있는 현대사회의 정치·사회적인 구조나 실생활 등의 측면은 의식구조나 가치관의 측면에 있어서 전통에 대한 반성과 함께 새로운 이해를 요청하고 있다. 오늘날 중요한 사회적인 관심으로 대두되고 있는 한국인으로서의 정체성 확립과 가치관의 혼란에 따르는 도덕성 회복의 문제 역시 이러한 시대적 요청과 관련하여 논의할 필요가 있다. 따라서 우리는 전통적 가치관의 계승이라는 측면에서 변화된 사회에서 요구하는 바람직한 미래지향적인 가치관을 갖추어야 할 것이다.[4)

---

2) 지준호·정승진, 「대만 예비교사들의 전통관 연구」, 『한국초등교육』 19권 2호, 2009.

3) 홍일식, 『21세기와 한국전통문화』, 현대문학, 1993, p.22.

4) 지준호·지교헌, 「한국전통사상의 현대적 계승을 통한 바람직한 청소년의 가치관 모색」, 『유교문화연구』 16집, 2010 참조.

(2) 전통적 가치의 연원과 변화

21세기 한국인에게 영향을 미치고 있는 전통적 가치를 찾기 위해서는, 먼저 전통적 가치들을 일정한 기준에 따라 제한하는 작업이 필요하다. 전통적 가치의 연원은 불교, 유교, 도교 및 고유신앙 등으로 구분할 수 있으며, 여기에는 ① 보편적인 가치, ② 보편에서 유래되었으되 한국화된 가치, ③ 자생적인 고유의 가치 등을 포괄하고 있다.[5]

유·불·도 삼교의 핵심 가치들은 대체로 보편성을 강하게 지니기 때문에 어느 한 학파의 것으로 분류하기 어려운 가치들이 있다. 경천(敬天) 정신, 상관적 사유방식(음양의 정신)은 동아시아 전통에서는 종파를 초월하여 발견되는 가치들이다. 경천 정신은 중국 주(周)나라의 최고신인 '천(天)'을 숭상한 데서 비롯되었다고는 하지만, 중국의 사상들 속에서만이 아니라 한국의 고유사상에서도 찾아볼 수 있는 것이다. 만물은 서로 대립된 것들의 조화를 통해 이루어진다는 상관적 사유(correlative thinking) 또한 동아시아에 만연된 사유양식이다.[6]

우선, 불교적 측면에서 ① 보편적인 가치의 측면을 살펴보면, 불교의 보편적 가치로는 자비의 정신, 연기 사상, 생명 존중의 정신, 원융회통(圓融會通: 서로 다른 입장을 화합하여 하나로 소통시키려는 태도)의 정신 등을 들 수 있다. 이 중 생명존중은 도가의 무위자연(無爲自然)은 물론 불교와 도교에 비하면 인간중심적이라 평가받는 유학에서도 중시되는 가치이다. 또한 원융회통의 경우에는 유학의 중화(中和) 개념과 중첩되기도 한다. ② 보편에서 유래되었으되 한국화된 가치는 도덕판단의 준거로서의 업보의식(業報

---

5) 이하, 박병기·지준호·김철호, 「전통적 가치와 시민의식」, 한국윤리학회, 『윤리연구』 93호, 2013 참조.
6) Hall, D. L. & Ames, R. T., *Anticipating China*, Albany: State University of New York Press, 1995.

意識),[7] 타자의 삶과 나의 삶을 쉽게 구분하지 않는 동체의식(同體意識),[8] 수행의식(修行意識)[9] 등이다.

그 다음, 유교적 측면에서 ① 보편적인 가치의 측면을 살펴보면, 유교의 보편적 가치로는 충효·우애·경로의 정신, 중용(中庸)의 정신, 인본(人本) 정신, 수양의식(修養意識) 등을 들 수 있다. 이 중 수양의식은 불교나 도가에서도 강조되는 가치이다. ② 보편에서 유래되었으되 한국화된 가치는 상부상조(相扶相助)의 정신, 선비 정신(의리, 지-조 등)과 청백리 정신 등을 들 수 있을 것이다.[10]

마지막으로, 도교 및 고유신앙 등의 측면에서 ③ 자생적인 고유의 가치를 살펴보면, 무속[11]과 신바람[12]은 영향력이 큰 것으로 꼽히곤 한다.

------

7) 어떤 일을 왜 해서는 안 되는가 라는 물음에 답을 찾는 과정에서 우리 한국인들은 그것이 '죄로 가기 때문'이라고 답해왔다. 당장은 그렇게 되지 않겠지만, 살아있는 동안 언젠가 자신의 지은 업(業)에 대해 보(報)를 받을 수밖에 없다는 의식이 한국인의 기본적인 도덕의식으로 자리 잡았다는 분석이 가능하다. 이러한 업보의식은 시민의식의 핵심영역을 차지하는 도덕의식의 뿌리를 확인하는 요소가 될 것이다.

8) 나 자신의 삶을 자식의 삶과 분리하지 않는 '유별난 엄마들'이나 오빠의 출세를 위해 어린 시절부터 공장으로 나가 헌신했던 '가련한 누이들'의 삶 속에서 우리는 그런 동체의식의 한 자락을 확인할 수 있다. 그러한 동체의식이 '고립되고 이기적인 개인'을 주체로 설정해온 서구 계몽주의적 시민사회의 맥락 속에서 어떤 방식으로 어떻게 살아있는지를 확인하는 일은 우리 전통의 또 다른 축을 형성해온 유교적 가치와의 연계성을 공유할 수 있는 지점이기도 하다.

9) 일상적인 삶의 국면에 쉽게 함몰되지 않고 자신의 내면으로 시선을 돌려 성찰하면서 삶의 의미를 찾아가고자 하는 열망을 이 땅의 승려들과 선비들은 지속적으로 간직해왔고, 그 전통이 현대 한국인들의 수행을 향하는 열망으로 구체화되어 나타나고 있다는 분석이 가능하다. 이러한 수행의식 또한 수양의식(修養意識)과 연계되면서 유교 전통과 통합되는 지점이기도 하다.

10) 상부상조의 전통은 농업사회를 벗어나면서 약화되기는 했지만 불과 얼마 전까지만 해도 이사나 김장 등을 할 때면 도시에서도 흔히 볼 수 있는 풍경이었다. 선비정신과 청백리 정신 또한 조선이 배출한 맹사성·황희·최만리·이현보·이황·이원익·김장생·이항복 등 217명의 청백리가 증명하듯 한국유학에서 숭상되던 가치로서 오늘날에도 여러 지역의 선비문화축제, 선비정신체험행사 등을 통해 명맥을 이어가고 있다.

11) 무속은 무당을 중심으로 하여 전승되는 종교적 현상으로 정의되지만, 넓게는 초월적 존재를 통해 바람을 이루고자 하는 결과론적 태도를 포함한다. 무속은 표층의 수준에서는 거부감을 줄 수 있다. 그러나 문화적으로 판소리,

이 밖에 홍익인간(弘益人間) 이념, 동학의 정신, 화랑도 정신, 불굴의 정신 등 교육과 문화를 통해 일반인들에게 친숙한 가치들이 있다.

앞서 살펴보았듯이, 전통적 가치는 불교, 유교, 고유신앙 등에 연원하고 있으며, 여기에는 ① 보편적인 가치, ② 보편에서 유래되었으되 한국화된 가치 ③ 자생적인 고유의 가치 등이 포괄되어 있다. 그러나 비록 이러한 전통적 가치의 명맥이 현대에까지 이어지고는 있다하더라도, 이기적 개인을 주체로 설정해온 시민사회 속에서 전통적 가치들이 설 자리가 매우 좁아지고 있는 실정이다. 이러한 상황에서 시민교육의 방향을 설정하려한다면, 먼저 이러한 가치들이 근본적으로 시민의식과 거리가 있어서 그런 것인지, 아니면 시민의식 속에서도 중요한 가치로 인식되지만 기타 요인들로 인해 쇠퇴한 것인지를 진단하고, 이를 토대로 지향점을 재조정하여야 할 것이다.[13]

한편, 최근 10~20년 사이 현대 한국사회에서의 전통적 가치를 확인하는 작업들을 다음과 같이 주제에 따라 몇 가지 유형으로 구분해 볼 수 있다. 첫째, 사고방식에 주목한 연구,[14] 둘째, 오늘날 한국인인 지닌 가치들

산조, 살풀이 춤 등의 민속 예술이 굿에서 비롯되었고, 오늘날에도 수십만 명의 무당과 점술사들이 있고 일간지에 오늘의 운세 코너가 사라지지 않는 것 등을 보면 심층적 수준에서 무속은 최준식의 표현처럼 한국인의 영원한 종교라 할 수도 있을 것이다. 최준식, 『한국인을 춤추게 하라』, 사계절, 2007.

12) 신바람은 '깨어있고 밝은 마음가짐이 힘차게 움직이는 상태'로 정의해 볼 수 있다. 조동일, 「한국인의 신명・신바람・신명풀이」, 『민족문화연구』 30권, 고려대학교 민족문화연구원, 1997. 이는 금융위기 때의 금모으기, 월드컵 때의 붉은 악마 응원 등 다른 나라에서 찾아보기 힘든 단결과 열정의 원동력으로 거론되기도 하였다.

13) 첫째, 전통 가치들이 근본적으로 시민의식과 거리가 있는가? 둘째, 시민의식 속에서도 중요한 가치로 전통은 인식되지만 기타 요인들로 인해 쇠퇴한 것인가?의 두 가지 문제는 보편과 특수를 종합적으로 반영한 것이다.

14) 한국인의 사회적 대인관계는 '정(情)'을 제외하고는 이해할 수 없다고 주장한 최상진 등의 연구(최상진 외, 「한국인의 마음」, 『동양심리학: 서구심리학에 대한 대안 모색』, 지식산업사, 1999), 신기(神氣)와 무속을 통해 한국 문화의 특징을 살펴보고자 했던 최준식의 연구(최준식, 『한국인을 춤추게 하라』, 사계절, 2007), 한국인들의 사고방식, 정서, 가치관 등을 나타내는 한국인의 마음지도(Korean Mind Map)를 체계적으로 그리고자 하였

의 지형도를 그리고자 했던 연구,[15] 셋째, 위의 연구와 같이 구체적인 가치·덕목에 주목하되 중시하고 있는 것(Is)이 아니라 중시해야 할 것(Ought)을 분석한 연구,[16] 넷째, 전통적 가치와 시민사회와의 관계에 관한 연구[17] 등이 있다. 이처럼 전통적 가치에 대한 다양한 논의들이 확산되고 있는 것은 긍정적으로 볼 수 있지만, 일정 부분 경계해야 할 부분들도 있다. 첫째와 둘째 연구는 현재에도 영향을 미치는 사고방식과 가치들을 보여줌으로써 향후 지향점을 설정하는데 도움을 주지만, 현재 중시하는 것이 미래의 당위로 온전하게 설정될 수는 없다. 따라서 무엇이, 왜 바람직한지에 대한 고찰이 아울러 이루어져야 할 것이다. 셋째와 넷째의 연구는

던 최인철 등의 연구(최인철 외, 「한국인의 마음지도: 사고방식, 정서, 가치관」, 『한국심리학회지』 31호, 2012), 그리고 동양인과 서양인의 사유방식과 가치관의 차이를 실험을 통해 증명한 니스벳(Nisbett, R. E.)의 연구(Nisbett, R. E., 최인철 옮김, 『생각의 지도』, 김영사, 2010) 등이 이러한 유형에 해당한다.

15) 설문조사를 통해 한국인이 중시하는 가치를 건강, 가족의 화목, 행복, 가정의 안정, 신용 등의 순으로 100위까지 정리한 한덕웅의 연구(한덕웅, 「한국인의 중요한 가치」, 『한국심리학회 연차학술발표논문집』, 2004), 한국의 정신문화지표 개발을 시도한 윤종주 연구(윤종주, 『한국의 정신문화지표 개발을 위한 연구』, 한국정신문화연구원, 1990), 한국인의 사고와 행동에 유교가치관이 어떤 구조로 남아 있는지를 측정하는 도구를 개발하고자 했던 심경섭 등의 연구(심경섭 외, 「유교가치관 척도 개발연구」, 『한국심리학회지』 31권 2호, 2012) 등이 이에 해당한다.

16) 효(孝), 성(誠), 공(公), 관(寬), 근(勤), 신(信)의 여섯 가지를 미래사회를 위한 가치관으로 제시한 한기언의 연구(한기언, 「미래사회를 위한 바람직한 가치관은 어떤 것인가?」, 정해창 외 5인 공저, 『가치관 변동과 도덕성 회복』, 한국정신문화연구원, 1996), 청소년이 계승해야 할 바람직한 가치·덕목을 5개 영역에 걸쳐 20여개로 제시한 지준호 등의 연구(지준호·지교헌, 「한국전통사상의 현대적 계승을 통한 바람직한 청소년의 가치관 모색」, 『유교문화연구』 16집, 2010), 한국인이 중시해 온 덕목을 건국이념, 세속오계, 향약, 오륜, 사단 등에서 염출한 박효정·정광희의 연구(박효정·정광희, 『한국사회의 도덕성 지표 개발 연구(II)』, 한국교육개발원, 2001) 등이 이에 해당한다.

17) 이 연구들은 주로 유학과 근대 시민사회와의 관계에 주목하였다. 이를 유학의 역할에 대한 관점을 기준으로 ① 유교의 근대성을 긍정하고 근대화 과정에 유교가 적극적 역할을 했다고 보는 입장 ② 유교의 탈근대적 성격과 긍정적 역할에 주목하는 입장 ③ 유교의 탈근대적 전망을 부정적으로 바라보는 입장 등 세 가지로 구분해 볼 수 있다. 최석용, 「유교의 근대성 및 탈근대성과 관련된 기존 연구에 대한 비판적 검토 -『동양철학연구』 게재 논문을 중심으로」, 『東洋哲學硏究』 57호, 2009, pp.140~153 참조.

지향해야 할 가치들은 보여주지만 그것들이 시민의식 속에서 여전히 작동하고 있는지, 그리고 다른 가치덕목들과는 어떠한 관계에 있는지를 보여주지는 못한다. 현실을 반영하지 못하는 방향 제시는 공허할 수 있다.

(3) 전통적 가치의 현대적 위상

전통적 가치관의 계승이라는 측면에서 한 가지 언급할 점은 '현재적 의미로서의 전통'이 표방하는 구체적인 내용이다. "'현재적 의미로서의 전통'을 연구한다는 것은 전래된 것으로서의 전통에서 현재적 의미를 추출하는 작업이라기보다는, 역으로 현재적 의미가 어떠한 전통적 사유와 맞닿아 있는가?"를 논의하는 것에 가깝다. 즉, 과거가 현재와 미래에도 여전히 유효하다는 입장이 아니라, 현재와 미래에 유효한 것들이 과거의 전통으로부터 연원한다는 점을 논의하는 것이다. 예를 들어, 전통적 인간상에 관한 논의와 연결하여 볼 때, 이와 관련한 현재까지의 연구들은 대체적으로 사적 연원과 인식론적 계통성을 중시하는 경향을 보인다. 즉, 현재적 논의를 통해 교육적 인간상을 직접적으로 드러내기보다는 '과거로부터'라는 전래의 것에 시선을 고정하는 것이다. 그러나 이러한 논의 방식은 그 방법론적 타당성과 별개로 다소의 문제를 야기하고 있다.[18] 따라서 전통과 전통교육에 대한 인식 정도를 파악하기 위해 어린이와 청소년, 성인세대를 대상으로 한 실태조사는 이러한 접근에 시사하는 바가 매우 크다. 특히, 전통교육의 중요성은 끊임없이 제기되고 있지만 제대로 이루어지지

---

18) 예를 들어, 전통적 인간상으로서 많은 시사점을 내포하고 있는 '선비'의 경우, 현대적 재해석을 위한 많은 노력이 있어 왔음에도 불구하고 일제 강점기라는 인식론적 단절로 인해 현재적 생동감을 얻기가 쉽지 않은 형편이다. 지준호·류형선, 「해방 이후 현대교육의 이상적 인간상 탐색 – 전환기, 산업화 시기, 민주화 시기를 중심으로」, 『한국철학논집』 43집, 2014 참조.

않고 있는 상황에 대해 각 세대별로 지각하는 전통에 대한 인식, 전통교육의 문제점, 전통교육의 가능성 등에 대한 조사가 필요하다.

특히, 해방 이후 현대교육의 이상적 인간상에 관한 논의를 통해서 볼 때, 현대사회가 추구하는 교육적 인간상의 단면은 이러한 전통적 가치관과 전통문화에 기반한 것으로서, '실제적·실천적 인간상'[19]과 '공동체적 덕성을 함양하는 인간상'[20]이라는 두 가지 측면에서 살펴볼 수 있다.[21] 이러한 현대교육의 이상적 인간상은 인격자로서의 군자(君子)로 논의된다. 바람직한 인간상으로서의 군자의 인격은 자신의 수양으로만 그치지 않고 안인(安人)으로 나아가고 다시 안백성(安百姓)으로 나아가 확대되며,[22] 서로간의 이해와 소통을 통하여 보다 넓은 사회적 가치를 실현하고자 하는 실체적이며 실천적인 성격을 띠고 있다.[23]

그동안 우리는 국가와 민족이 처해 있는 현실을 기반으로, 도덕교육과 반공교육을 전개하여 왔다. 일반적으로 국민정신교육이라 함은 "민족·국

---

19) 이러한 점은 전래의 인간상으로서 진여불교로의 전환을 통해 드러난 '보살'이라거나, 군자(君子)인 '선비' 등이 추구한 이상과 매우 상통한다고 볼 수 있다.

20) 공동체적 덕성에 대한 부분은 어느 사회에서나 드러나는 점이다. 그러나 한국의 경우, 환웅, 단군, 박혁거세 등의 건국시조에게서 전쟁영웅의 면모를 전혀 찾아볼 수 없다. 적어도 전통 한국인들 사이에서는 폭력은 되도록 피해야 하며 폭력에 의존하는 지도자는 마땅치 않다는 인식이 널리 퍼져 있었다고 유추할 만하다. 즉, 한국의 전통에서 드러나는 차별적인 공동체적 덕성이란 타민족이나 외부에 대한 배타성을 배제한 자기 조직에 대한 헌신성이라 볼 수 있다.

21) 이상 '실제적·실천적 인간상'과 '공동체적 덕성을 함양한 인간상'에 관한 논의는 류형선·지준호, 「해방 이후 현대교육의 이상적 인간상 탐색 - 전환기, 산업화 시기, 민주화 시기를 중심으로」, 『한국철학논집』 43집, 2014 참조.

22) 『論語』「憲問」, "子路問君子. 子曰: '…… 修己以安人 …… 修己以安百姓, 堯舜其猶病諸.'"

23) 현대사회나 전통사회에서나, 약육강식의 방임상태에서 질서를 확립하여 약자를 돕고 사회와 국가를 안정케 한다는 정치적 이상은 거의 다르지 않다. 군자는 가장 객관적이며 정치적 권력의 실효성을 구현하는 법률제도를 존중하고 준수함으로써 공동체적 덕성을 중시하는 인격의 공공성을 나타낸다. 군자 인격의 공공성에 관하여는 지준호·지교헌, 「군자의 인격과 공공성」, 『한국철학논집』 26집, 2009, pp.249-271 참조.

가 공동체의 존속과 번영을 위해 국민생활에서 요청되는 기본적인 가치관의 형성과 이에 따른 실천적 태도의 함양을 위한 교육으로서 도덕교육, 인간교육, 민주시민교육, 정치사상교육, 통일안보교육, 경제교육, 새마을교육, 국민윤리교육, 정훈(政訓)교육 등 지금까지 다양하게 사용되어온 개념을 총칭하는 최상의 개념"으로 정의되고 있다.[24] 이러한 국민정신교육은 그 역사가 오래되었으며, 여러 우여곡절 속에서 비판과 반성이라는 다양한 모습으로 실시되어 왔고,[25] 한동안 우리의 국민정신교육의 핵심으로 9대 덕목[26]이 중요시되었다. 그러나 이러한 다양한 논의는 시대와 사회에 따라 또는 학자들의 견해에 따라 전개된 것이지만, 그 중심은 현 시대의 민주시민이 되기 위한 우리의 인격수련이라는 본질적인 측면과 밀접한 관계를 지니고 있다.[27]

가. 전통적 가치의 위상 ①: 한국인의 시민의식 차원[28]

21세기 한국인의 시민의식 속에서 전통 가치는 어떤 위상을 지니고 있을까? 이 물음은 시민의식이나 전통 가치라는 개념이 지니고 있는 일정한 추상성과 복합성 때문에 쉽게 답하기 어려운 난제에 속한다. 이런 상황 속에서 21세기 초반 한국인의 시민의식을 제대로 조사하기 위해서는 한편으로 21세기 한국인이 지향하고자 하는 시민상이라는 가치의 차원을 설정

---

24) 한국정신문화연구원, 「국민정신교육기본지침서」, 1987; 조성대, 「한국 국민정신교육의 현황과 개선방안에 관한 연구」, 『상명대학교 논문집』 Vol.21, 1988, p.312에서 재인용.

25) 구체적인 국민정신교육의 문제점과 개선방향에 관하여는 조성대, 「한국 국민정신교육의 현황과 개선방안에 관한 연구」, 『상명대학교 논문집』, Vol.21, 1988 참조.

26) 즉, 주인정신, 명예심, 도덕심, 협동정신, 사명감, 준법정신, 애국심, 반공정신, 통일의지 등.

27) 지준호·지교헌, 「한국전통사상의 현대적 계승을 통한 바람직한 청소년의 가치관 모색」, 『유교문화연구』 16집, 2010.

28) 박병기·지준호·김철호, 「전통적 가치와 시민의식」, 한국윤리학회, 『윤리연구』 93호, 2013.

해야 하고, 다른 한편으로 그 시민이 현재 살아가고 있는 모습을 전제로 하는 사실의 차원을 설정해야 한다. 그 중에서도 우리는 사실의 차원을 출발점으로 삼아 이상적 지향점을 공유할 필요가 있을 것이다.

21세기 한국인의 시민의식 속에서 전통 가치가 차지하는 위상을 파악하는 일은 시민교육의 방향을 설정하는 기초가 된다. 박병기·지준호·김철호(2013)는 전통적 가치에 관한 인식을 사회발전에의 기여도, 정신문화, 생활문화, 인물 분야로 구분하여 조사하였다. 결과를 요약하면 다음과 같다. ① 전통적 가치가 우리 사회 발전에 기여한 정도에 대해 5점 평균에 3.79점으로 나타나 중간보다 다소 높은 수준으로 나타났다.[29] ② 정신문화자산의 중요성에 대한 인식에서는 충효정신(18.5%), 생명존중(11.9%), 경로정신(9.6%), 인본정신(8.6%), 상부상조(7.2%), 자비(6.5%), 불굴의 정신(5.9%), 서비정신(4.5%) 등의 순으로 응답하였다.[30] ③ 생활문화자산으로는 한글(34.7%), 한식(22.4%), 아리랑(6.6%), 한복(6.0%), 한옥(5.9%), 팔만대장경(5.7%), 태권도(4.7%) 등의 순으로 응답하였다.[31] ④ 인물로는 세종대왕(21.2%), 이순신(11.8%), 광개토대왕(6.2%), 김구(6.2%), 안중근(5.7%), 신사임당(5.1%), 왕건(3.2%) 등의 순으로 응답률이 높았다.[32] 조사 결과에서 높은 응답률을 보인 가치들은 21세기 한국인의 시민의식을 지배하는 요인으로 지금도 작동하고 있는 것들이며 시민교육이 강조해나가야 할 대상들

---

29) 근대화와 서구화의 과정을 빠르게 겪으면서 전통적 가치의 위상이 매우 낮을 것이라 예상하였지만 이번 조사의 결과는 한국인의 시민의식 속에서 전통이 차지하는 비중이 적지 않다는 것을 보여주었다.

30) 익숙하고 구체적인 개념들에 대한 응답률이 높은 반면 신비적으로 느껴지거나 낯선 개념들에 대해서는 선호도가 낮은 것으로 보인다. 또 하나 주목해볼 점은 응답 결과가 유교적 가치, 불교적 가치, 도교적 가치에 대한 선호도가 응답자의 종교적 배경과는 거의 상관이 없었다는 것이다.

31) 일상생활에의 영향력이 크고 고유성이 큰 것을 중시한 것으로 보인다.

32) 정약용(2.3%), 이황(2.0%), 원효(1.9%), 율곡(1.8%), 의천(0.2%), 지눌(0.1%), 조식(0.1%) 등의 사상가에 대한 응답률은 애국열사들 보다 낮게 나타났다.

이라 할 수 있을 것이다. 본 설문조사가 시사하는 바는 전통과 현대 간의 중첩된 지점을 최대한 강조하여 시민교육을 할 필요가 있다는 것이다.[33]

나. 전통적 가치의 위상 ②: 한국 학생의 의식적 차원[34]

본 연구진은 전통의 내용과 가치에 대한 발굴과 전통의 현대화 방안을 위한 기초조사의 측면에서 전통에 관한 이해로부터 전통교육의 가능성을 도출하기 위한 내용을 중심으로 설문문항을 구성하였다. 본 설문조사는 서울, 인천, 경기 등 수도권 지역을 중심으로 초등학생, 중·고등학생, 대학생을 대상으로 학년과 나이가 고르게 분포되도록 하였으며, 설문의 편의를 위해 학교별로 조사를 실시하였다. 초등학교는 응답 문항을 충분히 이해할 수 있는 고학년(5~6학년) 학생을 대상으로 하였다. 응답자의 총 인원수는 1,598명이며, 평균나이는 16.50세이다. 설문 초안은 2016년 2월 15일까지 구성하였으며, 이후 2월 29일까지 설문지를 최종 완성하였다. 설문조사는 크게 3부분으로 구성되는 바, 1부에서는 전통에 대한 관심과 선호도 조사(15문항), 2부에서는 전통과 정치의 관계 및 민주적 시민성 조

----

33) 이 조사에서 나타난 특징 중 가장 두드러진 것은 몇몇 가치들은 인구변인에 관계없이 중시된다는 것이었다. 전통적 가치들은 고유사상에 더하여 삼국시대 이래로 불교, 도교, 선진유교, 성리학 등이 유입되고 상호작용을 거치면서 모두가 변화를 겪었을 뿐만 아니라, 20세기에 들어서는 자본주의적 질서와 충돌하면서 더 심각한 균열을 겪어 왔기 때문에 21세기 한국에서 더 이상 환영을 받지 못하거나, 환영을 받는다 해도 종교나 기타 배경에 따라 선호도의 차이가 클 것이라 예상할 수 있다. 특히, 정신문화자산의 경우에는 더욱 그러할 것이라고 생각할 수 있다. 그러나 결과는 그렇지가 않았다. 충효, 자비, 인본주의, 무위자연, 생명존중 등의 정신문화자산, 세종대왕 같은 문화인물이나 이순신, 안중근 등의 애국인물들, 한글과 한식이라는 생활문화 자산 등은 종교나 기타 배경과 상관관계가 거의 없었다. 이는 전통적 가치들 속에 개념, 언어, 문화, 시대의 차이를 뛰어넘는 보편적인 요소가 담겨있기 때문이라 볼 수 있을 것이다. 그렇다면, 이러한 가치들이 바로 '21세기 한국인의 시민의식'이 지니는 보편성과 특수성을 아울러 보여주는 사례에 해당한다 할 것이며, 앞으로의 시민교육이 강조해나가야 할 대상들이기도 한 것이다.

34) 「전통적 가치에 대한 학생들의 의식조사」, 『퇴계학논총』 27집, 2016.6.

사(18문항), 3부에서는 전통의 현대적 함의 및 현대화 가능성을 심층적으로 파악하기 위해 대학생들을 중심으로 면접 조사를 실시하였다.

설문 내용 중 1부에 해당하는 '전통문화에 대한 관심 및 선호도, 전통 및 전통문화의 필요성과 활용성, 전통교육에 대한 관심과 선호도' 등 세 범주 하위의 각각 5개의 항목, 즉 총 15개의 설문 항목은 본 절의 분석 내용에 해당한다.

본 설문조사가 시사하는 바들을 다음의 세 가지 설문 영역별로 논할 수 있다. 첫째, 본 설문조사에서 'A: 전통문화에 대한 관심 및 선호도' 부분은 보통 수준(3.08)으로 나타났다. 서구적 교육과 상업문화 등이 지배적인 현실을 고려한다면, 관심도가 보통이라는 것은 결코 부정적으로만 볼 필요는 없을 것이다. 특이한 것은 전통문화의 체험 기회와 수준이 낮음에도 불구하고, 전통에 대한 자부심은 3.87을 기록하여 상당히 강한 것으로 나타났다. 이러한 측면은 전통문화, 예술, 사상 등에 관한 체험이 많아질수록 전통에 대한 선호도도 높아질 수 있으며, 전통교육은 일상생활과 밀접하고 실용적인 성격을 갖아야 하고 동시에 인간관계와 연루될 때 더욱 효과적일 수 있다는 추측을 가능하게 한다. 이 항목의 통계 결과를 해석함에 있어서 주의할 점은, 계승과 발전을 위한 전통교육의 내용과 범주를 고려할 때, 단순히 학생들에게 쉽고 익숙한 소재나 이슈에 한정할 필요는 없다는 것이다. 학생들이 익숙하다는 것과 중요하다는 것은 다른 차원일 수 있기 때문에 현대적으로 함의를 가진 전통적 가치와 내용이 있다면 학생들에게도 그 의미를 깨닫게 하고 익숙해지게 하려는 노력을 기울일 필요가 있다는 것이다.

둘째, 'B: 전통 및 전통문화의 필요성과 활용성' 부분은 학생들이 전통을 어떤 관점에서 바라보고 있고 또 어떤 맥락에서 관심을 가지게 되는지를 파악함과 동시에 학생들이 생각하는 전통의 활용 가치를 추론할 수 있는 기초 자료가 된다. 더구나 본 연구가 전통교육의 현대화를 목표로 설정하고 있듯이, 현대인의 주요 가치인 민주시민성의 함양이라는 측면에서 기여할 수 있는 전통교육의 내용 요소를 설정하는데 유용하게 활용될 수 있다. 다소 긍정적으로 나타난 전통문화의 필요성과 활용성(평균 3.65)에 반하여, 전통을 더욱 알아야하고 계승하고 발전시켜야 한다는 응답률 (4.06)이 상대적으로 높게 나온 것은 특기할 만하다. 이러한 당위적인 측면을 고려해본다면, 전통을 통해 현대의 병폐를 치유하고 민주주의와 자본주의를 더욱 발전시킬 수 있다는 보통 수준의 응답률(문항 8, 9, 10의 평균 3.38)도 시사하는 바가 크다.[35] 한편, 전통교육에 대한 관심과 필요성을 느끼고 적극적 참여하기 위해서는 특히 고등학교 고학년의 대학 입시와 대학교의 취업 준비 등 교육제도에 따르는 현실적 부담감을 완화시키는 방안도 모색되어야 할 것으로 보인다.

셋째, 'C: 전통교육에 대한 관심과 선호도' 부분은 전체 평균 3.21을 기록해 '보통' 수준을 보이고 있다. 특히, 전통교육 내용이나 교육방식에 대한 학생들의 흥미와 선호도가 낮은 수준임을 고려할 때, 학생들의 개성과 흥미, 선호, 지적 수준 등을 적극 반영하여 서원이나 서당 등과 연관된 전통교육 내용이나 방식의 현대화를 적극 모색할 필요가 있다. 즉, 전통에 대해 접근할 수 있는 다양한 방식이나 전통이해에 대해 다양한 관점을 제

....

35) 보다 적극적으로 해석한다면, 민주주의 발전이나 자본주의 발전에 전통이 기여할 수 있다고 대답한 것은 학생들이 우리의 전통적 가치들 중에서 민주주의(평등과 참여를 중시)와 조화로운 내용들이 있다거나 우리의 전통적 가치들 중에서 자유주의(자유와 권리를 중시)와 조화로운 내용들, 자본주의(경제적 이익 추구와 부의 창출)와 조화로운 내용들이 도출 가능하다는 판단을 하고 있는 것으로 해석할 수 있다. 이런 판단의 이면에는 맹목적인 부의 추구를 당연시 여기는 자본주의 문화에 대한 비판적 의식, 사익 추구와 권력 투쟁으로 변질된 정치에 대한 불신과 회의, 권리 집착적인 자유주의 문화에 대한 비판적인 의식 속에서 현재보다는 올바르고 바람직한 정치문화, 시민문화, 경제발전을 이룩하는 데 전통이 그 어떤 역할을 할 수 있으리라는 기대감이 작용한 것으로 추측해 볼 수 있다.

시하여 학생의 입장과 개성에 맞게 전통의 가치와 매력을 주체적으로 느끼며 공부할 수 있는 기회를 제공해야 할 것으로 보인다. 특히, 학생들이 선호하는 전통교육 내용의 대부분이 인성이나 의사소통 및 대인관계, 예술과 놀이 등에 치우쳐 있다는 점을 고려할 때, 전통교육 방식의 다채로운 가능성을 적극 모색해야 할 것으로 보인다. 즉, 전통의 어떤 내용, 전통의 어떤 가치와 요소 및 교육방식을 어떻게 현대화하고 재구성해야 하는지에 대한 보다 심층적인 모색이 필요하며, 학생들의 요청에 응답하는 교육적 상상력이 필요하다고 볼 수 있다.

본 설문조사 결과를 통해 알 수 있듯이, 전통교육의 필요성과 기대심에 비해 학교현장에서의 활용성 및 효과에 대해서는 상대적으로 소극적인 반응을 보인 점은 변화된 시대상을 반영하지 않거나 학생들의 개성과 흥미, 지적 수준 등을 고려하지 않고 전통적인 방식만을 묵수하여 고전이나 전통문화를 가르친다는 것은 효과적인 면에서 큰 의미가 없다는 것을 말한다. 따라서 전통을 현대적으로 계승한다고 하는 것은 전통의 원의에 얼마나 부합하느냐 하는 것만을 가지고 옳고 그름을 따지는 절대적 기준으로 삼을 수는 없다. 더구나 우리의 현실을 좀 더 정의롭고 인간적인 사회로 만드는 것이 교육적 실천이라면, 과연 전통은 교육과 어떤 관계를 맺고 어떤 영향을 줄 수 있는지 등을 근본적으로 검토할 필요가 있다. 또한, 본 연구가 설문을 기초로 하나의 실험적 모델을 구성한다고 할지라도, 이 기획을 보다 실효적이고 완성도 높게 추진하기 위해서는 다양한 교육 주체간의 긴밀한 협조와 제도적 지원이 결합되어야만 가능할 것이다.[36]

....

36) 특히, 초등학생의 경우 상대적으로 높은 응답률을 보였는데, 이는 저학년일수록 학교 수업 및 기타 다양한 활동을 통해 전통 관련 학습과 체험의 기회가 많은 반면, 고등학교와 대학교 등 고학년일수록 입시 부담과 취업 부담이 상대적으로 강하며 전통문화 관련 교육과 체험 기회가 부족할 뿐만 아니라 관심 자체 역시 상당히 감소하기 때문으로 분석된다. 따라서 교육제도적 측면에서의 뒷받침 역시 매우 중요한 부분이다.

2. 전통의 규범적 의미에 대한 재해석과 범주화*

(1) 문화의 의미와 전통의 규범적 차원

우리가 일상에서 사고하고 행동하는 데 영향을 미치는 요인들은 다양하다. 당대의 각종 미디어나 대중매체의 영향, 디지털혁명이나 생명공학 기술의 발달과 같은 과학기술의 영향, 분배와 복지를 강조하거나 경쟁과 성장을 강조하는 정치적·경제적 이념의 영향 등 수많은 요인들의 영향을 받으면서 우리는 의사결정을 한다.

이렇게 우리의 삶의 방식이나 형식을 규정하는 총체를 '문화'라고 말하는데, 그것은 "신념과 가치 그리고 관습의 전체적이고 위계적인 결합물"이다.[37] 개인의 의사결정과 행동의 이면에 도덕 판단이 위치하는데, 무엇이 좋고 나쁜지, 옳고 그른지를 판단하는 것은 도덕원리에 기반한다. 그런데 도덕적 추론과 판단의 토대가 되는 도덕원리는 무엇보다 한 사회가 지향하는 가치의 영향을 받는다. 예를 들어 한 사회가 생명과 자유의 가치를 지향한다고 해보자. 생명의 가치로부터 우리는 "생명을 촉진하고 보호하라", "살인하지 말라"와 같은 도덕원리를 이끌어 내고, 자유의 가치로부터 우리는 "다른 사람으로부터 그의 자유를 빼앗지 말라"는 원리를 도출한다. 그런가 하면 민주주의의 문맥에서 인권의 가치나 자본주의 구조에서 자본의 가치는 우리가 의식하든 의식하지 않든 우리의 삶을 규제하는 원리를 담지한다. 가령, "인권은 어떤 상황에서도 침해당해서는 안 된다."거나 "자본은 인간 행위의 근본적인 동인이다."와 같은 도덕원리의

* 윤영돈 외, 「전통의 규범적 의미에 대한 재해석과 범주화」, 『한국철학논집』 50, 2016.8.
37) Pojman, L. P. & Fieser, J., 박찬구 외 공역, 『윤리학』, 서울: 울력, 2010, p.121.

근거가 된다. 이상의 설명을 바탕으로 한 사회가 지향하는 지배적인 가치는 그 구성원에 대해 행위를 이끄는(action-guiding), 즉 행위 지침력을 갖는다. 이렇게 우리의 사고와 행동이 일어나는 과정을 〈그림 2-1〉로 표현해 볼 수 있다.[38]

그림 2-1 | 도덕적 행동의 메타 구조

'문화'로 번역되곤 하는 'culture'는 '밭갈이하다', '가꾸다'라는 뜻을 지닌 라틴어 colere[39]에서 유래하는 것으로 유비적으로 "마음의 도야(cultivation of the mind)"라는 의미를 지닌다. 'culture'의 개념은 크게 세 가지로 구분된다.[40] 첫째, 문화는 "보편적이고 절대적인 가치의 총체"로서 정신적이고 윤리적이며 보편적인 인간의 완성을 지향하는 개념으로 사용된다. 이때의 'culture'는 도야, 수양, 교화 등의 의미를 지시하며,

---

38) Pojman, L. P. & Fieser, J., 박찬구 외 공역(2010), p.118.

39) 라틴어 colere는 다음과 같은 뜻을 내포하고 있다. '거주하다'(to live in, inhabit), (신들을 섬기고 보호받는 거주 공간으로서) '깃들다'(to dwell in), '밭갈이 하다'(경작하다, to till, cultivate, farm), '돌보다'(기르다, to look after, to keep, tend), '꾸미다'(치장하다, to decorate, adorn, embellish), (종교적 맥락에서) '존경을 가지고 기리다', '끊임없는 관심을 기울이다', '우정을 가꾸다', '자신을 헌신하다', (종교적 맥락의) '준수하다/실행하다', (법이나 도덕, 관습 등을) '지키다/따르다/유지하다', '성장이나 진보를 이루다'. Glare, P. G. W.(ed.), *Oxford Latin Dictionary*, Oxford: Clarendon Press, 1985, p.355.

40) Williams, R., "Culture and Civilization", Edwards, P.(ed.), *The Encyclopedia of Philosophy(II)*, London & New York: Macmilland & Free Press, 1975, pp.273-274.

'cultivation'으로 표현할 수 있다. 둘째, 문화는 예술작품을 비롯한 지적인 산물의 총체를 가리키는 개념이기도 하다. 가령, 문화유산이라고 말할 때에 이에 해당된다. 셋째, 문화란 사회적·경제적 삶의 요소들로서 인류학 내지 사회학의 관점에서 다루는 개별 문화를 지칭하는 개념이기도 하다. 이때 문화는 가치중립적으로 기술(記述)되며, 문화권에 따라 상대성을 지닌 것으로 평가된다. 위에서 구분한 첫 번째 개념이 '가치론적 개념'이라면, 나머지 둘은 '형태론적 개념'이다. 그런데, 문화에 대한 두 차원의 개념, 즉 '형태론적 개념' 및 '가치론적 개념' 사이의 소통은 가능하다. 이를테면, 형태론적 문화 산물이 일종의 도야재(陶冶材)의 역할을 함으로써 가치론적 문화 개념에 기여할 수 있다는 것이다.[41] 물론 개별 문화라는 도야재로부터 어떻게 보편적 가치를 고양할 수 있는가라는 물음에 대한 답변이 필요하다.

전통은 이상의 문화개념과 어떤 관계를 맺고 있는가? 사전적으로 전통이란 "지난 시대에 이미 이루어져 계통을 이루어 전하여 내려오는 것"을 의미한다.[42] 전통을 의미하는 영어의 tradition은 "말, 신앙, 전설, 관습 따위를 특히 구전과 실천 따위로 대물리기하거나 전승"을 의미한다.[43] 앞서 언급한 문화의 개념과 전통의 개념이 교차하는 지점을 살펴보자. 전통이 한 사회의 지배 이념일 경우, 전통은 정신적이고 윤리적이며 보편적인 가치 지향을 갖는다는 점에서 규범적 성격을 지닌다. 그런가 하면 지

----

41) 오인탁, 『고대 그리스의 교육사상』, 서울: 종로서적, 1994, pp.8-9. 도야와 문화는 원래 동일한 개념이었다. 그런데 문화 개념이 역사적으로 확장되거나 변용되면서 문화는 주로 정신의 객관적 내용 총체를, 도야는 정신의 주관적 형성 과정으로 구분되었다(같은 책, p.10).

42) 김민수·고영근·임홍빈·이승재(편집), 『국어 대사전』, 서울: 금성출판사, 1995, p.2625.

43) 이외에도 tradition에는 종교적인 맥락의 성전(聖傳) 내지 전승의 의미도 지니고 있다. 가령, 유대인 사이에서 모세에게서 물려받은 것을 고수하면서, 구전으로 대대자손에게 전해져 내려온 율법과 교설을 들 수 있다. Random House, 『영한대사전』, 서울: 시사영어사, 1995, p.2443.

적인 산물의 총체로서 문화의 의미와 교차하는 전통은 그야말로 전통 예술, 전통 놀이, 전통 공예, 전통 음식, 전통 의복 등과 같이 전통문화 유산이라 할 수 있다. 한편 전통은 사회적 혹은 경제적 삶의 요소로서 인류학 및 사회학의 탐구 대상인 개별 문화와 일정 부분 교차하는 부분이 없는 것은 아니다. 하지만 전통의 의미는 문화의 규범성 및 문화유산과 좀 더 친화력이 있다고 본다.

전통의 규범적 차원을 가장 명료하게 확인할 수 있는 서양의 논거는 무엇보다 아리스토텔레스의 덕윤리를 복원하고자 하는 매킨타이어의 전통과 덕에 대한 논의에서 확인할 수 있다. 아테네를 비롯한 그리스 세계에서 덕윤리가 활성화 될 수 있었던 사회적·문화적 배경으로 인구 이동이 적고, 전통을 공유하는 폴리스를 살펴보자. 플라톤의 이상국가는 인구 5,000명을 넘어서는 안 되며, 아리스토텔레스는 시민 각자가 다른 모든 시민을 면식(面識)할 수 있는 범위여야 한다고 규정했다. 사실 많은 폴리스가 5,000명이 안 되는 인구를 지녔으며, 시라쿠사나 아테네 등이 인구 20만 명을 넘어선 규모가 큰 폴리스였다.44) 그리스 세계의 폴리스들은 올림포스 신을 숭배하는 종교와 호메로스의 서사시(『일리아드』와 『오디세이아』)에 나타난 덕의 모델들을 좋고 나쁨을 평가하는 전거로 삼았다. 덕의 모델과 덕윤리의 전거가 '번영하는 삶'의 근거가 되던 시대에 전통은 서사적 자아를 구성하는 원천이었고, 일상생활에서 행위를 인도하는 규범적 기능을 발휘했다. 호메로스의 서사시가 덕의 원천이었던 영웅사회의 덕은 사회문화의 구조라는 콘텍스트로부터 덕을 분리할 수 없다. 가령, 영웅사회에서의 생명은 가치의 기준이었고, "누군가가 나의 친구 또는 형제인 너를 죽이면, 나는 너에게 그들을 죽여야 할 빚을 지고 있는 것이다. 만약

----

44) Kitto, H. D. F., 김진경 역, 『그리스 문화사』, 서울: 탐구당, 1994, pp.98-99.

내가 너에게 이 빚을 갚는다면, 그들의 친구 또는 형제는 그들에게 나를 죽여야 할 빚을 지고 있는 것이다."[45] 우리는 이러한 영웅적 덕으로서 용기의 맥락을 파트로클로스의 죽음과 친구인 아킬레우스의 복수, 즉 파트로클로스를 죽였던 헥토르를 아킬레우스가 죽였고, 또 다시 아킬레우스는 헥토르의 형제인 파리스에 의해 죽게 된다. "언제나 첫째가 되고, 남들보다 뛰어나라"는 영웅률이나,[46] 아킬레우스를 통해 표현된 용기와 탁월성과 명예는 영웅사회에서는 좋음의 근거였고, 그러한 영웅률이나 영웅의 덕을 추구하지 않는다는 것은 있을 수 없는 규범의 위반으로 간주되었다. 때문에 아르킬로코스의 "잃어버린 방패"의 내용은 귀족적 가치에 대한 심각한 도전으로 받아들여졌다. "몇몇 이방인이 나의 방패를 심하게 흔들어댔다. 때문에 나는 그 멋진 방패를 수풀 속에 버리고 도망가지 않을 수 없었다. 하지만 그게 도대체 어쨌다는 말인가? 방패를 버렸지만 그와 똑같은 것 하나를 살 수 있으니 말이다." 당시 덕의 전통에 따르면 전투에서 승전하여 적의 방패를 빼앗아 오든지 용맹스럽게 싸우다 장렬하게 전사하여 방패 위에 눕혀 오든지 둘 중의 하나만 허용되었다.

전통의 맥락에서 영웅사회의 덕은 지역적이며, 특수한 것이었기에, 보편성의 열망이나 가치선택의 자유는 일종의 허구이며, 사람들이 덕을 소유할 수 있는 맥락은 오로지 전통(tradition)을 통해서였으며, 한 사회에서 공유하는 전통은 서사적 자아(narrative selfhood)의 원천이었다.[47] 매킨타이어에 따르면, 인간은 본질상 "이야기를 말하는 존재(story-telling animal)"이다. 사람은 자신이 속한 사회의 전통 가운데 자신의 이야기를 구성하는

---

45) MacIntyre, A., 이진우 역, 『덕의 상실』, 서울: 문예출판사, 1997, pp.186-187.

46) Homeros, *Illiad* VI. p.208.

47) MacIntyre, A., 이진우 역(1997), p.191.

존재이며, 그는 전통 이야기가 공연되는 무대의 일원으로서만 이해될 뿐이다.[48] 때문에 전통이 한 사회의 규범적 차원으로 기능하는 곳에서 전통은 사회화의 주된 원천이었다.

도덕은 일조일석에 갑자기 누군가의 필요에 따라 만들어지는 것이 아니라 선진들의 지혜가 축적된 전통 속에서 이루어지는 것이다. 어느 시대나 개혁적인 정신운동들은 언제나 전통문화 속에 담겨 있는 기본 가치들의 새로운 실현을 지향해 왔다. 때문에 전통문화와 단절된 어떤 발전과 변화도 본래적 의미의 성공이라 할 수 없다.[49]

(2) 전통의 생태문화적 해명

전통의 규범적 의미를 담아낸 표현으로 '전통적 가치'를 쉽게 떠올릴 수 있다. 왜냐하면 가치는 도덕원리의 근거이자 일종의 행위 지침력으로 작용하기 때문이다. 그런데 한국의 전통적 가치와 서양의 서구적 가치는 그 근원이 다르다. 전통의 규범적 의미로서 전통적 가치의 기원에 대한 하나의 해명으로 니스벳의 생태문화적 관점을 들 수 있다. 니스벳(R. E. Nisbett)의 생태문화적 관점에 따르면 인간의 사유방식은 오랜 시간 영향을 미친 생태적이고 문화적이며 사회적인 환경에 의해 형성된 것이다. "생각의 지도(geography of thought)"라는 표현을 통해 니스벳은 동서양의 사유 방식이 다른 이유를 각 문화권이 지닌 "생태환경"에서 찾는다. 그러니까 각 문화권의 상이한 생태환경은 상이한 "경제적·정치적·사회적 체제"를 형성한다는 것이다. 요컨대 인간의 사고는 생태문화적 근원에 기인

---

48) MacIntyre, A., 이진우 역(1997), pp.318-319.
49) 진교훈, 『윤리, 사람다움의 길을 찾아서』, 서울: 가람문화사, 2016, pp.297-300.

한다는 것이다. 부연하자면 중국이나 한국 같은 "농경사회"의 경우, 중앙 집권적 권력 구조"가 상대적으로 유리하고, 농경민들 간의 관계에서 "화목"이 주요 가치로 자리 잡게 되었다는 것이다. 예컨대 벼농사를 실시할 경우, 관개 공사 등과 같이 사회적으로 "공동작업"이 필요하고, 정치적으로 중앙집권적 권력 시스템이 요구된다는 것이다. 그렇기에 소작농들은 이웃과 화목하게 지내야 했고, 마을의 장로(연장자)나 권력자의 지배를 일종의 사회적 제약으로 정당화되었다는 것이다. 반면 그리스처럼 농업보다는 사냥이나 수렵 혹은 목축이나 해상 무역이 발달하도록 촉진한 생태환경은 타인과의 협동이 그다지 중요하지 않았다는 것이다. 사실 그리스의 기후와 토양은 농경보다는 올리브와 포도주 생산에 훨씬 유리했고, 많은 분야에서 "자율권"을 행사할 수 있었으며, 시장 혹은 공회에서 자유로운 "논쟁"이 활성화되었다.[50]

　　생태환경에 의해 형성된 사회적 구조는 이제 '형이상학적 신념'에 영향을 미치게 된다. 그러니까 농경사회에서는 "경제적, 정치적, 사회적 활동"을 위해 외부인들, 특히 권위자 내지 권력자의 눈치를 살피고, 사회적 상황에 주목해야 하는, 이른바 삶의 무대라는 "전체맥락"[場]에 주의를 기울일 필요가 있다는 것이다. 인간관계에 대한 관심은 사물과의 관계 일반으로 전이되어, 동일하게 적용되는 사유방식을 형성하게 된다. 결국 중국이나 한국의 "민속 형이상학", 다시 말해서 "인간 세상과 자연계의 본질에 대한 신념"은 자신을 둘러싸고 있는 "사회적 관계"에 주의를 기울이는 "습관"에서 기인함을 알 수 있다. 한편 그리스는 사람 혹은 사물을 파악할 때 그(것)를 둘러싸고 있는 전체적인 맥락과의 관계보다는 "사람이나 사물 자체"를 주목했다. 요컨대 그리스인은 사물 사이에 존재하는 공통 규칙을

50) Nisbett, R. E., 최인철 역, 『생각의 지도』, 파주: 김영사, 2010, pp.189-191.

"범주화"하는 데 집중하고, 현상의 원인을 해명할 때도 "사물 자체"의 속성에 초점을 맞춘다는 것이다. 두 문화권의 사고방식의 기원은 요약하면 다음과 같다. '두 사회의 생태 환경의 차이가 경제적인 차이를 이끌었고, 다시 그러한 경제적인 차이는 사회 구조의 차이를 가져왔다. 다음으로 사회구조적 차이는 각 사회의 존속을 위한 사회적 규범 및 사회화 방식을 구성하고, 이는 외부 환경에 주의를 기울이는 초점의 차이를 규정했다. 이제 서로 다른 주의 방식은 세계와 우주의 본질에 대한 상이한 이해(민속 형이상학)를 가져오고, 이는 다시 사고과정(인식론)의 차이를 초래했다.'[51]

이상의 논의를 도식으로 표현하면 〈그림 2-2〉와 같다.

그림 2-2 | 사고과정에 영향을 끼치는 요인들의 도식[52]

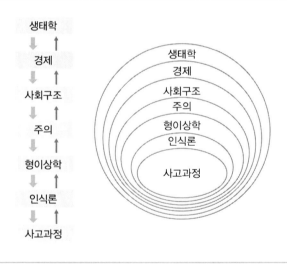

51) Nisbett, R. E., 최인철 역(2010), pp.192-193.
52) Nisbett, R. E., 최인철 역(2010), p.189; 유병열 외, 『한국적 가치 지형도 연구』, 성남: 한국학중앙연구원, 2013, p.210 참고.

사유방식의 차이는 동양과 서양이라는 거시적 수준에서뿐만 아니라 동일한 문화권으로 간주되는 미시적 수준에서도 확인할 수 있다. 가령, 한국사회 내에서 생태문화적(ecocultural) 요인에 근거한 문화차이를 일정 부분 설명할 수 있다. 가령, 한국 대학생의 정서, 사고방식, 가치관을 중심으로 연구한 "한국인의 마음지도(Ⅰ)"를 들 수 있다.[53] 사유방식과 관련하여 강원, 충청 지역이 다른 세 지역에 비해 높은 종합적 사고(holism) 점수를 나타냈다. 그러니까 이들 지역은 "부분보다는 전체적 맥락을 보고, 사건들 간의 인과관계는 복잡하고 양방향적으로 존재한다는 식의 사고"를 다른 지역보다 강하게 지니고 있다는 것이다. 한편, 한국을 집합주의 사회로 분류하지만 이는 수직 차원의 경우에 해당되는 것이고, 수평개인주의와 수평집합주의가 수직개인주의 및 수직집합주의보다 높게 나타났다. 이는 조사에 응답한 대학생들이 "경쟁이나 사회적 지위, 서열보다는 개인의 독특성 추구와 평등을 더 중시한다는 것을 의미"한다. 보수성과 권위주의와 관련하여 전라와 경상지역이 상대적으로 보수성과 권위주의가 강하게 나타났다. 요컨대 정치적 입장이 대립되는 전라와 경상 두 지역에서 보수성과 권위주의에서 매우 유사한 집단으로 보인다. 아울러 사회적 권력에 대한 가치 평가에 있어서 전라와 경상이 높게 나타났다. 끝으로 강원과 충청 지역은 자기통제와 관련하여 다른 지역에 비해 높은 가치를 두고 있으며, 때문에 개인의 정서 표현을 억누르고, 사회적 역할 책임 이행을 중

---

53) 한민·최인철·김범준·이훈진·김진형, 「한국인의 마음지도(Ⅰ) : 한국 대학생의 정서, 사고방식, 가치관」, 『한국심리학회지 : 일반』 31(2), 한국심리학회, 2012, pp.444-446. 한국 대학생의 정서, 사고방식 및 가치관을 확인하기 위해 전국을 수도권, 강원, 충청, 호남, 영남의 5대 권역으로 구분해, 각 지역의 주요 국립대학에서 지역별 200명씩의 참여자를 모집하였다. 단, 각 권역의 문화를 보다 충실히 반영하기 위해 초, 중, 고 시기를 모두 해당 지역에서 보내고, 해당 지역 대학에 재학중인 대학생들만을 대상으로 하였다. 정서영역에서 우울, 불안, 삶의 만족도, 긍정정서와 부정정서, 심리적 안녕감을, 사고영역에서 종합적 사고, 개인주의-집합주의·수직-수평의 차원을, 가치관의 영역에서 보수성, 권위주의, 신뢰, 가치관을 진단하고자 했다.

시함으로써 심리적 안녕감이 낮은 것으로 보인다. 서울지역 대학생들은 덜 집합주의적이고, 종합적으로 사고하는 경향도 낮고, 행복수준은 타 지역보다 높다는 데서 타 지역 대학생들과 뚜렷한 차이를 보였다. 또한, 동일한 집단으로 간주되어 왔던 한국사회에서 지역 간 심리적 이질성이 드러난다는 점에 주목할 필요가 있다. 강원과 충청 지역은 인구이동이 다른 지역에 비해 현저히 적기에 전통적 사고방식이 유지되어 온 것으로 보이며, 전라 경상권은 역사적으로 전통의 권위를 중시해 온 곳으로 지금까지도 지역의 고유한 문화적 특색이 상당 부분 남아 있는 것으로 보인다.[54]

이상의 논의에서 알 수 있듯이 일종의 삶의 형식의 한 모습인 사유방식의 차이는 동양과 서양이라는 거시적 수준에서도 확인할 수 있지만 한 국가에서 지역 간이라는 미시적 수준에서도 확인할 수 있다. 이는 전통의 규범적 의미의 원형이 있을 테지만 시대적·지역적·문화적 맥락에서 그 변용과 재해석이 요구된다는 점을 알 수 있다. 더 나아가 위에서 살펴본 "한국인의 마음지도(Ⅰ)"에 따르면 전국 대학생 가운데 4명 중 1명꼴로 우울증 위험이 나타나고 있다는 점에서 대학생의 정서적·사회적 건강을 증진시킬 수 있는 전통적 가치에 기반한 교육적 적용에 대한 탐색도 필요해 보인다. 물론 대학생뿐만 아니라 한국사회의 어린이·청소년의 정서적·사회적 건강을 제고하기 위한 전통교육의 재구성에도 관심을 기울일 필요가 있다.[55]

---

54) 이상 「한국인의 마음지도(Ⅰ)」 분석 논의는 한민·최인철·김범준·이훈진·김진형(2012), pp.450~455 참조.
55) 우울증과 관련하여 전국 대학생의 26%가 우울증 위험이 있는 것으로 나타났다는 점에 주목할 필요가 있다. 전국 대학생 중 4분의 1명이 관심이 필요한 정도의 우울증을 경험하고 있다는 것이다. 한민·최인철·김범준·이훈진·김진형(2012), p.447.

(3) 사회 변화와 전통적 가치의 재해석

가. 전통적 가치에 대한 사회적 인식

21세기 한국사회의 시민의식에서 전통적 가치는 사람들에게 어떤 위상을 지니고 있으며, 전통적 가치를 어떤 맥락에서 이해하고 재해석할 필요가 있을까. 한국학중앙연구원의 "2015년도 현대 한국의 시민의식 실태 조사"는 이러한 물음에 유의미한 결론을 제시한다.[56] 본 연구와 관련한 물음 및 조사결과를 중심으로 살펴보자.

"한국의 전통적 가치가 오늘날 우리 사회 발전에 중요한 정도"에 대해서 5점 척도에 평균 3.83점으로 나타나 다소 높은 수준으로 나타났으며, 2013년(3.79) 대비 소폭으로 상승하였다.[57] "정신문화를 발전시켜나가기 위해 가장 도움이 되는 전통의 정신문화 자산"으로 충효 정신이 22.0%로 가장 높은 응답을 보였으며, 생명존중정신(11.5%), 경로정신(10.9%), 인본정신(8.0%), 상부상조의 정신(6.3%), 홍익인간(5.2%), 자비의 정신(4.5%) 등의 순서로 나타났다. 이 순서는 2013년도 조사에서도 동일했다. 다만 2013년도 대비 충효정신은 3.0%, 경로정신은 0.8% 상승했으며, 다른 가치는 전반적으로 하강하는 추세였다. 상대적으로 충효정신의 상승폭이 큰 것은 특기할만하다.[58] 그런가 하면 각 영역별 가치종합에서도 서구가치

---

56) 박균열 외, 『2015년도 현대 한국의 시민의식 실태 조사』, 성남: 한국학중앙연구원, 2015. 만 19세 이상 전국 성인남녀 1,200명을 면접 조사하였으며, 다단계층화 무작위 추출법(시도별, 성별, 연령별)으로 표본을 추출하였다.

57) 박균열 외(2015), pp.13-14.

58) 박균열 외(2015), pp.15-16. 이외에도 정신문화를 발전시켜나가는 데 가장 도움이 된다고 생각한 전통의 정신문화자산으로 중용의 정신(4.3%), 선비정신(3.8%), 충효정신(3.5%), 청백리정신(3.5%), 원융회통의 정신(3.3%), 업보의식(2.6%), 화랑도 정신(1.7%), 불굴의 정신(1.6%), 수행의식(1.4%), 동체의식(1.3%), 경천정신(1.2%), 실학정신(1.0%), 음양사상(0.7%), 무위자연사상(0.6%), 동학사상(0.5%), 신바람(0.3%), 무속신앙(0.3%) 순이었다.

(3.87점), 전통 가치(3.81점), 공통가치(3.72점), 국가 공동체 의식(3.47점), 국제 및 다문화 의식(3.26점) 순으로 전통 가치의 위상은 서구가치에 근소하게 밀릴 뿐 비교적 높게 인식되고 있다.[59]

이렇게 보면 충효정신은 현대 한국사회에서도 유의미한 것으로 볼 수 있지 않을까. 그런데 충효정신과 친화력이 있는 애국심 점수(2015년 3.36점, 2013년 3.53점)는 그다지 높지 않았다.[60] 그런가 하면 평상시 어떤 일의 옳고 그름을 판단할 때, 어떤 가치를 중시하는가에 대한 물음과 관련하여 공정성/부당성(3.73점), 배려/피해(3.57점), 자유/압제(3.55점), 고귀함/추함(3.47점), 충성/배반(3.45점), 권위/전복(3.39점) 순으로 응답했다.[61] 여기서 충성/배반, 권위/전복 등과 같은 전통적 가치 지향은 서구적 가치 지향(가령, 공정성/부당성)에 비해 낮았다. 여기서 우리가 알 수 있는 점은 무엇인가. 현대 한국의 시민의식의 위상에서 전통적 가치(3.81점)는 서구적 가치(3.87점)에 비해 크게 떨어지지는 않지만 실제 일상에서 영향을 미치는 정도에 있어서는 서구적 가치(공정성/부당성 3.73점)에 비해 전통적 가치(충성/배반 3.45점)가 상대적으로 미약하다는 점을 알 수 있다.

이러한 견해는 한국인의 가치관 양상의 추이를 분석한 나은영·차유리의 연구에서도 확인할 수 있다. 가령, '충효 사상'의 강조점이 점차 약화되고, '자신과 가족'을 중심으로 한 개인주의가 강조되고 있으며, '출세가 효도'라는 태도가 증가한다는 점에서 "가족 중심의 개인주의"가 두드러지

59) 박균열 외(2015), pp.191-192. 공통가치지향으로 정직, 절제, 인내, 근면, 성실, 친절, 용기, 협동, 신뢰, 책임 등을, 전통적 가치지향으로 경로효친, 생명존중, 자연친화 등을, 서구 시민가치지향으로 종교적 헌신, 검소, 인권존중, 자유, 평등, 정의(공정성) 등을, 국가공동체의식으로 애국심, 질서의식, 준법정신 등을, 국제 및 다문화 의식으로 인류애, 관용 등을 들 수 있다.
60) 박균열 외(2015), pp.89-90. 애국심 관련 문항은 "우리나라가 마음에 안 들어도 해외이민을 생각해 본 적은 없다.", "해외에 나가 있는 동안 우리나라가 침략을 받게 되면 나라를 지키기 위해 귀국하겠다."의 2문항이었다.
61) 박균열 외(2015), pp.189-190.

고 있다. 그런가 하면 사회 전반적인 분야에서 "탈권위주의"의 흐름도 확인할 수 있고, 인생을 올바르고 청렴하게 살기보다 경제적으로 풍요로운 생활이 더 중요하다는 경향성이 과반을 넘어서고 있다.[62]

한편, 본 연구진이 자체적으로 진행한 "전통적 가치와 민주적 시민성에 대한 학생들의 의식조사" 설문지 결과 분석 중에서 본 논문의 맥락 속에서 유의미한 통계를 간략하게 살펴보도록 하자.[63] 먼저, 전통에 대한 관심 및 선호도 조사 결과, 5점 척도 기준으로 전체 평균은 3.08을 기록하여 보통 수준으로 볼 수 있지만, "나는 우리의 전통에 대해 자부심을 느끼며 서양의 전통보다 훌륭하다고 생각한다"는 응답에 대해서는 상대적으로 다소 긍정의 성격이 강한 응답률(3.87)을 기록했다. 또한 전통의 중요성을 인식하고 계승, 발전시켜야 한다는 응답에 대해서도 강한 긍정의 응답률(4.06)이 상대적으로 높았다. "전통의 계승과 발전이 왜 필요한가?"라는 설문에 대해서는 이기주의나 인간소외, 가치관의 혼란 등 도덕적 문제를 해결하고(3.38), 민주주의(평등과 참여, 공동체의식 등)를 발전시키는 역할(3.35)을 할 수 있다고 통계적으로 유의미한 응답을 보였다. 일반적으로 청소년들이 서구적인 가치와 문화에 경도되어 있음을 고려할 때, 규범적인 수준일지라도 우리 전통에 대한 강한 자부심과 심리적인 정향은 향후 정치공동체로서 대한민국에 대한 소속감과 주체적 시민의식으로 발전할 수 있는 바, 전통적 가치의 재구성과 현대적 교육의 중요성을 확인시켜주

---

62) 나은영·차유리, 「한국인의 가치관 변화추이 : 1979년, 1998년 및 2010년의 조사결과 비교」, 『사회 및 성격』 24권 4호, 한국사회 및 성격심리학회, 2010, pp.71-82.

63) 본 설문은 2016년 3월 동안 서울, 인천, 경기 등 수도권 지역의 각급학교 재학생을 대상으로 하였으며 학교급별 분포는 초등 505명(31.8%), 중등 588명(36.9%), 대학 재학 505명(31.6%)으로 총 1,598명이 설문에 응하였다. 이 통계결과에 대한 상세한 설명은 지준호 외, 「전통적 가치와 민주적 시민성에 대한 학생들의 의식조사」, 한국연구재단 연차보고서(「21세기 글로벌 사회의 온고지신(溫故知新) 교육 모델 개발 연구 : 전통사상 및 전통교육의 재발견과 재해석을 중심으로」)의 기타 첨부파일 참조.

고 있다. 그런가 하면 정치적 주체로서 공통적으로 지녀야 할 시민적 역량 차원의 경우에, 유덕한 시민의 개인역량(3.82), 민주시민의 대인관계역량(3.86), 민주시민의 공동체역량(3.55) 등 삶과 사회의 주체로서 시민적 효능감이 상당히 높은 수준을 보이고 있다. 특히, 성찰성과 공공선 및 도덕성의 중요성 등에 대한 인식이 4.01로 높게 나오고, 타자를 평등한 존재로 대우할 수 있다는 의식(3.86), 타인과의 심리적 공감 능력과 유대를 위해 노력하고 있다는 응답(평균 4.02)도 높게 나타났는데, 이는 세간의 편견과 달리 청소년들이 공동체의 주체로서의 역할과 의무를 상당 수준 의식하는 것으로 평가할 수 있다. 그러므로 이러한 민주적 인성과 역량을 더욱 촉진하고 함양할 수 있는 교육프로그램의 모색이 절실하다. 이러한 분석 결과를 확장한다면, 자신에 대한 성찰과 주체성(개인역량), 타인과 공감하고 소통하며 배려하는 능력(대인관계역량), 정의로운 정치공동체에 대한 관심과 참여(공동체역량)와 연관된 전통에 대한 재조명과 재구성이 중요하다고 볼 수 있다.

나. 충효의 가치 지형도와 현대적 재해석

우리 시대의 한국인은 충효정신의 위상을 높이 평가함에도 불구하고 현실에서 한국인의 시민의식에 미치는 영향력이 약화되고 있다. 그런데 과연 설문조사 결과를 근거로 충효정신을 버린다는 게 말이 될까? 사실 설문조사 결과는 현재를 살아가고 있는 사실(is) 수준의 진단 결과이며, 이를 출발점으로 하여 이상적 지향점, 즉 당위(ought)를 추구할 필요가 있는 게 아닐까.64) 물론 사실 수준의 출발점과 이상적 지향점 사이에 시대적·사회적 변화에 따른 가치의 변화 양상을 주목할 필요가 있다. 충효의 가

---

64) 박병기·지준호·김철호, 「전통적 가치와 시민의식」, 『윤리연구』 93호, 한국윤리학회, 2013, p.39.

치를 예로 들어보자. 통시적인 맥락에서 볼 때, 충과 효의 원형이 있을 것이며, 사회적인 변화에 따라 충과 효의 의미가 변용(변형)되며, 때로는 시대적 굴곡에 따라 왜곡되기도 한다. 결국 현대 한국사회에서 충효정신이 행위 지침력을 확보하기 위해서는 시대적 요구와 변화상에 따른 재해석이 필요하다.[65]

사회적 변화에 따른 충효규범의 의미 변화과정을 다루는 데 있어서 사회—관념의 영향관계는 쌍방향적인 측면에서 고찰할 필요가 있다. 즉, 충효사상이 당시의 사회상과 사람들의 인식, 관념을 얼마나, 어떻게 반영하고 있는지를 주목함과 동시에 충효사상이 지배이데올로기로 활용되면서 사람들의 인식과 관념을 변화시키는 데 어떤 영향을 끼쳤는지도 함께 고찰해야 한다는 것이다. 이를 위해 사회학에서 사용되는 반영이론[66]과 형성이론[67]의 연구방법을 유의해볼 필요가 있다.

동양 고대의 봉건제도가 가족제도를 기초로 형성된 것이라고 한다면 가족 도덕의 연장선상에 정치가 있고, 따라서 군신관계를 규율하는 도덕인 충과 가족관계를 규율하는 효는 본질적인 연관관계가 있으며, 이는 당

---

65) 이하 논의되는 내용은 윤영돈·유병열, 「한국적 가치의 재정립을 위한 인문치료적 접근」, 『윤리연구』 94호, 한국윤리학회, 2014, pp.28-31을 바탕으로 재구성한 것임을 밝힌다.

66) 반영적 접근(reflection approaches)은 문헌 혹은 개념이 사회에 대해 무언가를 말해준다는 신념에 기초하고 있다. 사회학적 입장에서 '-이 사회를 반영한다'는 것은 '-이 사회에 의해 규정되거나 결정된다'는 의미이며, 이러한 반영적 접근은 보다 많은 사회의 정보와 상징들을 파악하기 위해 사용된다. 반영적 접근 방법으로 사회를 바라보고자 할 때, '무엇이 반영되었는가'와 '누가 반영되었는가', 그리고 '어떻게 반영되었는가'에 대한 문제를 다면적으로 고려할 필요가 있다. Alexander, V. D., 최샛별·한준·김은하 공역, 『예술사회학』, 파주: 살림, 2010, p.87.

67) 형성적 접근(shaping approaches)은 문헌 혹은 개념이 사회에 영향을 미친다는 생각에서 출발한다. 다시 말하자면 특정 시대에 만들어진 문헌 혹은 개념을 가지고 사람들의 머릿속에 특정 생각을 집어넣을 수 있다는 것이다. 대부분의 경우 형성 이론가들은 사회에 대한 부정적 영향을 조명한다. Alexander, V. D., 최샛별·한준·김은하 공역(2010), p.87.

시의 사회상을 '반영'하는 것이라고 볼 수 있다. 그러나 후대로 오면서 봉록의 세습이 약화되고 예에 의한 질서 '형성'의 필요성이 대두되기 시작하자 충효를 정치와 사회체제를 지탱하는 이데올로기로 활용하려는 경향도 생겨난다. 정사의 열전 앞부분에 보이는 인물 평전에서 충효에 대한 평가를 보편화한다든지,[68] 국가에 대한 공헌이 충이며 충을 다하는 것도 효를 이루는 수단의 하나라는 인식을 확산시킨다든지[69] 하는 것은 모두 충효 이데올로기를 통해 신하와 백성의 의식을 규정하고 통제하려는 시도라고 볼 수 있다. 따라서 역사적으로 충효의 의미가 설정되어 변화하고, 사람들의 인식에 영향을 끼치기 위해 고의적으로 본질적 의미를 왜곡시키는 과정에 대한 고찰을 통해 '과거의 전통으로부터 연원했지만 현재와 미래에 유효한 가치'에는 어떤 것이 있는지를 선별해 내는 것이 필요하다.

충은 원래 자신의 진심을 다하는 것을 뜻했다. 이에 대응하는 말은 그 진심을 상대방에게 명백히 알도록 보여주는 신(信)이다. 이 충과 신은 모두 개인 도덕에 관련된 개념이었다. 또한 효는 혈연자의 대표인 부모에 대한 경애를 나타내는 개념인데, 원래 종교적 의미를 내포하는 말이기도 했다. 즉, 조상에게 제사지낸다거나 그 제사를 계속하기 위해 자손을 남기는 것도 효의 주요한 요소이다. 『논어』 등에서는 효가 주로 부모에 대한 덕목으로 다루어지고 있으며, 이때 효에 대응되는 말은 부모 이외에 손윗사람에 대한 덕목인 제(悌)였다. 전국시대에 이르러 충은 전적으로 군신관

---

68) 남북조시대 이후에 나온 정사에 「효의전(孝義傳)」이나 「절의전(節義傳)」이 수록되기 시작한 것이나, 당 태종의 명에 의해 편찬된 『진서』에 「충의전(忠義傳)」이라는 명칭이 등장한 것 등이 바로 그런 예이다.

69) "효란 부모를 잘 섬기고 집에서 시작되어 나라에서 완성된다. 그 군주에게 충성을 다하고 전장에서 용감하며 친구들에게 신의가 깊다. 그 결과 명성을 드높이고 부모의 이름을 날린다. 이것이야말로 효가 아니겠는가. 경전에도 그렇게 상세히 적혀있다(孝者, 善事父母, 自家刑國, 忠于其君, 戰陳勇, 朋友信, 揚名顯親, 此 之謂孝, 具在經典)."(『구당서(舊唐書)』「예의지(禮儀志)」)

계를 규정하는 도덕 개념으로 쓰이게 되었고 효는 부자관계를 규율하는 대표적인 가족 도덕으로 간주되어, 양자가 서로 대응하는 짝을 이루게 되었다. 나아가 한대(漢代) 이후가 되면 충효는 개인 도덕의 틀을 넘어서 국가와 사회의 질서를 지탱하는 사회·정치적 이데올로기의 색채를 농후하게 띠게 된다.[70)]

이렇게 동양 문화권에서 강조해왔던 효와 충의 가치는, 특히 유교가 전래된 삼국시대 이후 한반도에서 핵심적 가치로 자리 잡아왔다. 효는 본래 충보다 우선하는 것이었지만 전쟁을 거치면서 혹은 왕권 강화의 측면에서 충의 가치가 부각되는 한편, 효의 가치가 가족이라는 테두리에 머물지 않고 공동체의 맥락에서 다뤄지는 경향이 강화되기도 했다.

유교사상에서는 효와 충에 대한 언급이 많다. 가령, 『논어』나 『맹자』 등에서는 효제(孝弟), 충서(忠恕), 충신(忠信) 등의 표현이 자주 등장하며,[71)] 『효경』에는 효와 충이 밀접하게 결부되는 표현도 등장한다.[72)] 사실

---

70) 미조구치 유조 외 엮음, 『중국 사상 문화 사전』, 서울: 책과함께, 2011, p.236.

71) 『논어』에서 "군주는 신하에게 예로 대하고 신하는 군주를 충으로 섬긴다"(「팔일」 제19장)고 하였는데 여기서 충은 군주에 대한 신하의 덕목이 아니라 그저 충실 혹은 충성이라는 일반적인 의미를 나타낸다. 반면 효에 관해서는 구체적인 언급이 많이 나오는데, "(효란) 자신이 병에 걸리지 않도록 함으로써 부모에게 걱정을 끼쳐 드리지 않는 것이다"(「위정」 제6장)라든가 "지금의 효행은 (부모를) 부양하는 것을 가리킨다. 사람은 개나 말도 열심히 키운다. 존경하는 마음이 없다면 동물과 마찬가지다"(「위정」 제2장), "3년간 죽은 부친의 생전 삶의 방식을 바꾸지 않으면 효라고 말할 수 있다"(「학이」 제11장) 등이 있다. 『맹자』에서는 군신관계를 상호적인 것으로 보는 구절이 나오기도 한다. "군주가 신하를 티끌이나 먼지처럼 여긴다면 신하는 군주를 원수처럼 볼 것이다"(「이루 하」). 또한 효와 충이 상충할 경우 효를 택해야 한다고 말하는 대목도 있다. 천자인 순임금의 부친이 살인죄를 범한다면 순임금이 어떻게 대처할 것인가라는 물음에, "다 헤어진 신발을 버리듯이 천자의 자리를 버린 후에 부친을 등에 업고 조용히 해변으로 도망가서 남은 생애 동안 부친을 섬기고 천하의 일은 마음에 두지 않는다"(「진심 상」).

72) 한대(漢代)에 지배계급의 자녀 사이에서 『효경』이 널리 읽혔는데, 후한에 오면 『효경』강습과 교육을 관장하는 효경사라는 관직을 두기도 한다. 선진 말엽에 성립된 것으로 여겨지는 『효경』에 보이는 효 사상은 『논어』, 『맹자』보다 한 발 더 나아가 있다. "효는 덕의 기본이다. (…) 부모에게 받은 신체의 보전이 효의 시작이며,

『효경』은 통일신라시대에 『논어』와 더불어 독서삼품과의 주요과목으로 채택된 이후 국가적 차원에서 효와 충이 핵심 가치로 권장되었고, 진흥왕 시기에는 화랑의 전신인 원화(原花)의 선발 목적을 "효제와 충신을 가르치기 위함"이라고 적시하기도 했다. 뿐만 아니라 "임신서기석"에서 '충도(忠道)'를 따르겠다는 맹세, "세속오계"의 '사친이효(事親以孝)' 및 '사군이충(事君以忠)'의 가르침, "난랑비서문"에서 유교적 핵심 가치로서 '효'와 '충'의 가치가 부각되었다.73)

유교적 가르침이 확대된 고려시대, 더 나아가 조선시대에 효와 충의 가치는 국가 차원은 물론이고 일상에서도 강조되었다.74) 가령, 『명심보감』, 『소학』, 『동몽선습』, 『삼강행실도』, 『오륜행실도』, 『격몽요결』 등과 같은 수신서에서 '오륜(五倫)'을 기반으로 하여 효와 충의 가치를 중요하게 다룬다.75)

....

자립하여 효를 실천하고 후세에 이름을 남기며 부모에게 명예를 돌리는 것이 효의 최종 목적이다. 효는 부모를 섬기는 데서 시작되며(始於事親), 군주를 섬김으로써(中於事君) 입신출세하는 것이 그 최종 목적이다(終於立身)."(「개종명의(開宗明義)」), "사람의 행위는 효가 가장 중요하다"(「성치(聖治)」), "효에 의해 천하를 다스린다"(「효치(孝治)」). 여기서 효는 덕행의 출발점이면서 귀착점이며 모든 덕행은 효에 종속되고 있을 뿐만 아니라 개인 도덕에서 정치의 요체로 확장되어 있다는 것을 알 수 있다. 예에 의한 질서 형성이 필요했던 시대의 산물이라 할 수 있다.

73) 김두진, 『고려시대 사상사 산책』, 서울: 국민대학교출판부, 2009, pp.214-216; 함규진, 「고대 중세기 한국적 가치의 변천」, 한국학중앙연구원 제4회 AKS 포럼(한국학중앙연구원 장서각 1층 세미나실, 2013.12.9.), 2013, pp.41-43에서 재인용.

74) 고려와 조선 성리학의 원류로서의 주자학은 한 제국의 예교 질서를 뒷받침했던 『효경』에서 효를 계급화·정치화하고 그것을 모든 덕의 근본에 두었다. 이것은 선진제자들이 충과 효가 모순될 가능성을 언급한 것에 대해 해결책으로 제시되기도 하였다. (…) 주자학에서 개별적인 덕목들이 이의 보편성에 의거하여 기초를 세우고 있듯이, 효 역시도 마음의 작용(情)이 헤아리는 도덕법칙(理=性)의 구체적 발현이라고 간주되었다. 양명학은 마음의 주체성을 더욱 강화시키면서 자연스러운 심정의 노출에서 도덕성을 보고자 하는데, 혈연적 결합에서 비롯된 효는 이러한 참된 정의 상징으로 명 말의 질서 해체기에 사회적 통합의 근거를 추구한 사람들에게 널리 받아들여졌고 혹은 향약 운동과 결부되기도 했다. 미조구치 유조 외 엮음, 『중국 사상 문화 사전』, 서울: 책과함께, 2011, pp.252-253.

75) 신창호, 『인간, 왜 가르치고 배우는가』, 일산: 서현사, 2003, pp.29-30 및 pp.42-43.

그런데 유교를 통치이념으로 삼은 조선시대에 효는 "하층민의 교화수단인 동시에 충의 하부구조"로서 강조되는 경향이 나타난다. 특히, 임진왜란을 계기로 충의 가치는 상급자에 대한 복종 혹은 군주를 섬기는 데 강조점을 두는 경향이 있었다. 아울러 충(忠)을 남성에게, 열(烈)을 여성에게 할당하던 흐름이 임란 이후에는 여성도 충의 주체에 포함되는 방향으로 변화가 있었다.76)

일제 강점기에는 효와 충의 가치가 심각하게 왜곡되었다. 충의 가치가 일본 천황에 대한 무조건적인 복종을 위한 수단으로 전락했고, 효의 가치 또한 이러한 맥락으로 왜곡되었다. 가령, 아버지가 보인 천황에 대한 충성을 이어 받는 태도가 바로 효의 실천이라는 것이다.77) 그러니까 일제 강점기의 '충효일체'라는 왜곡된 교육으로 인해 효와 충의 가치가 크게 변질된 것이다.

해방 이후 충(忠)은 민족통합과 경제발전이라는 국가적 기치 아래 국가와 민족에 대한 애국심으로 변형되었다. 즉, 해방 후의 사상적 혼란과 한국 전쟁(6.25) 및 분단 이후 충이 자유민주주의 수호와 반공을 추구하는 이데올로기적 경향으로 변형되었다. 이 시기 애국 동요나 반공 계몽 영화 등이 등장했고, "국민교육헌장"(1968. 12)의 '민족중흥'이라는 국가적 사명으로, 경제재건과 산업발전을 통해 빈곤과 가난을 청산하고자 하는 열망으로도 표현되었다. 이 당시 충은 국가재건을 위한 애국심으로 유의미한 기여를 했지만 군사정권 하에서 왜곡·변질되는 굴곡을 겪기도 했다.78)

---

76) 한성구, 「조선시대의 한국적 가치 연구」, 한국학중앙연구원 제4회 AKS 포럼(한국학중앙연구원 장서각 1층 세미나실, 2013.12.9.), 2013, pp.83-84.

77) 한성구(2013), pp.96-97.

78) 류형선, 「전환기부터 민주화시기까지 한국인의 가치탐색」, 한국학중앙연구원 제4회 AKS 포럼(한국학중앙연구원 장서각 1층 세미나실, 2013.12.9.), 2013, pp.108-109 및 pp.118-119.

일제 강점기와 군사정권을 거치면서 왜곡된 충의 가치는 민주화 세대에게는 체질적인 거부반응과 심리적 저항의 대상이 되기도 했다. 요컨대 현대사의 시대적 질곡과 함께 자본주의적 가치의 팽배로 인해 오늘날 한국인은 충의 가치뿐만 아니라 효의 가치에 대해서도 매우 소극적인 태도를 보이는 것이 사실이다. 그러나 한반도의 유구한 역사를 거치면서 뿌리 내린 효와 충의 가치를 시대적·사회적 굴곡 속에서 일정 부분 변질되고 왜곡되었다고 해서 내버린다는 것은 성급한 태도가 아닐 수 없다. 효가 충의 바탕으로서 "시간생명의 영속"을 지향한다면 충은 "공간생명의 확충"을 지향하는 것이 아닌가.[79] 우리 시대에 효와 충의 가치는 어떻게 재해석되어야 할까. 무엇보다 효와 충의 본래적이고 원리적인 의미를 시대적·사회적 지형의 요구와 결부지어 재해석할 필요가 있다.

사실 충은 특정 대상에 대한 복종으로 국한되지 않는 포괄적인 근본적 가치이다. 예를 들어, 종종 충은 충서지도(忠恕之道)라는 말로 제시되는데, 주자(朱子)에 따르면 충은 '나를 다하는 마음(盡己之心)'이다. 그러한 충의 태도를 타인에로 확장한 것이 서(恕)이다.[80] 한마디로 서(恕)는 '추기급인(推己及人)'을 의미한다. 충은 그러한 서(恕)의 바탕이 되며, 다시 서는 충을 구현하는 것이다. 더 나아가 충신(忠信)이라는 말에서 알 수 있듯이 충은 성실을, 신이란 그러한 충을 바탕으로 형성된 신뢰를 의미한다. 때문에 충이야말로 신뢰의 원천인 것이다. 이런 점에서 충은 자신과 타인의 관계를 규정하는 근원적인 가치이며, 국가 공동체로까지 확장될 수 있다.[81]

---

79) 김충렬, 「유가철학에 있어서 도덕내원과 그 전망」, 『중국철학산고』, 청주: 온누리, 1988, pp.75-94; 신창호 (2003), p.154 각주 3번에서 재인용.

80) 『논어』 「里仁」, 朱子集註, "盡己之謂忠, 推己之謂恕."

81) "충은 자신으로부터 일어나고, 집안에서 드러나며, 나라에서 완성되는데, 그 행하는 바는 하나이다. 그 몸의 한결같음이 충의 시작이고, 그 집안을 한결같게 함이 충의 중간이며, 그 국가를 하나 되게 하는 것이 충의

때문에 충은 국가에 대한 충성으로서 특수 가치이기에 앞서 원리적이고 근본적인 가치인 것이다. 이렇게 충은 자기 자신으로부터 출발하여 대인 관계 맥락을 지나 국가 차원으로까지 확장되는 가치임을 알 수 있다. 또한 충은 효에 그 뿌리를 내리고 있으며, 효의 연장선상에서 논의되어 온 가치였다.[82]

이상의 논의를 바탕으로 한반도에서 전개되어 온 효(孝)와 충(忠)의 가치지형도를 개략적으로 표현하면 〈그림 2−3〉과 같다. 도식화의 위험이 있지만 효와 충의 가치가 시대적·사회적 문맥에서 어떻게 변해왔는지, 그리고 어떠한 방향으로 재정립되어야 할지를 파악하는 데는 일정 부분 의미가 있다.

마침이다(『忠經』 제1장, "夫忠 興於身 著於家 成於國 其行─焉. 是故 一於其身 忠之始也 一於其家 忠之中也 一於其國 忠之終也").

82) 황경식, 「충효사상의 현대적 의의」, 『철학사상』 12집, 서울대학교 철학사상연구소, 2001, pp.48-55.

그림 2-3 | 효의 가치 지형도와 현대적 재해석[83]

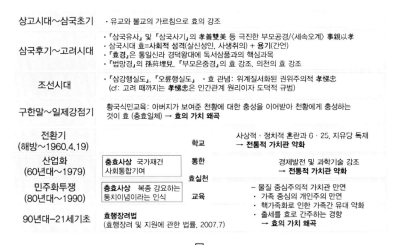

효(孝)의 의미

▶ 혈연자의 대표인 부모에 대한 경애
▶ 조상에 대한 제사, 혹은 제사를 위해 자손을 남기는 것
▶ 자식에 대한 부모의 덕목으로서의 자(慈)에 상응
▶ 부모 이외의 손윗사람에 대한 덕목으로서의 제(悌)에 대응

| 상고시대~삼국초기 | · 유교와 불교의 가르침으로 효의 강조 |

삼국후기~고려시대
· 『삼국유사』 및 『삼국사기』의 孝善雙美 등 극진한 부모공경/〈세속오계〉 事親以孝
· 삼국시대 효=사회적 성격(살신성인, 사생취의) + 용기(간언)
· 『효경』은 통일신라 경덕왕대에 독서삼품과의 핵심과목
· 『법망경』의 孫舜埋兒, 『부모은중경』의 효 강조, 의천의 효 강조

조선시대
· 『삼강행실도』, 『오륜행실도』 · 효 관념: 위계질서화된 권위주의적 孝悌忠
  (cf: 고려 때까지는 孝悌忠은 인간관계 원리이자 도덕적 규범)

구한말~일제강점기
황국식민교육: 아버지가 보여준 천황에 대한 충성을 이어받아 천황에게 충성하는
것이 효 (충효일체) → **효의 가치 왜곡**

| 전환기
(해방~1960.4.19) | 학교 | 사상적 · 정치적 혼란과 6 · 25, 자유당 독재
→ **전통적 가치관 약화** |

산업화
(60년대~1979)
충효사상 국가재건
사회통합기여 │ 통한 │ 경제발전 및 과학기술 강조
→ **전통적 가치관 약화**

효실천

민주화투쟁
(80년대~1990)
충효사상 복종 강요하는
통치이념이라는 인식 │ 교육

90년대~21세기초
효행장려법
(효행장려 및 지원에 관한 법률, 2007.7)

- 물질 중심주의적 가치관 만연
· 가족 중심의 개인주의 만연
· 핵가족화로 인한 가족간 유대 약화
· 출세를 효로 간주하는 경향
→ **효의 가치 왜곡**

효(孝)의 가치 재정립

▶ 계급적, 일방적인 것이 아닌 상호적인 덕목으로 이해
▶ 의무로서 강요되는 것이 아닌 부모에 대한 자식의 '자연스러운' 사모의 마음
▶ 효의 대상이 부모에게 한정되는 것이 아니라 세대화합을 위한 상호이해, 상호
  배려의 차원에서 손윗사람으로 확대

---

83) 유병열·윤영돈, 「한국적 가치체계에 의거한 유덕한 인격함양의 인성교육」, 『도덕윤리과교육』 45호, 한국도덕

64 전통 인성교육이 해답이다

그림 2-4 | 충의 가치 지형도와 현대적 재해석[84]

충(忠)의 의미

▶ 자신의 진심을 다하는 것
▶ 자신의 진심을 상대방에게 명백히 알도록 보여주는 신(信)과 대응
▶ 군주에 대한 신하의 덕목(전국시대)

상고시대~삼국초기	· 효의 연장으로서의 충
삼국후기~고려시대	· 삼국간 갈등 격화(충을 중시) · 나라 위한 충=군주/국가 위한 희생='효'로 간주 · 임전무퇴, 忠道(임신서기석, 난랑비서문)
조선시대	· 유교적 가르침(효의 절대성) ex. 始於事親, 中於事君, 終於立身(『효경』) → 임란전 충무공의 3년상 · 임진왜란 이후(충의 가치 부각), 의병정신, 여성도 忠의 주체 · 애국/독립운동(충=애국심)
구한말~일제강점기	황국식민화: 충의 가치 왜곡 충=천황에 대한 복종윤리(국가사랑=황실 충성=효 실천)
전환기 (해방~1960.4.19)	· 한반도 평화, 안전, 사회통합 원리 충(=애국심) 강조
산업화 (60년대~1979)	- 경제재건통한 부강한 나라 건설참여　　　　군사정권 옹호 위한 충성/애국심 강조 - 애국심　　　　　　　　　　　　　　　　　→ 충의 가치 왜곡
민주화투쟁 (80년대~1990)	
90년대~21세기 초	민주화 이후 왜곡된 충(애국심)에 대한 비판 및 거부반응

충(忠)의 가치 재정립

▶ 일방적인 것이 아닌 상호적인 개념으로 '자신의 진심을 다하고 그에 따라 실천'하는 것
▶ 국가 지도자나 상급자 개인에 대한 무조건적 복종이 아니라 공동체(국가)에 대한 신뢰와 지지

윤리과교육학회, 2014, p.50 수정 보완.

84) 유병열·윤영돈(2014), p.51 수정 보완.

자유민주주의 사회에서 민주시민으로서 지녀야 할 충의 현대적 해석으로 '정의로운 공동체에 대한 지향과 실천을 중시하는 정치적 주체의식', '공적 책임의식과 심의 능력을 갖춘 민주적 시민의식', '평등한 존재로서 타인에 대한 존중과 배려의식', '차이와 다양성을 존중하고 통합을 지향하는 공동체의식' 등을 들 수 있다.

(4) 전통적 가치의 범주화

앞서 효와 충의 가치 지형도 논의를 통해 알 수 있듯이, 전통적 가치는 변하지 않는 측면[體]과 변하는 측면[用]이 공존한다. 때문에 효와 충의 원리적이고 근본적인 의미를 보존해야 하는 한편, 시대적·사회적 변화에 부합하는 방식으로 재해석될 필요가 있다. 그럴 때에만 전통적 가치는 우리 시대와 오는 미래 시대에 유의미한 역할과 기능을 지속적으로 수행할 수 있을 것으로 기대한다. 즉, 전통적 가치의 재해석과 범주화를 위해 시대적·사회적 문맥이라는 현실과 전통적 가치라는 이상 사이의 조율과 조정의 지혜가 요구된다. 다시 말해서 전통적 가치의 체(體)와 용(用) 사이의 적절한 균형감이 필요하다는 것이다.

넓게 보아 우리 시대의 한국적 가치란 한국인의 시민의식에 영향을 주는 것으로서 서구적 가치도 있고, 전통적 가치도 있으며, 양자가 공유할 수 있는 가치 등으로 구분해 볼 수 있다. 전통적 가치가 한반도를 배경으로 통시적으로 추구해온 것이라면 서구적 가치는 우리 시대라는 공시적 맥락에서 한국인에게 보다 큰 영향을 주고 있는 것이다. 그런가 하면 통시적 맥락과 공시적 맥락에서 전통적 가치와 서구적 가치가 만나는 지점이 있다. 정리하자면 한국적 가치란 "한국적 특수성이 강한 가치", "한국적이면서 보편적인 가치", "한국적 가치로 설명이 가능하나 서구적 성격이 강한 가치"로 삼분해 볼 수 있다.[85] 이를 일종의 개념도로 표현하면 〈그림 2-5〉와 같다.

그림 2-5 | 한국적 가치의 개념도

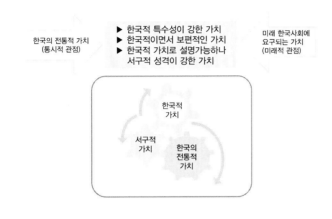

이러한 한국적 가치의 개념도 속에서 전통의 규범적 의미를 지닌 전통적 가치의 위상과 역할, 그리고 재해석의 가능성을 확인해 볼 수 있다. 다시 말해서 전통적 가치 가운데 "한국적 특수성이 강한 가치"가 있고, 이는 한국의 고유한 가치로서 우리 시대에 여전히 보존되고 고양되어야 한다는 점에서 그 존재의미가 있다. 물론 이 가운데에는 연고주의나 권위주의 내지 허례허식과 같이 지양되고 극복되어야 할 구습이나 폐단도 있다는 점

---

85) 한국인에게 영향을 미치고 있는 전통적 가치의 연원으로 무엇보다 유교, 불교, 도교 및 고유 신앙을 들 수 있고, 전통적 가치는 크게 보편적인 가치, 보편에서 유래되었으나 한국화된 가치, 자생적인 고유의 가치로 구분해 볼 수 있다. 박병기·지준호·김철호, 「전통적 가치와 시민의식」, 『윤리연구』 93호, 한국윤리학회, 2013.

에 유념해야 할 것이다. 그런가 하면 전통적 가치 가운데 "한국적이면서도 보편적인 가치"의 성격을 지닌 가치도 있으며, 이는 특히 우리 시대가 맞이하고 있는 다양한 사회적 문제를 해소하는 데 기여하는 바가 클 것으로 기대한다. 끝으로 "한국적 가치로 설명이 가능하나 서구적 성격이 강한 가치"도 있다. 가령, 민주주의의 가치는 현대 한국인의 시민의식에 가장 큰 영향을 미치는 가치 중 하나이다. 이런 견지에서 전통적 가치 가운데에는 민주주의를 더욱 풍부하게 하는 데 기여할 수 있는 것도 있다.

3. 전통의 실천*

(1) 전통의 도덕교육적 재해석과 적용 가능성

전통사상 및 문화를 도덕교육학의 입장에서 재해석하고, 그 내용을 현대교육과정에 적용해 보려는 연구들이 진행되어 왔다. 그 중에서 비교적 최근의 주요 연구를 열거하기로 한다.

신창호는 교육을 인간 생활의 본질적 측면이자 생활과 불가분적으로 통합되어 있는 것으로 이해하고, 교육은 결국 당대 사회의 문화로 축적되고 정리된다는 점에서 그 사회의 문화 전통과 분리된 교육은 부적절하고 불충분하다는 논거를 정립했다. 그리고 특히 유교에서 우리의 전통교육의 실체를 찾으면서, 유교는 "학문을 삶의 예술로 승화시킨, 인생의 과정 자체를 고려하는 생활교육이자 평생학습 차원에서 이해"할 것을 주장한다.[86] 말하자면 그에게 유교는 전통교육이자 곧 교육학 자체이며, 특히

---

* 함규진 외, 「전통사상 및 교육방법의 현대 도덕교육과정에서의 활용 가능성 연구」, 『한국철학논집』 50, 2016.8.
86) 신창호, 『유교와 교육학 체계 : 한국교육철학의 뉴 패러다임 구상』, 서울: 고려대학교 출판부, 2012, pp.22-23.

68 전통 인성교육이 해답이다

실천적인 의미에서 그것은 '일상생활의 예술적 실천'과 '인륜의 자각과 예의 실천'으로 정리할 수 있다.[87]

장승희는 현대 한국의 청소년에게 절실한 도덕교육의 유형을 '창의교육'과 '본질교육'으로 구분하고, 전통에 관련한 교육은 그 중에서 본질교육의 영역에 해당된다고 개념을 구분했다. 본질교육은 의(義)에 기반하여 사욕(私慾)을 자제하는 데 주목했던 반면, 창의교육은 이(利)를 중시하면서 창의적으로 이익을 극대화하는 일에 주목한다. 현대사회는 "의보다 이를 중시하는 사회로 변했기 때문"에 전통교육−본질교육은 실천하기 어렵다. 그러나 사욕을 자제하는 규범이 내재화되지 않을 때 개인과 사회에 파괴적 결과가 초래될 수 있기에, 현대적 조건에서도 본질교육은 필요하다.[88]

지준호는 전통시대 교육의 주류가 인성(人性)과 덕성(德性)을 중심으로 하는 도덕교육이라고 파악하고, 현 시대의 새로운 도덕적 가치와 쟁점에 부응하는 전통 도덕교육의 실시 필요성을 강조하면서 그 구체적인 과목으로 예(禮) 교육과 마음공부를 들었다.[89]

박병기는 유교뿐만 아니라 불교적 전통을 현대교육과정에서 재조명할 필요를 서구식 자유주의적 교육이 갖는 한계점을 근거로 제시하며, 도덕성의 형성 단계에서 이기적 욕망을 억제할 수 있는 훈습(薰習)−수양(修養)을, 그 다음 단계인 가치관 정립 단계에서 자신의 삶의 의미를 스스로 찾아갈 수 있도록 하는 수행(修行)을 교육과정에 포함시킬 것을 제안한다. 또한 그는 윤리적 자연주의와 전통사상의 친화성에 주목, 철학과 심리학,

87) 신창호, 『유교와 교육학 체계 : 한국교육철학의 뉴 패러다임 구상』, 서울: 고려대학교 출판부, 2012, pp.164−177.
88) 장승희, 『유교와 도덕교육의 만남』, 제주: 제주대학교 출판부, 2013, pp.41−43.
89) 지준호, 「초등학교 도덕과 교육과정 해석 및 집필 세목 구상에 관한 동양윤리적 제언 : 5학년 '최선을 다하는 생활'을 중심으로」, 『온지논총』 22집, 2009, pp.244−248.

생리학의 경계를 넘어 종합적으로 도덕을 구상하고 교육적 실천에 적용할 것을 모색한다.[90]

정재걸 외 4인 역시 유교뿐 아니라 불교, 도교 등 동양 전통사상을 두루 본받아 현대교육에 반영함으로써 현대사회의 문제점을 해결할 것을 주장한다. 그들에 따르면 현대는 인간의 이기적 본능이 무제한적으로 추구되도록 몰아가는, 끊임없는 '자아확장투쟁'의 시대이며, 이를 잠시 멈추고 이타적인 본성을 회복할 필요가 있다. 특히 한국인은 민족적 자의식 부족에서 비롯된 유난히 강렬한 열등감과 무력감에 시달리고 있으며, 따라서 사회적 편견과 차별, 과시적 소비, 외모지상주의, 해외 조기유학 열풍 등의 사회현상이 빚어지고 있다. 이를 위해『주역』,『중용』등을 마음교육적으로 이해하고, 노자의 수도(修道)나 불교의 간화선, 퇴계 이황의 정좌 독서법 등에서 응용한 전통적 마음교육이 절실하다.[91]

고성근도 이(理)에 몰두하는 주자학 대신 기(氣)의 중요성을 강조하는 양명학 전통에 주목하면서, 현대교육과정이 청소년의 기를 제대로 갈무리하지 못하도록 강요하며, 그 목표란 진정 스스로의 각성과 입지(立志)에서 비롯된 것이 아니라 타자의 강요에 따라 주어진 '가짜 목표(가령 일류대학 진학)'임을 지적하고는 '무폭기(毋暴氣), 무자기(毋自欺)'를 새로운 교육 목표로 제시한다.[92]

기(氣)와 몸(身)의 문제를 적극적으로 고려했던 전통교육사상의 맥락을 재조명하려는 입장은 정승안에게서도 나타나는데, 그는『황제내경』과『동의보감』에 제시된 사람의 기−몸의 발달단계가 공자와 맹자의 교육

90) 박병기,「도덕과 교육의 내실화를 위한 동양도덕교육론적 대안」,『윤리교육연구』22호, 2010.
91) 정재걸 외 4인,『동양사상과 마음교육』, 서울: 살림터, 2014.
92) 고성근,「하곡의 공부론을 통한 초등학교 인성교육 실천 방안」, 제12회 강화양명학 국제학술대회,『강화, 하곡학 그리고 미래 : 지성, 인성, 영성』, 2015, p.334.

강령과 합치됨을 제시하면서, 지적 성장에만 중점을 두는 현대교육과정의 문제점을 이로써 보완할 필요를 제시한다.[93]

이 밖에 장윤수[94] 등은 『소학』에서, 김미라[95] 등은 『격몽요결』에서 현대 청소년교육 또는 유아교육에 응용할 지향점과 실천 방법을 모색했으며, 주영애[96] 등은 전통 가운데 식생활을 비롯한 생활예절교육의 계승 발전 방법을 연구했다.

이상의 연구들은 전통과 도덕교육을 적절히 융합한다는 어려운 주제에 도전, 각자의 분야에서 나름 선구적인 성과를 거두었다고 할 수 있다. 그러나 보다 일반적이고 체계화된 방법론이 필요하다고도 할 수 있으며, 많은 경우 현재 시행되고 있는 '비전통적' 교육과정 내지 방법론의 '대안' 내지 '추가'로 전통교육을 제시하고 있어서 현실성이 떨어진다는 문제점 또한 있다. 여기서는 이 점을 고려하면서, 현재 제시되어 있는 도덕과 교육과정의 핵심 가치 및 덕목 체계와 비교하며 전통 가치 및 덕목 체계를 재해석, 범주화하고, 그 현대교육과정에서의 적용 가능성을 중심으로 전통교육의 실천적 의미를 재조명한다.[97]

....

93) 정승안, 「동양사상과 사회학의 이론적 논의」; 정학섭 외, 『사회학적 관심의 동양사상적 지평』, 서울: 다산출판사, 2014, p.136.

94) 장윤수, 「소학의 교학이념」, 『동양예학』 11집, 2003, pp.29-64.

95) 김미라, 「전통 유아예절교육의 현대적 활성화 방안 연구 : 『격몽요결』의 '입지'와 '실천위주' 교육을 중심으로」, 『미래유아교육학회지』 18권 2호, 2011, pp.201-222.

96) 주영애, 「전통생활문화교육에 대한 관심도와 실천도에 관한 연구 : 수도권 지역 거주 어머니를 중심으로」, 『유학연구』 33집, 2015, pp.471-496.

97) 전통교육의 효용은 크게는 교육과정 전반에서, 작게는 도덕교육 전반에서 발휘되어야 할 것이다. 즉, 가정, 사회에서 이루어지는 교육이나 도덕과를 넘어서 각종 교과 및 비교과 활동에서도 발휘되어야 할 것이다. 그러나 여기서는 도덕과 교육의 교과과정만을 비교했는데, 첫째로는 비교 및 범주화의 편이성을 위해, 둘째로는 결국 현대 한국인들이 다음 세대에 어떤 도덕적 가치와 덕목을 습득토록 하려 하는가가 도덕과 교육과정에 가장 명시적으로 나타난다고 할 수 있기 때문이다.

(2) 전통의 도덕교육적 재해석을 위한 개념의 범주화

가. 현대 도덕교육의 핵심 가치 및 덕목 체계

2015년 발행된 『2015 도덕과 교육과정』을 보면, "도덕과는 기본적으로 성실, 배려, 정의, 책임 등 21세기 한국인으로서 갖추고 있어야 하는 인성의 기본 요소를 핵심 가치로 설정하여 내면화하는 것을 일차적 목표로 삼는다."[98]고 하여, 네 가지의 핵심 가치에서 도덕교육의 근본을 찾고 있다. 그런데 이 핵심 가치는 다시 "자신과의 관계", "타인과의 관계", "사회·공동체와의 관계", "자연·초월과의 관계"라는 4개 영역에 각각 대응된다. 자신이 세운 목표에 성실하고, 타인의 입장을 배려하며, 사회·공동체에서 정의를 추구하며, 자연·초월적 존재에 대해 책임을 지는 인간을 육성한다는 것이다.

표 2-1 | 2015 교육과정에서의 도덕과 교육과정 가치 및 덕목 체계

영역	영역별 가치·덕목
자신과의 관계	성실
타인과의 관계	배려
사회·공동체와의 관계	정의
자연·초월과의 관계	책임

이는 2012년도에 발행된 『2009 도덕과 교육과정』에 비해서 보면 가치 및 덕목 체계 구성에 변동이 나타난 것인데, 당시에는 존중, 배려, 정의, 책임이 "도덕적 주체로서의 나", "우리·타인과의 관계", "사회·국가·지

---

98) 교육부, 『2015 교육과정』, 2015, p.4.

구공동체와의 관계", "자연·초월적 존재와의 관계"의 4개 영역 전반에 작
용하는 것으로 보고, 4개 영역 각각으로는 "자율·성실·절제", "효도·예
절·협동", "준법·공익·애국심·통일의지·인류애", "자연애·생명존중·평
화"가 대응되는 것으로 보았다.[99]

표 2-2 | 2009 교육과정에서의 도덕과 교육과정 가치 및 덕목 체계

영역	전체지향 가치·덕목	영역별 가치·덕목
도덕적 주체로서의 나		자율, 성실, 절제
우리·타인과의 관계	존중, 책임, 정의, 배려	효도, 예절, 협동
사회·국가·지구공동체와의 관계		준법·공익, 애국심, 통일의지, 인류애
자연·초월적 존재와의 관계		자연애, 생명존중, 평화

이를 비교해 보면, 자신에서 시작하여 자연과 초월적 존재라는 인간을
초월한 영역까지 확장되어 나가는 4개 영역에 대해서는 다소 표현의 차이
가 있을 뿐 지난 교육과정과 현 교육과정의 차이가 없는 것으로 여겨진
다. 그러나 가치 및 덕목의 위계에 대해서는 변화가 있는데, 그래도 덕목
이 영역을 가로질러 자리바꿈을 하거나 주요 덕목이 탈락·추가되었다고
여겨지지는 않으며,[100] 4개 영역에 각각 핵심 가치 및 덕목을 대응시키느
냐, 핵심 가치 및 덕목의 하위에 따로 세부 가치 및 덕목을 설정하느냐의
차이가 있다고 볼 수 있다.

---

99) 교육부, 『2009 교육과정』, 2012, p.6.
100) 다만 2009 교육과정의 4개 핵심 가치 및 덕목 가운데 "존중"이 2015년 교육과정에서는 "성실"로 바뀌었는데,
"성실"은 2009년 과정에서는 "도덕적 주체로서의 나" 영역에 해당되는 가치 및 덕목에 들어 있었다. "자신과의
관계"에서 "자기존중"과 "자신에 대한 성실"은 그다지 큰 의미적 차이를 가지는 덕목이 아니라고 할 때,
현저한 자리바꿈 내지 탈락-추가가 이루어졌다고까지 할 수는 없을 것이다.

가치 및 덕목을 많이 설정할 경우 서로 의미영역이 중첩되거나 충돌할 가능성이 있고, 지나치게 도식적, 하향적으로 도덕교육이 이루어짐으로써 학생의 도덕적 자율성 계발이 어려울 수 있다는 점에서 현 교육과정에서의 구성 단순화가 결정된 것으로 추정된다. 그러나 가치 및 덕목이란 본래 일정 영역에만 기계적으로 한정된다기보다 다른 가치 및 덕목들과 연계되고 융합되면서 여러 영역에 걸쳐 영향을 미친다고 보는 게 더 설득력 있다(가령 "성실", "책임" 등은 어떤 영역에서도 의미가 있는 덕목일 것이다). 또한 핵심 가치에서 구체적 실천 목표를 끌어낸다고 할 때 중간에 개재되는 덕목이 없을 경우 다분히 막연해질 가능성이 있다. 여기서 또한 참고해야 할 것이, 2015년 7월 시행된 "인성교육진흥법" 제2조 2항에 제시된 8개 덕목이다.

"핵심 가치·덕목"이란 인성교육의 목표가 되는 것으로 예(禮), 효(孝), 정직, 책임, 존중, 배려, 소통, 협동 등의 마음가짐이나 사람됨과 관련되는 핵심적인 가치 또는 덕목을 말한다.[101]

이때 인성교육의 8개 덕목을 도덕과 교육과정(2009년)의 덕목과 비교해보면, 예, 효, 배려, 협동은 "우리·타인과의 관계"에, 정직, 존중은 "도덕적 주체로서의 나"에, 소통은 "사회·국가·지구공동체와의 관계"에, 책임은 "자연·초월적 존재와의 관계"에 해당된다고 볼 수 있다. 덕목이 타인과의 관계 영역에 치우친 면이 있고 해당 영역에 전통 덕목(예, 효)이 포함된 점은 인성교육법 제정의 배경에 이 영역에서의 문제의식이 상당히 작용했음을 시사해주는데, 아무튼 영역별로 단일한 핵심 가치 및

---

101) 법제처 국가법령정보센터 http://www.law.go.kr/lsInfoP.do?lsiSeq=167462&efYd=20150721#0000 참조.

덕목만을 제시하는 것으로는 이해가 불충분할 수 있음이 이로써 유추된다.

따라서 이 논문에서는 핵심 가치 및 덕목과 하위 덕목이 4개 영역과 관계되면서, "삶을 위해 추구해야 하는 궁극적인 도리로서의 도(道)와 그것을 삶 속에서 구현하는 과정에서 요청되는 총체적 능력으로서의 덕(德)을 스스로의 삶 속에서 인식하고 실천하고자 하는 역동적인 과정"[102]으로 현대 도덕교육과정을 이해하고자 한다.

나. 전통 가치 및 덕목 체계의 재해석과 범주화

'자신―타인―사회·공동체―자연·초월'로 발전되어 나가는 현행 도덕교육의 영역은 지준호의 지적처럼 '수신―제가―치국―평천하'라는 전통사상의 구도와 상당히 친화적이다.[103] 그 중에서 보다 기초적인 '자신―타인' 영역은 전통적인 '수신―제가' 구도와 상응하며, '수기(修己)―치인(治人)' 또는 '성기(成己)―성물(成物)'이라는 유가 도덕률의 '기본 틀의 기본 틀'에 해당한다고 볼 수 있다.

수신―제가 구도에 한하여, 아니 한하지 않더라도, 전통사상에서 가장 근본적인 가치 및 덕목을 고른다면 아마도 인(仁)과 의(義)일 것이다.

인(仁)은 곧 사람이니, 친한 이를 친하게 대함이 큰 일이며, 의(義)는 곧 알맞음이니, 훌륭한 이를 높임이 큰 일이다.[104]

---

102) 교육부, 『2015 교육과정』, 2015, p.4.

103) 지준호, 「초등학교 도덕과 교육과정 해석 및 집필 세목 구상에 관한 동양윤리적 제언 : 5학년 '최선을 다하는 생활'을 중심으로」, 『온지논총』 22집, 2009, p.246.

104) 『中庸』 제20장, "仁者人也. 親親爲大, 義者宜也. 尊賢爲大."

친한 이를 친히 함은 인이고, 어른을 공경함은 의이니, 그 무엇보다 온
천하에 두루 통할 수 있는 것이다.[105]

널리 사랑함을 인이라 하고, 행함에 이치에 맞음을 의라 한다.[106]

이러한 인과 의는 상호연관―보완되고 있을 뿐 아니라 의는 인에 의해
포괄된다고도 말할 수 있지만[107] 대체로 의는 '자신과의 관계' 영역에, 인
은 '타인과의 관계' 영역에 해당된다고 재해석할 수 있다.

하나라도 죄 없는 사람을 해치면 인이 아니며, 자기 몫이 아닌 것을 취
하면 의가 아니다.[108]

옛사람이 말하기를 타인을 사랑함은 인이며, 자신을 선하게 함은 의라
고 했다.[109]

그런데 인은 자신에게 친근한 사람에 대한 도리에서 비롯되고(親親),
의는 친근하지 않되 존중할 만한 사람에 대한 도리를 중시한다고 할 때(尊

---

105) 『孟子』 「盡心章句上」, "親親, 仁也. 敬長, 義也. 無他達之天下也."
106) 한유, 「原道」, "博愛之謂仁, 行而宜之之謂義."
107) 주희, 『朱子語類』 6권, 「性理 3」 "仁義禮智等名義", "固然, 只如四時. 春爲仁, 有箇生意. 在夏, 則
見其有箇亨通意. 在秋, 則見其有箇誠實意. 在冬, 則見其有箇貞固意. 在夏秋冬, 生意何嘗息! 本
雖彫零, 生意則常存. 大抵天地間只一理, 隨其到處, 分許多名字出來. 四者於五行各有配, 惟信配
土, 以見仁義禮智實有此理, 不是虛說. 又如乾四德, 元最重, 其次貞亦重, 以明終始之義. 非元則
無以生, 非貞則無以終, 非終則無以爲始, 不始則不能成終矣. 如此循環無窮, 此所謂『大明終始』
也. 大雅 得此生意以有生, 然後有禮智義信, 以先後言之, 則仁爲先. 以大小言之, 則仁爲大."
108) 『孟子』 「盡心章句上」, "殺一無罪, 非仁也. 非其有而取之, 非義也."
109) 정약용, 『孟子要義』 「梁惠王章句上」, "古人謂愛人曰, 仁, 善我曰, 義."

尊, 敬長), 오히려 인이 개인적, 의가 비개인적인 가치가 아니냐고 할 수 있다. 하지만 인은 이른바 '사적'인 차원을 넘어 철저히 '개인적'인, 즉 자기 자신의 이해관계를 넘어서서 타인에게 갖는 마음과 태도, 측은지심(惻隱之心)에서 비롯되는 마음, 태도를 중심으로 구성되는 정신이자 가치이다. 이때 가장 가까운 타인은 부모형제이므로 부모형제에 대한 (사적인) 마음과 태도에서 시작하게 되며, 그러한 마음과 태도를 미루어 '아무 상관이 없는' 타인에게도 미치도록 하는 것이다. 반면 의는 개인적 욕망에 좌우되기 쉬운 개인의 마음과 태도를 반성하고, 보편적, 사회적인 원칙을 내면화하려는 정신이자 가치이다. 자신이 의롭게 내면화되면 보편적, 사회적으로 존중받아 마땅한 사람이나 사물에 대해 존중할 수 있게 된다. '자신에 대한 존중'이 '타인에 대한 존중'으로 이어지는 것과 비슷하다. 따라서 인과 의는 모두 개인의 마음 수양 및 타인, 사회에 대한 윤리의 내면화와 관련되지만 근본적인 점에서 다른 영역을 중심으로 하며, 이는 성실, 존중, 배려, 공감 등 '자신과의 관계' 및 '타인과의 관계' 영역에서 오늘날 중시되는 덕목들과 같은 맥락인 것이다.[110]

　　인과 의를 '자신과의 관계' 및 '타인과의 관계'의 핵심 가치－덕목으로 비정할 수 있다면, 그 각기의 하위 덕목들을 끌어냄으로써 전통 가치 및 덕목을 오늘날의 도덕교육과정에 적용할 가능성과 범위가 더 분명해진다.

----

110) 또한 뒤에 인용할 "敬以直內, 義以方外"의 문구 등에서 해석하듯, 의가 오히려 타인과의 관계를 규율하는 덕목이 아니냐고 의문을 제기할 수도 있다. 의가 정의(righteousness)로 번역되는 경우가 많음도(핸슨, 2004, p.174) 그런 의문을 뒷받침할 것이다. 그러나 의는 의(宜)로 통용되기도 하며, 그것은 "주어진 상황 속에서 최적의 윤리적 판단이라는 의미를 가지기도 한다(이승환, 「근대 지향적 '급진 유학'」, 중국철학회, 『중국철학의 이단자들』, 서울: 예문서원, 2000, p.214)." 여기서 개념화한 인, 의는 가장 원초적이고 포괄적인 수준의 도덕감정(moral sentiment)에 해당되는 차원의 것으로, 개인이 도덕적 충동이나 판단을 하는 순간 타인에 의거하여 판단하느냐, 자기 자신에 의거하여 판단하느냐를 관건으로 구분한 것이다. 따라서 사회철학, 정치사상적 의미의 인이나 의 개념과 혼동하지 말아야 한다.

먼저 인의 경우, 효(孝), 제(弟), 자(慈)를 생각할 수 있다.

> 군자는 근본에 힘쓰며, 근본이 이루어지면 도(道)가 비롯된다. 효제란
> 인의 근본이리라![111]

> 그 집안사람을 가르치지 못하면 다른 사람을 가르칠 수 없다. 그러므로
> 군자는 집을 나서지 않고 나라에 가르침을 이룬다. 효는 군주를 섬김이
> 요. 제는 어른을 섬김이요. 자는 뭇 사람을 부림이다.[112]

가족 윤리의 영역에서, 효는 부모에게, 제는 형에게 정성스럽고 공손
하게 대해야 하는 준칙으로 풀이되었다. 그러나 주희의 『대학』 풀이 이
래, 효, 제, 그리고 자는 사회·공동체 영역에서의 윤리 규범으로도 확장될
수 있는 덕목으로 이해된다. 특히 자는 효와 제가 상향적인 도리를 말하
는 미덕임에 비해 하향적 미덕을 담보함으로써, 치인(治人) 과정에 긴요하
다고 여겨졌다.

> 효제자는 『대학』의 가르침이다. 자신의 일신(一身)을 효제자로 다스리
> 며, 일가(一家), 일국(一國)을 다스림에도 다른 덕에서 구할 필요가 없
> 다. 이 효제자에서 미루어 사용할 뿐이다. 그 가운데 자덕(慈德)은 백성
> 을 다스림(牧民)이다.[113]

---

111) 『論語』 「學而」, "君子務本, 本立而道生. 孝弟也者, 其爲仁之本與!"
112) 주희, 『大學章句』 「所謂治國必先齊其家者章」, "其家不可敎, 而能敎人者無之. 故君子不出家, 而
　　成敎於國. 孝者, 所以事君也. 弟者, 所以事長也. 慈者, 所以使衆也."
113) 정약용, 『大學公議』 「所謂治國必先齊其家者章」, "孝弟慈, 大學之敎也. 身治孝弟慈, 以御于家邦.
　　不必別求他德, 惟此孝弟慈. 推而用之耳. 其中慈德, 所以牧民者."

이처럼 '수신－제가'의 전통 윤리 구도는 그 핵심 및 적용에 쓰이는 덕목이 '자신－타인' 영역에 한정된다기보다 더 큰 영역으로 확대되면서 여전히 핵심 덕목이 된다고 이해할 수 있다. 물론 충(忠)이나 균(均) 등의 덕목도 고려되어야 하나, 사회·공동체 영역에서도 인－효제자의 가치·덕목은 중심적 역할을 하는 것이다. 그러면 자연·초월 영역은 어떨까? 이 부분에 대해서는 논란의 여지가 많은데, 이른바 원시유교에서는 인사(人事)의 차원 위주로 '평천하'의 구도를 비정한 한편 성리학에서는 수신에서 평천하에 이르는 전 과정에서 자연·초월 영역이 '공존'하는 것으로 이해했기 때문이다. 그러나 과거의 자연·초월이 '신비하고, 불가해하며, 위력적인 존재'였던 반면 현대의 그것은 '인류의 반성과 자제, 보호의 책임을 요구하는 존재'라고 본다면, 자의 덕목을 확장하여 '생명과 자연적 질서에 대한 자애로운 마음 및 태도'로 규정할 여지는 충분하다고 본다.

그처럼 기본 영역의 덕목이 확장 영역까지 중심적 영향력을 갖기로는 '자신과의 관계'의 중심 덕목, 의(義)의 경우에도 비슷하다. 의의 하위 덕목들은 직(直), 근(勤), 검(儉)을 꼽을 수 있다.

> 군자는 경(敬)으로서 안을 직(直)하게 하고, 의(義)로서 밖을 바르게 한다.[114]

> 군자는 직으로써 의를 지키며, 사특함을 행하지 않는다. 충성을 다하고 죽음을 사양하지 않아, 자신을 희생하기를 마치 즐거운 일을 하듯 한다. 그리하여 의는 밝아지고 행실은 더욱 두드러지니, 그 직의 도(直道)를 후세에 빛내게 된다.[115]

---

114) 『周易』「坤卦」「文言」, "君子, 敬以直內, 義以方外."
115) 허목, 『記言』原集 下篇 제26권「世變」"趙侍講遺事後題", "君子有直義而不⊞, 盡忠不辭死, 視殺

옥은 다듬지 않으면 그릇이 되지 않고, 사람은 배우지 않으면 의를 깨닫지 못한다.[116]

집안을 다스리는 요령은 행실을 조심하는 외에는 오직 근과 검에 있다.[117]

몸소 근검을 실행함은 지극한 정치의 근본입니다.[118]

인의 경우와 비교하면 이런 덕목들은 다소 위계가 부실하며, 거의 같은 의미의 다른 덕목으로 대체될 수도 있다(가령 근(勤)은 면(勉)으로, 검(儉)은 염(廉)이나 청(淸)으로 대체할 수 있다). 그러나 자신에게나 그 누구에게나 항상 정직할 것을 스스로 다그치며, 배움이나 일에 늘 근면하고, 사치와 안일을 멀리하고 검소한 생활을 지향하는 일은 스스로를 성실하고 정결하게 다듬는 수양인 한편 사람들 사이에 통용되는 보편적인 행동 규범을 스스로의 준칙으로 삼는 일이다. 인이 효, 제, 자로 발현되면서 타인과 사회에 '사랑하므로 차마 모질게 하지 못하는 마음'으로 선행을 하게끔 된다면, 의는 직, 근, 검을 통하여 사사로운 욕망을 절제하고 극기복례(克己復禮)할 수 있게끔 한다. 그리고 인의 경우와 마찬가지로, 직이나 근, 검은 개인 생활에서나, 가정 생활에서나, 사회·공동체 생활에서나 핵심이 되는 행동규범이다.

身如嗜欲. 於是, 義明而行益著, 以彰直道於後世."

116) 『禮記』「學記」, "玉不琢, 不成器. 人不學, 不知道."

117) 이익, 『星湖僿說』「人事門」"勤儉", "治家之要, 行檢之外, 專在勤儉."

118) 남재, 『龜亭遺藁』「文」"上時務疏", "躬行勤儉, 致治之本也."

표 2-3 | 전통교육 과정에서의 가치 및 덕목 체계

영역	전체지향 가치·덕목	영역별 가치·덕목
타인과의 관계 (사회, 자연과의 관계)	仁	孝
		弟
		慈
자신과의 관계 (타인, 사회, 자연과의 관계)	義	直
		勤
		儉

이렇게 범주화해서 본 전통 윤리사상은 '개인의 행복한 삶은 어떤 삶인가'라는 물음에서 시작하는 서양 윤리사상에 비해 '타인과의 좋은 관계 맺음'을 앞세우고 있으며,[119] 따라서 서구적 시각에서는 보다 집단지향적이며 개인의 권리에 대한 고려가 소홀할 여지를 배태하고 있다고 볼 소지가 있다. 또한 오늘날과 같은 물질주의적 사회에서는 검(儉)의 덕목을 강조하기 한계가 있다거나, 자기억제의 에토스와 연관된 근(勤)의 학업 태도가 창의성이 억제된 채 학업에 극단적인 시간 투자를 강요하는 오늘날의 입시 위주의 교육 병폐를 낳았을 수도 있다는 비판 등이 가능하다. 그러나 장승희의 지적대로 '본질 도덕성을 내면화하지 못한 개인은 자신에게나 타인, 사회에게나 유해한 존재로 성장할 수 있기 때문'에,[120] 물질적 지표상 남보다 우위에 서는 것을 삶의 목표로 삼고 무한경쟁을 당연시하는 사회는 지속가능하지 않기 때문에, 전통 윤리사상은 재조명, 재구성 과정을 거쳐 오늘날의 도덕교육과정에 적절하게 융합될 필요가 있는 것이다.

119) 김광억, 「전통적 '관계'의 현대적 실천」, 『한국문화인류학』 33권 2호, 2000, pp.9-12.
120) 장승희, 『유교와 도덕교육의 만남』, 제주: 제주대학교 출판부, 2013, pp.43-44.

(3) 전통교육의 도덕교육적 적용

가. 전통교육의 교육과정

인, 의를 생활 속에서 실천하고, 이에 적합하도록 인격을 형성하는 과정에서 예(禮), 지(智)가 중요해진다. 즉, 앞서 인용한 『중용(中庸)』의 구절에서처럼 인과 의를 현실적으로 적용하는 과정에서 예가 나타나며,

친한 이를 친하게 대하는 일을 체계적으로 하고, 훌륭한 이를 높이는 일에 등급을 매기는 일에서 예가 나온다.121)

지를 통해 사리분별을 얻음으로써 구체적인 행동 선택 과정에서 인, 의에 부합하는가를 분간할 수 있다.

공자께서 말씀하셨다. "이웃 사이에 인을 실천하는 마을이 아름답다. 인한 곳을 선택해 거하지 않는다면, 어찌 지라고 하겠는가?" 무릇 인이란 하늘이 내린 벼슬이다. 편안히 거처할 집이다. 누가 인을 행하지 못하게 막지도 않는데도 인을 행하지 않는다면, 분명 지가 아닌 것이다.122)

전통교육 과정에서는 인, 의, 효, 제, 자, 직, 근, 검 등의 덕목을 학생에게 말로 알려주고 그 의미를 분석해 주기보다는 생활 속에서 실천을 통

---

121) 『中庸』 제20장, "親親之殺, 尊賢之等, 禮所生也."
122) 『孟子』 「公孫丑上」, "孔子曰, '里仁爲美。擇不處仁, 焉得智？'夫仁, 天之尊爵也. 人之安宅也. 莫之禦而不仁, 是不智也."

해 저절로 몸에 배고 마음에 익숙해지도록 하는 방법을 채택했다. 또한 글공부를 할 때도 개념을 정확히 이해하고 넘어가기에 앞서 뜻을 몰라도 무조건 반복해서 읽고 외게끔 했다. 예절 바른 생활과 성현의 가르침에 대한 몰입이 예와 지를 육성하고, 나아가 인과 의에 맞는 인격을 갖도록 훈련된다고 보았던 셈이다.[123] 그 목표는 성인을 본받고, 스스로의 부족함을 돌아보아 염치를 아는 것, 그리하여 본래의 착한 마음을 돌이키는 것이었다.[124]

옛날 『소학』에서, 물 뿌리고 쓸고 부름과 물음에 대답하며 나아가고 물러나는 예절과, 어버이를 사랑하고 어른을 공경하며 스승을 높이고 벗들을 친애하는 방법을 가르쳤으니 모두 수신제가치국평천하의 바탕이 되는 것이었다. 반드시 어릴 때부터 강습하도록 했는데, 습(習)이 지(智)와 함께 자라고 변화가 마음과 함께 이루어져, 아이의 마음에서 버티고 막음이 생겨나 밖에서 들어가는 가르침을 감당치 못하게 될까 봐서였다.[125]

초학자는 먼저 뜻을 세우되, 반드시 성인(聖人)이 되겠노라 스스로 기약함으로써, 털끝만치라도 스스로가 작다며 물러서려는 생각을 가져서는 안 된다. 무릇 보통 사람도 성인도 본성은 한 가지다. 비록 그 기질

123) 김미라, 「전통 유아예절교육의 현대적 활성화 방안 연구 : 『격몽요결』의 '입지'와 '실천위주' 교육을 중심으로」, 『미래유아교육학회지』 18권 2호, 2011, pp.203-206.

124) 정승안, 「동양사상과 사회학의 이론적 논의」; 정학섭 외, 『사회학적 관심의 동양사상적 지평』, 서울: 다산출판사, 2014, pp.130-131.

125) 주희, 『小學書題』, "古者小學, 敎人以灑掃應對進退之節, 愛親敬長隆師親友之道, 皆所以修身齊家治國平天下之本. 而必使其講而習之, 於幼穉之時, 欲其習與智長, 化與心成, 而無格不勝之患也."

에는 청탁수박(清濁粹駁)의 차이가 없지 않으나, 바로 알고 이를 실천함으로써 전에 물들었던 악습을 없애고 그 본래의 성향을 돌이킨다면 그것에 털끝만치도 보태지 않아도 온갖 선이 족하게 될 것이니, 보통사람이 어찌 스스로 성인을 기약하지 않을 수 있겠는가? (…) 사람의 용모가 추한데 예쁘게 바꿀 수 없으며, 체력이 약한데 강하게 바꿀 수 없으며, 체구가 작은데 크게 바꿀 수 없다. 이는 이미 정해진 분수인지라 바꿀 수 없는 것이다. 그러나 오직 심지(心志)가 어리석으면 지혜롭게 바꿀 수 있으며, 불초하면 어질게 바꿀 수 있다. 마음의 허령(虛靈)함은 부여받은 기질에 구애되지 않기 때문이다.[126]

현대적 조건에서는 어릴 때부터 지식 습득 위주의 교육을 하며, 반복하여 몸에 저절로 익히기보다 머리로 이해하고 넘어가는 방식의 교육이 대부분이다. 또한 마음을 고요하게 하고 성인을 바라보려 해도 방해가 되는 미디어와 생활환경에 계속 노출되어 있다. 따라서 과거와 같은 방식의 전통교육은 실천이 어렵고, 실천함에 있어서 문제점도 없지 않겠지만(창의성 계발이 어려워진다는 점 등), '폭기(暴氣)', '자기(自欺)', '자아확정투쟁' 등으로 표현될 만큼 살벌하고 반성의 여유가 없는 현대의 교육 풍토에 대해 전통적 교육방식을 적절히 융합하는 것이 인성교육 차원에서, 또한 폭주하는 현대인의 삶에 바람직한 변화를 예비하는 차원에서 긍정적이리라 본다.

---

126) 이이, 『擊蒙要訣』「立志」, "初學, 先須立志, 必以聖人自期, 不可有一毫自小退託之念. 蓋衆人與聖人, 其本性則一也. 雖氣質, 不能無淸濁粹駁之異, 而苟能眞知實踐, 去其舊染而復其性初, 則不增毫末而萬善具足矣, 衆人, 豈可不以聖人自期乎? (···) 人之容貌, 不可變醜爲姸, 筋力, 不可變弱爲强, 身體, 不可變短爲長. 此則已定之分, 不可改也. 惟有心志, 則可以變愚爲智, 變不肖爲賢, 此則心之虛靈, 不拘於禀受故也."

이러한 전통교육 방식에 따른 구체적인 실천 방안은 학생의 기(氣), 몸(身)의 성장도에 맞추어 설정되었는데, 여러 주요 문헌[127]을 종합해서 비교해 보면 〈표 2-4〉와 같다.

표 2-4 | 전통교육 과정에서의 교육 실천 체계

연령	『황제내경』·『동의보감』에 따른 기, 신의 변화	『논어』	『맹자』	『성학집요』「정가」
탄생~5세	-	-	호연지기 (浩然之氣)	밥먹기, 옷입기, 말하기 교육
6~9세	신기(腎氣)가 실해지고 머리카락이 자라며 이가 바뀐다	-		셈하기, 방위알기, 날짜세기, 남녀유별, 사양하기 교육
10~15세	신기가 왕성해져 음양이 화하므로 자식을 가질 수 있다	입지 (立志)		스승을 두고 글, 글씨, 산수, 예절 등을 교육
16~20세	신기가 평균해져 사랑니가 나고 성장이 극에 이른다	-		시(詩), 사(射), 어(御), 악(樂) 등의 교육
21세 이후	장성한다	립(立)		관례를 치르고 성인 초기에 익힐 예(禮)를 교육

말하자면 탄생부터 성인이 되기까지 기와 몸의 성장이 단계적으로 완성되며, 그 기간 동안 맹자는 내내 호연지기를 기를 것을 주장했다. 한편 공자는 10대에 (배움에) 뜻을 세우고, 20대 이후에 성인으로서 몸이 서게 된다는 인생 이정표를 제시했다. 이에 맞추어 신체 성장기의 첫 전환 현상(이갈이)이 나타나기 전에 의식주의 기본을 익히게 하고, 성(性)에 눈을 뜨기 전에 남녀유별을 가르치며, 10대에 가정교육의 범위를 넘어 학교에 다니면서 사제관계, 교우관계를 통해 지식과 인간관계의 범위를 넓히도록

---

127) 정승안(2014), p.136 및 김미라(2011), p.207에서 제시한 표들을 참조하여 재구성하였다.

하고, 10대 후반에 육예(六藝)를 익혀 사회화 및 인성교육의 완성을 추구한 다음, 성인이 된 20대 초에는 스스로 해나갈 수 있도록 처음에만 어느 정도 필요한 예절을 교육하고 마친다는 것이다(성인이 되어 중년기까지는, 공자는 불혹(不惑)을, 맹자는 부동심(不動心)을 제시하고 있다. 이제 스스로 결정하고 책임지는 입장이 된 이상, 스스로의 욕심이나 사회의 유혹에 흔들리지 말아달라는 것이다). 이는 '본질교육', 도덕교육을 교육의 중심에 놓되 사람의 자연스러운 성장 과정에 맞으면서 무리하지 않는, 생활 속에서 교육이 진행되도록 단계별 중점 교육을 시행했음을 알려준다.

나. 전통사상과 교육방식의 응용

이러한 전통사상 및 전통교육 방식을 어떻게 현대교육과정에 응용하고 융합할 것인가? 2015년도 교육과정에 따른 도덕교육의 단계별 실천 방안 내지 목표는 〈표 2−5〉와 같다.

표 2-5 | 2015 교육과정에서의 도덕과 교육과정 가치 및 덕목 체계와 그 실천 체계

영역	영역별 가치·덕목	기능 (초등학교)	기능 (중학교)
자신과의 관계	성실	• 자기감정 조절하기 • 자기감정 표현하기 • 생활계획 수립하기 • 모범사례 반복하기 • 유혹 이겨내기	• 도덕적 자기 인식·존중·조절하기 • 본받기(모델링) • 회복탄력성 키우기 • 건강한 마음가꾸기 • 비판적 사고하기 • 창의적 사고하기 • 배려적 사고하기 • 도덕적 근거와 이유 제시하기
타인과의 관계	배려	• 타인 입장 이해·인정하기 • 약속 지키기	• 다른 사람의 관점 채택하기 • 도덕적 갈등 해결하기

		• 감사하기 • 도덕적 민감성 갖기 • 공감 능력 기르기 • 다양성 수용하기	• 공감 및 경청하기 • 다양한 방식으로 의사소통하기 • 도덕적 정서 이해 · 표현 · 조절하기 • 행위 결과를 상상하기 • 책임감 있게 행동하기
사회 · 공동체 와의 관계	정의	• 관점 채택하기 • 공익에 기여하기 • 봉사하기 • 도덕적 가치 · 덕목 이해하기 • 올바른 의사결정하기 • 행위 결과 도덕적으로 상상하기	• 사회적 편견 통제하기 • 공동체의 일원되기 • 보편적 관점 채택하기 • 균형 있는 북한관 정립하기 • 미래지향적 통일관 정립하기
자연 · 초월과의 관계	책임	• 책임감 있게 행동하기 • 심미적 감수성 기르기 • 자연과 유대감 갖기 • 반성과 마음 다스리기	• 생명 친화적 관점 채택하기 • 생명 친화적 실천기술 익히기 • 생태 지속가능성 추구하기 • 평정심 추구하기 • 도덕적 이야기 구성하기 • 삶의 의미 구성하기 • 실천 방법 탐구하기 • 실천 방법 제시하기 • 실천 의지 함양하기

학생의 성장발달을 고려하여 대략 '입지' 이전 시기에 해당되는 초등학교 과정에서는 올바른 습관을 통해 도덕심을 기르는 쪽으로, 그 이후 시기인 중학교 과정에서는 올바른 삶과 도덕의 의미에 대한 통찰력과 의지력을 기르는 쪽으로 편성되었다고 할 수 있다.

이에 전통교육적 방법을 현대교육과정에 도입하는 시안으로 '전통예절교육', '명상교육', '한자교육' 등이 논의되어 왔으나, 대체로 현대 생활의 맥락과 가치관이 전통의 그것과 크게 바뀌어 있는 상황에서 학생, 그리고 교사 및 학부모의 생경함과 몰이해, 무관심 등을 극복하여 소기의 효과를 보기에는 한계가 있었다. 효과적인 전통 융합교육은 전통적인 정서와 사고에 대해 자연스럽게 접근하고 친근하게 수용할 수 있는 방식이어야 하며, 반성적 사고를 대체로 자제하고 있는 초등학교 교육과정에서도 이해의 보강을 위해 적절한 반성적 사고법이 필요하다.

이는 상당 기간을 두고 여러 연구자에 의해 체계화되어야 할 과제이나, 여기서는 몇 가지 방안을 제시하고, 이를 교육과정 영역별로 정리하는 것으로 그치려 한다.

① 명상 : 정재걸 등은 물신숭배적 욕망과 소외된 노동에 지친 현대인에게 "끊임없이 자신의 이익을 추구하는 무의식적 본능을 쉬게"할 필요성을 제기하며, "생각이 쉴 때, 에고(ego)가 한계에 부딪쳐 지쳐 쉴 때, 그때 우리는 본성으로 돌아간다"며 마음교육의 중요성을 강조했다.[128] 이때 명상교육은 이미 여러 연구자들이 제시한 전통적 마음교육 실천방안인데, 명상을 하는 이유와 적절한 관리 방식이 확립되는 일이 관건이다. 청소년들이 바쁜 일상, 입시교육의 중압감, 현란한 유희 등에서 잠시 벗어나 스스로를 완전히 정(靜)에 놓는 시간이 되어야 하며, 필요에 따라 사후평가나 사찰, 서원 등의 장소 선택 등의 운영방안을 적용한다.

② 비밀일기 : 일기쓰기 교육은 현대교육과정에서 시행과 폐지를 반복하고 있다. 일기쓰기는 내성(內省)의 좋은 기회가 된다는 점에서 동서고금을 막론하고 좋은 마음교육방법으로 인정되고 있으나, 교사가 학생의 일기를 검사하는 경우 사생활 침해의 소지가 있을 뿐 아니라, '남에게 보여주기 위한 일기'로서 사실을 조작하게 됨으로써 올바른 내성이 이루어지지 못할 우려 등이 있으므로 교육현장에서 간단하게 시행할 수 없다. 여기서는 온라인 기술 등을 응용하여, 교사가 일기의 진행 자체는 검사하되

---

128) 정재걸 외 4인, 『동양사상과 마음교육』, 서울: 살림터, 2014, pp.27-28.

내용을 볼 수는 없는 방식의 비밀일기를 쓰도록 한다. 자신을 돌아보고 마음을 다스릴 수 있는 기회를 만들어주며, 태만으로 일기를 중단하지 않도록 적당한 개입만 실시하도록 한다.[129]

③ 부모님 문안 : 전통사회에서는 아침저녁으로 부모님께 문안을 드리는 일이 지위고하, 남녀노소를 막론하고 첫째가는 사람의 도리였다. 오늘날에는 바쁜 일상과 각자의 생활 패턴 차이를 이유로 단순한 인사조차 잘 이루어지지 않는 현실이다. 교육과정에 하루에 1회 이상 부모님께(결손가정의 경우는 해당되는 보호자에게) 메시지를 보내고 최소한의 대화를 갖도록 하는 방안을 도입한다. 이때 사용되는 매체는 전화통화, 화상통화, 이메일, 문자메시지 등 다양할 수 있으며, 형식적인 안부인사의 수준을 넘어 짧더라도 의미가 있는 대화가 이루어지도록 해야 한다. 효와 가족애의 중요성을 재인식하고, 가족공동체의 결속 강화와 학생의 인간관계능력 향상에 도움이 될 것이다.

④ 거꾸로 역할극 : 교사와 학생이 전통시대를 무대로 역할극을 하되, '상하관계', '남녀관계'를 뒤집어서 실시한다. 가령 '전통시대 재판'에서는 교사가 죄수나 민원인, 학생이 사또나 육방관속이 된다. 또 '전통시대 어전회의'에서는 교사가 신하, 학생이 군주가 되고, '전통시대 마당놀이'에서는 남학생과 여학생이 역할을 바꿔 임한다. 전통시대에는 엘리트가 민중을, 남성이 여성을 일방적으로 억압하고 착취했다는 인식이 짙다. 거꾸

---

129) 물론 이 경우에 교사가 일기의 내용까지 검사할 수 없는 점을 악용해 무의미한 내용으로 일기를 채우며 형식적으로만 과제를 마칠 우려도 있다. 그러나 이는 자기존중과 자율성 확보 교육과정에서 피할 수 없는 우려이다. 그렇게 전개될 가능성을 최대한 지양하기 위해 『난중일기』의 이순신이나 『열하일기』의 박지원, 『일성록』의 정조 등 전통사회에서의 자기수양적 일기쓰기의 사례와 그 문화적 가치 등에 대해 충분한 교육을 하고, 주기적으로 '일기를 쓰기 전과 지금의 내 생활에 대해 이야기해보기' 등의 기회를 마련함으로써 학생들이 자발적으로 내실 있는 일기쓰기를 하게끔 유도하도록 한다.

로 역할극을 통해 일차적으로 학생들의 흥미와 관심도를 높이고, '보다 우월한 입장'에서도 생각보다 고려해야 할 부분과 배려하는 부분이 많았음을 깨달아 전통에 대해 부정적인 선입관을 불식하고 관심도를 향상시킨다.

⑤ 전통 주제 토론 : 종래의 전통 관련 교육은 무비판적으로 전통 가치, 인물, 문화 등을 제시—주입하는 경향이 두드러졌다. 이런 교육법은 저연령 수준에서는 무심코 수용하다가 연령이 높아질수록 비판 의식이 높아지며, 전통 요소의 강조를 이른바 '국뽕'이라며 혐오, 희화화하는 경향을 낳았다. 전통적인 요소들에 대해 학습하되 그 의의를 심층적으로 이해하기 위해 열린 토론을 갖도록 한다. '세종대왕은 왜 민주주의를 도입하지 않았을까?', '오늘날에도 충(忠)의 가치가 유효한가?' 등의 주제를 두고 자유롭게 토론이 이루어지도록 유도함으로써 전통 주제의 심층 이해뿐 아니라 전통 주제에 대한 몰입을 통한 '비판적 내면화'가 가능해질 것이다.

⑥ 전통 생명 입체 탐구 : 조상들이 특정 생명체에 대해 지은 시, 음악, 그림 등을 입체적으로 감상하고 탐구함으로써 전통적인 시각에서 생명을 바라보는 시각이 지금과 어떻게 다른지, 어떤 점에서 더 바람직한 점이 있었는지를 이해한다. 가령 '개'라는 생명체를 놓고 이규보의 『슬견설』을 읽고, 이암의 『견도』를 보고, 판소리에서 개를 다룬 부분을 들으며, 개에 관련된 속담과 일화를 수집해보는 등이다.[130]

---

130) 기존의 교육프로그램 중에서는 가령 '생명존중'이라는 주제를 놓고 '삼태극 문양'과 '동학사상'을 도입하여 전통사상에 대한 이해와 더불어 생명존중 의식을 제고하는 프로그램이 있다(양윤정 외, 『전통문화의 창조적 계승·발전을 위한 교육프로그램 개발 방안 연구』, 서울: 한국교육과정평가원, 2009, p.160). 여기서는 이에 더 나아가 예술, 문화 영역까지 포괄함으로써 인지적 이해뿐 아니라 정의, 판단적 이해도 가능하게끔 모색한다. 이러한 방안들이 특별히 새로울 것이 없다는 지적이 있을 수 있다. 이미 각급 학교에서 비슷한 형태의 교육 방안들을 실시한 경우가 있다는 것이다. 그러나 그런 방안들이 반드시 전통과 현대의 연계성을 염두에 두고 실시되지는 않았다. 여기서 든 방안들은 전통교육을 현대적 맥락에서, 현대의 도덕교육과 접목한 형태로, 그리고 특정 교과가 아닌 여러 교과, 여러 교육 상황에서 실시할 수 있는 형태로 다방면적인 '통합교육'

이상 몇 가지의 '전통융합적 교육 실천 방안'을 영역별로 정리하면 〈표 2-6〉과 같다.

표 2-6 | 전통융합적 가치 및 덕목 체계와 그 실천 방안

영역	전통 가치·덕목	전통융합적 실천 방안
자신과의 관계	義	• 명상 • 비밀일기
타인과의 관계	仁	• 부모님 문안 • 거꾸로 역할극
사회·공동체와의 관계	仁義	• 거꾸로 역할극 • 전통 주제 토론
자연·초월과의 관계	仁義	• 명상 • 전통 생명 입체 탐구

방식으로 진행할 수 있다는 일부 예시일 뿐이다. 더 참신하고 다양하며 효과적인 교육 방안들은 후속 연구를 기대한다.

전통의 재조명과 통섭

전통의 재조명과 통섭

1. 한국의 근대화와 전통*

(1) 근대와 전통

우리에게 '근대'란 무엇인가? 근대의 도래에 앞서 우리는 주체적으로 근대를 성찰했었던가? 근대는 우리에게 실패한 역사인가? 사실 우리는 근대가 무엇인지 주체적으로 인식하기도 전에 근대의 소용돌이 속에 휘말려 들었으며, 타자에 의해 이식된 근대라는 시간의 굴레 속에서 앞뒤 돌아보지 않고 분주하게 살아왔다. 따라서 많은 사람들은 오늘의 우리를 존재하게 한 근대를 자랑스럽게 여기기는커녕, 우리와 동떨어진 시기로 기억 속에서 지워 버리고 싶어 한다.

이처럼 한국 근대에 대한 일반적인 평가는 '근대는 실패한 역사'라는

* 한성구 외, 「전통의 현대화 원칙 및 전략 수립을 위한 전통 재조명」, 『한국철학논집』 53, 2017.5.

관점이 주를 이룬다. 한국의 근대가 일제 강점기와 시기적으로 겹쳐 있기 때문에 부정적 평가가 당연할 수도 있지만, 이런 관점이 갖고 있는 더 큰 문제는 일제의 시선으로 근대를 바라봄으로써 우리를 제대로 성찰할 수도, 근대가 갖는 의미를 긍정적으로 탐색할 수도 없게 되었다는 점이다. 다시 말하자면, 일제 강점기와 함께 오버랩 되는 특이한 '근대'로 인해 그동안 근대에 대해 '동정적 이해'조차 불가능했으며, 그 결과 근대는 우리에게 회피하고 싶은 시대가 되었다.

그러나 전통 없는 근대를 상상할 수 없는 것처럼 근대가 없는 현대도 불가능하다. 근대란 연속되는 역사 시간 속에서 전통과 현대라는 상대적 개념 속에서 자신의 위치가 규정되기 때문이다. 물리학적 시간상에서 근대를 지워 버릴 수 없다면 근대를 성찰하고 극복할 수 있는 유일한 방법은 정면으로 직시하는 것뿐이고 그것은 근대에 대한 새로운 시각을 요구하는 것이다.

동아시아에서 근대라는 개념은 양가(兩價)적 개념이다. 문명의 탈을 쓴 제국주의의 다른 이름일 뿐이라는 생각이 부정적 관점에서 바라본 근대라면 전통과 상대적이면서 새로운 합리적 세계관을 담고 있다는 생각은 긍정적 관점에서 바라본 근대일 것이다. 이는 근대뿐만 아니라 근대를 상징하는 개념들도 그렇다. '과학'은 '기기음교(奇技淫巧)'로 취급되었지만 봉건사회를 계몽시키는 만능열쇠로 기능하였고, '형식'은 '사람 잡아먹는 강상명교(綱常名敎)'로 비판되었지만 현대 법치주의의 토대를 제공했다. 반대로 '아시아'라는 명칭은 근대적 문화 공동체로서의 정체성을 획득하게 만들었지만, 서구인(마테오리치)에 의해 명명된 지명이 가진 태생적 한계('亞'는 '次')는 서구 중심주의의 굴레를 씌웠다. 이처럼 '근대'라는 개념이 담고 있는 모순적 층위(層位)는 오히려 근대를 닫힌 개념이 아닌 열린 개념으로 조망할 수 있는 가능성을 열어준다. 역사적으로 볼 때, 동아시아에서 불교의 전래나 과학의 수입이라는 교류의 계기가 역사·문화·사회의 전환에 핵심적인 역할을 했다(馮友蘭)는 것은 주지의 사실이다. 또한 '격의(格義)'라는 특수한 방식과 '배척－수용－극복'이라는 문화 수용 모델을 통해 이질적인 문화와 소통하려 했던 탁월한 노력도 많은 시사점을 던져 준다. 따라서 한국의 근대를 넓은 의미에서 서구적 가치관, 인간관, 사회관, 경제관의 이식으로 보는 관점에 더해 전통과 근대, 동양과 서양의 교류와 수용이라는 측면에 주목할 필요가 있다. 특히 이 가운데 근대화의 과정에서 전통적, 동양적 가치와 미덕이 어떤 평가를 받고 어떤 역할을 수행했으며 어떤 변용을 경험했는가를 탐색해 봄으로써 근대가 갖고 있는 풍부한 함의를 드러내고, 아울러 현대사회 속에서 의미를 갖고 있는 가치들이 어떠한 전통적 사유와 맞닿아 있는가를 알아보는 것은 근대를 '우리의 근대로 인식'하도록 만들어 준다는 점에서 의미가 크다.

미래의 청사진을 그리는 작업은 근대와 전통에 대한 성찰로부터 시작된다. 근대에 대한 성찰과 반성은 통시적 입장에서 전통의 의미에 대한 고찰이고, 공시적 입장에서는 우리가 살고 있는 현재에 대한 재인식이다. 앞서 지적했듯이 많은 사람들은 한국의 근대를 실패한 근대라고 생각하고 있으며, 실패의 원인에 대해서도 다양한 진단이 존재한다. 그 가운데 일제강점으로 인한 주체적 자각의 결핍이라는 진단과 서구에 의해 이식된 '근대＝문명'이라는 도식의 낯섦이 근대를 우리로부터 멀어지게 만들었다는 평가가 대표적이다. 그러나 근대가 실패했다는 것은 전통을 제대로 계승하지 못했다는 측면도 강하게 내포하고 있다.

서구적 근대를 수용하는 과정에서 주요한 모델로 사용된 '동도서기(東道西器)'는 서구화를 통한 개화의 필요성을 절감하면서도 우리 고유의 문화를 폐기처분할 수 없다는 절박함이 담겨 있는 관념이다. 그러나 되돌아보면 개화를 논하면서 대부분 '동도서기'에서 '서기'의 측면에만 주목했을 뿐, '동도'의 의미와 긍정적 측면에 대해서는 그다지 크게 주의하지 않았던 측면이 있다. 즉, 다시 말하자면 서구가 나아간 길을 따라 문명의 길로 들어서는 방법에만 관심을 집중시키다보니 전통의 연결점을 잃게 되었고, 그 결과 뿌리 없는 근대, 주체 없는 근대가 만들어지게 된 것이다. 이렇게 본다면 근대의 실패는 전통 계승의 실패라 할 수 있다. 그렇다면 전통 계승 실패의 원인을 분석해 가다보면 우리의 근대가 실패한 원인을 일부나마 알 수 있지 않을까?

일반적으로 '전통'이라고 하면 많은 사람들이 지나간 과거의 고대전통을 떠올린다. 그러나 이는 시간적인 측면에서 '전통'을 생각하는 것으로 '전통'이 갖고 있는 또 다른 측면들을 간과하는 것이다. 따라서 한국의 근대화와 전통의 관계 및 문제점을 논의할 때 '전통'의 의미를 여러 측면에서 탐색해 볼 필요가 있다. 따라서 본 연구에서는 우선, '전통'을 시간적인 개념으로 보고 '근대(혹은 현대)'에 대응하는 '고전문화(가치)'의 의미로 파악하여 근대 이후에 고전문화에 대해 어떻게 인식하고 어떤 논의들이 진행되었는지를 살펴볼 필요가 있다. 근대 시기에는 반전통의 조류가 격렬했었다. 이에 대한 연구는 상당히 이루어져 있는데, 따라서 여기서는 반전통 조류에 대한 연구 성과를 요약함과 동시에 당시의 지식인들이 대표적 고전문화인 유교문화를 어떻게 인식하고 있으며, 어떤 방법으로 계승하고자 하는지를 당시의 신문, 잡지 등에 실린 글을 통해 살펴보았다. 특히 전통을 주체적으로 바라보고자 한 유길준의 '자주적 개화론'에서 논의되고 있는 '전통'의 긍정적 측면을 분석함으로써 전통 가치에 대한 상반된 입장의 논의와 주장에 대해 탐색하였다.

다음으로, '전통'을 '외래문화'에 대응하는 '고유문화'의 의미로 파악하여 서양교육체제가 전래되어 전통교육이 근대화 되는 과정에서 고유문화가 어떻게 배척되거나 도리어 서구문화와 어떻게 융합되는지를 살펴볼 필요가 있다. 특히 서구문화의 전래로 인해 전통사회와 문화, 교육의 근간이 되었던 가치 준거의 상실과 재건의 실패로 인해 우리가 무엇을 잃고 무엇을 얻게 되었는지에 대해 살펴보았다. 아울러 대다수 지식인들에게 사상과 내용적인 측면에서 긍정적인 것으로 인식되었던 전통 가치가 제대로 전수되지 않은 이유에 대해 살펴봄으로써 전통이 가진 보편적 가치에 대해 고찰하고자 하였다.

(2) 근대화 시기 지성인의 전통 인식

'근대(modern)'라는 용어는 16세기 서양에서 처음 나타났는데, 전통과의 단절이라는 의미를 강하게 갖고 있으며 진보와 이성, 과학주의와 개인주의 등을 핵심 내용으로 표방하고 있다. 한국 근대의 기점이 언제인지에 대해서는 분명하게 말할 수 없지만, 개항을 통해 본격적으로 서구의 근대와 접촉하게 되었다는 점에서 1876년 강화도 조약을 한국 근대의 기점으로 보는 데 큰 무리가 없다.

위에서 말한바대로 한국의 근대는 서구적 '근대'라는 이질적 문화를 흡수하면서 당면한 문제를 해결하고자 하는 과정에서 생성되었다. 따라서 서구적 근대의 도입은 순조로운 쌍방 간의 문화 교류가 아니라 전통사회의 근간을 뒤흔드는 정치·경제·사회·학술의 충격이었기 때문에 서구 문명이 지닌 장단점을 파악함과 동시에 전통문화가 갖고 있는 장단점을 동시에 고찰해야 하는 시급함이 존재했다. 그러나 서양 근대는 억압과 파괴의 얼굴을 하고 있었으며, 우리는 미개하고 저들은 개화했다는 선입관을 공포스럽게 심어주었던 관계로 전통문화('東道')의 장점을 고찰할 틈도 없이 서구 근대문명('西器')에 대한 맹목적 추종과 그 전제로서 전통에 대한 통렬한 비판만이 난무하게 되었다.

망국의 위기 앞에서 한국의 지식인들은 위정척사파(衛正斥邪派)와 개화파(開化派)로 나뉘어 각자의 주장을 내세우지만 너나 할 것 없이 '자강(自强)'을 급선무로 생각했다는 점은 다르지 않다. 1906년 7월 31일에 창간된 한말 유일의 정치잡지인 『대한자강회월보』를 보면 을사조약으로 인해 나라가 맥을 잃고 빠르게 기울어져가고 있는 데 대한 위기감이 잘 드러나 있으며,[1] 장지연이 주동이 되어 설립한 대한자강회 발기인들이 작성 발표한 「대한자강회 취지서」는 자강만이 우리 민족이 살 길이라 주장하며, 자강의 방법으로 '교육의 진작(振作)'과 '흥업(興業)의 식산(殖産)'을 제시하고 있다. 특히 근대적 학교의 설립과 이를 통한 민지(民智)의 개발이야말로 국력을 배양하는 길이라는 생각은 전통문화와 학술, 제도에 대한 점검이 자강의 첫걸음이라고 여겼다는 점에서 이 시기 다른 여러 지식인과 다르지 않다고 할 수 있다.[2] 그렇다면 무엇을 배워야 하고, 무엇을 가르쳐야

---

1) "대저 나라의 독립은 오직 자강(自强) 여하에 있다. 우리 한국이 전부터 자강의 법(法)을 강구(講究)하지 않아 인민이 스스로 우매(愚昧)한 데 매이고, 국력이 스스로 쇠패(衰敗)한 데 치달아 드디어 어려움에 이르러 마침내 외인(外人)의 보호를 업으니, 이는 다 자강의 도(道)에 뜻을 두지 않은 까닭이다. 지금에도 인습(因習)에 젖어 세월만 보내고 분려(奮勵) 자강하는 법을 생각하지 않는다면 마침내 멸망하고 말 것이니, 어찌 다만 오늘에 그치겠는가?" 「대한자강회 취지서」, 1906.

2) 「교육월보(敎育月報) 취지서」에도 비슷한 취지의 글이 나온다. "나라이 흥하고 망하는 근인이 어디 잇느냐 하면 그 나라 안에 사는 인민의 지식이 잇고 업는데 잇스며 인민의 지식이 잇고 업는 것은 어디 잇냐 하면 교육이 발달되고 못되는데 잇나니 그러한즉 교육이라 하는 것은 나라를 문명케 하고 부강케 하는 큰 기관이라 하리로다. 대뎌 교육이라 하는 것은 이젼에 우리나라의 구식으로 하늘텬 따디로부터 동몽션습 통감 사략이며 오언다음 칠언당음 갓흔 글이나 배와서 귀셩명이나 하던지 귀글이나 줄글 짓기를 공부하야 과거나 보는 이런 학업을 가르침이 아니라 어려서브터 사람의 지식을 널녀서 셰상 모든 일을 다 알게 하고 또 각각 그 지식을 다하야 농사의 일이나 쟝사의 일이나 물건을 졔조하는 공업 갓흔 모든 일을 편리하고 리익이 만토록 연구하야 자긔가 몸소 행하기도 하고 사람을 가르치기도 할 뿐아니라 나라를 사랑하는 생각이 자긔의 몸이나 집보다 더 즁하게 하야 나 한사람이 게을너셔 일을 아니하면 전국이 빈궁하리라 하며 나한사람이 행위를 잘못하야 외국인에게 욕을 당하면 전국 사람이 모다 다하는 것이라 하야 사람마다 이와 갓치하면 그 나라는 자연 문명 부강이 될거시어늘." 『교육월보(敎育月報)』, 1908.6.25.

하는가? 당연히 현재의 문제를 초래한 전통문화와 학문에 그 책임을 묻고 새로운 학문의 연마를 주장하지 않을 수 없다. 그러나 전통을 비판한다 해서 전통문화나 학술 전체를 부정하거나 배척한 것은 아니다. 과거급제 만을 목표로 하는 특정 사람들의 출세주의와 이용후생(利用厚生)과 부국강병(富國强兵)의 실사구시(實事求是)적 학문태도를 도외시하고 허명(虛名)과 허식(虛飾)만을 쫓는 세태에 대한 안타까운 탄식과 충고가 중심을 이루고 있다. 대다수 지식인들이 보기에 조선은 대대로 주체적인 정치제도와 교화사상을 가지고 있지만, 독립된 국가로서의 정체성을 갖지 못하고 나라의 세력 또한 약하다. 그 이유는 나라가 작아서도 아니고 백성이 약해서도 아니며 정치나 교화가 개명(開明)하지 않아서도 아니다. 위로는 벼슬아치와 선비들의 '공리공담(空理空談)'과 과거만을 목표로 시부표책(詩賦表策)만을 중시하는 경향, 아래로는 백성들의 유약(柔弱)하고 근신(勤愼)하는 습성(習性) 때문으로, 이로 인한 허식(虛飾)과 적폐(積弊)가 이용후생과 부국강병의 실사구시적 태도를 도외시하고 있기 때문이다.[3]

<hr />

3) 안경수가 쓴 「독립협회 서」에는 그러한 심정이 잘 묘사되어 있다. "옛날 우리가 단군(檀君)이 개창(開創)하고 기성(箕聖)이 설교(設敎)하고 삼한(三韓)이 정치(鼎峙)하고, 고려(高麗)가 통일하고 우리 태조(太祖)가 하늘을 이어 등극(登極)하여 우리 대군주폐하(大君主陛下)로 전해 오기 수천백년 이래로, 나라도 우리나라이고 백성도 우리 백성이며 그 정치도 교화(敎化)도 우리 것 아닌 것이 없는데, 아직도 흘연(屹然)히 독립의 세(勢)를 갖지 못함은 무엇 때문인가? 나라가 작아서도 아니고 백성이 약해서도 아니며 정치나 교화가 개명(開明)하지 않아서도 아니다. 다만 두렵게나마 보존하는 것으로 편안히 여기고 유약(柔弱)하고 근신(勤愼)하는 것으로 습성(習性)이 되어, 나가서는 앞서 가는 지략(智略)이 없고 들어와서는 스스로를 지킬 지모(智謀)가 적어, 동쪽 배 왜(倭)가 정박하면 밤에 자다가 불을 만나고, 북쪽 기마(騎馬) 호(胡)가 침입하면 산속에 앉아서 비를 맞고 있었다. 그 기막힌 부끄러움을 슬퍼하고 그 극(極)한 모욕을 분개하여 부녀(婦女)나 어린이라도 칼을 뽑아 땅이라도 가르고 싶을 텐데, 어찌하여 벼슬아치들은 오직 노소남북(老少南北)의 당론(黨論)이나 일삼고, 선비들은 오직 심성이기(心性理氣)의 언전(言戰)이나 하며, 과거(科擧) 공부하는 사람들은 오직 시부표책(詩賦表策)의 상투적인 기예(技藝)나 하고, 인재(人材)를 전형하는 사람은 오직 문벌(門閥)의 고하(高下)나 저울질하여, 태(胎)속에 있는 쇳덩이를 녹여낼 대장장이가 없고 뼛속에 있는 기름덩이를 뽑아낼 약이 없다. 허식(虛飾)이 너무 많고 적폐(積弊)가 더욱 심하여 예의(禮儀)를 빙자하여 태평하고

이기(李沂)는 「조양보(朝陽報) 발간 서」에서 교육의 갈래를 세분화하여 각각의 영역에서 힘써야 할 부분이 다르다고 언급하고 있을 뿐, 전통문화나 윤리, 학술 내용에 대해 전반적으로 부정하고 있지는 않다.[4] 가정교육의 영역에서 '부자(父子) 부부(夫婦)의 인륜(人倫)'과 '효제충신(孝悌忠信)의 덕목'은 여전히 중요하며, 학교교육에서도 '수제치평의 도(修齊治平之道)'와 '성명기화의 이치(性命氣化之理)'를, 사회교육에서는 '천하 성패의 세(天下成敗之勢)'와 '인물 흥쇠의 기틀(人物興衰之基)'을 만드는 것이 문명과 부강을 이루는 정도(正道)라는 것이다.[5]

그러나 이러한 정도를 깨닫지 못하는 것이 첫 번째 문제요, 알면서도 교육시키지 못하는 것이 두 번째 문제이다. 학문이란 과거(科擧)를 통한 개인(선비)의 영달에만 쓸모가 있는 것이 아니라 보편적인 교육을 통해 모

하찮은 것을 달게 여겨 뽐내면서, 이용후생(利用厚生) 부국강병(富國强兵)의 실사구시(實事求是)에 이르러서는 왼손 휘두르고 밖으로 내쳐, 마침내 오늘의 큰 어려운 길에 넘어지고 말았으니 혈기(血氣)있는 우리 동포가 어찌 한심(寒心)하고 통곡(慟哭)하지 않겠는가?" 안경수, 「독립협회 서」, 『대조선독립협회회보』, 1896.

4) "근일 우리나라의 급한 일을 말하는 분으로 교육을 우선하지 않는 이 없는데, 그러나 교육에도 또한 세 가지가 있다. 하나는 가정교육이니 부모의 언행(言行)이 이것이고, 둘은 학교교육이니 문자와 정법(政法)이 이것이고, 셋은 사회교육이니 신문·잡지가 이것이다. 대범 사람이 어려서는 가정에서 배우니 부자 부부의 인륜(人倫)과 효제(孝悌) 충신(忠信)의 덕목(德目)이 이로 말미암아 서게 되고, 젊어서는 학교에서 배우니 수제(修齊) 치평(治平)의 도(道)와 성명(性命) 기화(氣化)의 이치가 이로 말미암아 밝아지고, 장년이 되어서는 사회에서 배우니 천하 성패(成敗)의 세(勢)와 인물 흥쇠(興衰)의 기틀이 이로 말미암아 나타난다. 무릇 동서양에서 제일등국이라고 일컫는 나라들이 다 이로써 문명을 가져오고, 또한 이로써 부강(富强)을 이룬다. 오호(嗚呼)라, 우리나라는 수백 년 이래로 사부(詞賦)를 가지고 사람을 뽑음으로써 학술과 정사(政事)가 길이 갈려 배치(背馳)되고, 선비들의 습속(習俗)은 날로 화려함을 추구하고, 백성들의 습속은 날로 야(野)하고 어두운 데 빠져, 근대 세계 각국의 신학문 신지식을 하루도 공부한 적이 없어서 마침내 남에게 속박됨을 면치 못하니, 감히 조정(朝廷)에 있는 제공과 재야(在野) 제 군자에게 묻거니와, 장차 이러한 노예를 감수하고 이러한 자포자기에 편안할 것인가?" 이기(李沂), 「조양보(朝陽報) 발간 서」, 1906년 6월 25일.

5) 국운이 쇠퇴한 책임이 유교에 대한 신앙 자체에 있는 것이 아니라 올바른 유교신앙이 결핍되었기 때문에 국가의 쇠약이 극도에 달하였다고 지적한 신채호(申采浩)의 유교개혁론도 이기의 주장과 통하는 면이 있다.

든 사람들의 의지와 지식을 새롭게 일깨워줘야 하는 것이다. 서재필의 언급처럼 학문이란 일부 사람들만이 하는 특별한 것이 아니라, "세계 있는 물건과 각색 천연한 이치를 자세히 공부하여, 그 물건이 어떤 것인지 무엇에 쓰는 것인지 사람에게 관계가 어찌 있는지, 그런 것을 궁구하여 쓸 것은 쓰고 못 쓸 것은 내어버리는"[6] 것을 판단하고 실행하는 능력을 키우는 것이다. 이러한 능력과 지식의 유무가 개화의 조건이 된다. 망해가는 나라를 구하기 위한 지식, 독립의 세(勢)를 형성하기 위한 능력은 보편적인 학문이어야 하고, 유익한 지식이어야 하며, 세상과 통하는 공부여야 한다. 그러나 이러한 학문과 지식, 공부는 반드시 그 뿌리가 있어야 한다.

서구 현지에서 서양문화와 학술을 직접 경험한 북미 유학생들이 1925년 창간한 『우라끼 The Rocky』라는 잡지 창간호에는 서양인의 시각에서 조선의 문화를 보존할 것을 호소하는 프레데릭 스타의 글이 실려 있다.[7] 이 글에서는 무조건적인 서구화와 물질만능주의 등에 대한 비판과 함께 동양적인 가치의 중요성에 대한 언급이 나온다. 프레데릭 스타는 전통의

---

6) 서재필, 「공기」, 『대조선독립협회회보』, 1896.

7) "조선청년들이 미국인들과 접촉하게 될 때에, 금전이 생활의 전(全) 목적이라는 관념을 가지게 되는 것은 실로 자연한 일이다. 그러나 이는 불행한 일이며 장래에 대한 의혹(疑惑)을 가지게 하는 여지(餘地)를 준다. (…) 만약 조선청년들이 교육을 받았든 못 받았든 아버지와 어머니에 대한 존경을 잃고, 그들로 말미암아 수념(羞念)을 가지게 되며, 그들을 그들이 멸시한다면 장래는 실로 어둡다. 미국의 교육, 미국의 풍속, 미국의 부(富), 미국의 격식(格式)이 그들의 중대한 손실을 보상할 수 없다. (…) 그들은 반드시 장구한 조선의 역사를 통하여 근본적으로 이어온 그들의 부모에 대한 존경과 사려(思慮)를 가져야 할 것이다. (…) 그러나 나의 비평안에서 보면 그 경향은 부모를 무시하고 경멸하려 할 뿐 아니라 모국과 선조(先祖)의 문화와의 관계를 끊으려는 것이다. (…) 그들은 반드시 그 민족의 그 민국(民國)의 역사·예술·문학을 알아야 할 것이다. 그들이 출생한 근원을 감상할지며, 그들의 가문(家門)을, 선조의 문화를 자랑해야 할 것이다. (…) 과거가 없는 민족은 장래를 가지지 못할 것이다. 이는 마치 땅속에 뿌리를 깊이 박은 나무라야 생장하고 번성하는 것과 같다." 프레데릭 스타, 「조선문화를 보존하여라」, 『우라끼 The Rocky』(북미 학생총회의 기관지) 1925년 9월 26일 창간호. 한편, 프레데릭 스타의 이 글은 만국학생청년회 조선부총무 염광섭이 편집한 『Korean Student Bulletin』 2권 4호에도 재편집되어 실려 있다.

뿌리를 도외시하고 개화의 길을 추구한다면 서구의 교육, 서구의 풍속, 서구의 부, 서구의 격식이 아무리 우수하다 할지라도 전통의 역할을 대체하지 못할 것이라고 주장하고 있다. 그가 중요하게 언급하고 있는 것 가운데 '아버지와 어머니에 대한 존경'은 표면상으로는 동양 전통의 '효(孝)'의 원리를 말하고 있는 듯하나, 넓게 보자면 그것은 '모국과 선조의 문화', 즉 전통문화를 의미한다는 것을 알 수 있다.[8] 그러나 전통문화에 대한 존중은 '자존감'과 '자신감', 독립심을 포함한 자기 자신에 대한 자각이 선행되어야 한다. 그렇지 않다면 전통문화에 대한 무조건적 추종은 묵수주의(墨守主義)로 귀결될 것이며, 현실적인 내용과 효용 없는 껍데기에 불과할 것이다.

1926년 '재경도 조선유학생 학우회(在京都朝鮮留學生學友會)'의 기관지 『학조(學潮)』에 실린 글에도 무조건적으로 과거 문화를 지향하는 태도에 대한 비판적 주장이 나온다. 이 글에서는 '개념적 찬미의 대상'이 되기도 하고 '반동적 불평의 원부'가 되기도 했던 과거 문화(전통문화)의 좋고 나쁨을 따지는 것보다 '과거의 문화만을 빌려서 현실의 전 생활을 꾸며 가려는 것'에 대해 비판하고 있다. 이런 태도는 '자기존재를 몰각하는 둔피와 비겁의 발작에 지나지' 않으며, '생의 동경'이 넘쳐나는 젊은 세대가 새로운 시대의 '문화의 창조주'로서 일어서야 함을 주장하고 있다.[9]

---

8) 서양인에 의한 동양 가족 윤리에 대한 긍정적 평가는 서양 선교사 알렌(Young John Allen)이 주미일본공사인 森有禮가 쓴 *Education in Japan*을 중국어로 번역한 『문학흥국책(文學興國策)』(1896)만 보더라도 잘 알 수 있다. 이 책은 서양의 선진 교육제도를 도입해 변법자강할 것을 강조하고 있는데, 교육과 윤리를 논한 장에서는 국민 윤리교육을 통해 양성해야 할 것으로 '孝子', '良友', '忠臣'을 들고 있으며, 이를 위해 '자존감'과 '자신감', 독립심을 포함한 자기 자신에 대한 자각이 선행되어야 한다고 주장하고 있다.

9) "시간상으로 또는 수량상의 가차(假借)와 묵수(墨守)가 그 태반(太半)을 점령한 우리의 과거 문화는 오랫동안 우리의 개념적 찬미의 대상도 되었으며, 일편(一便)으로는 반동적 불평의 원부(怨府)도 되었다. 오인(吾人)은 자(茲)에 그 당부(當否)를 논하려 아니한다. 사람은 문화의 창조주이다. 역사적 유물인 과거의 문화만을

이처럼 전통문화가 갖고 있는 본질적 정신과 내용에 대한 본격적인 비판과 배척의 주장보다는 시대의 변화에 따른 인식의 변화와 자각 없이 무조건적으로 과거의 것에 안주하려는 경향에 대한 비판이 주를 이루고 있음을 알 수 있다.

그렇다면 전통문화의 주요한 축을 이루고 있었던 유교문화, 혹은 유학에 대해서 지식인들의 입장은 어떤 것이었을까? 서양의 계몽사상과 문명론 입장에서 유학의 폐해를 주장하는 경우는 많이 알려져 있기 때문에 여기서는 전통문화로서의 유학에 대한 긍정적인 평가를 살펴보고자 한다.10)

유교의 긍정적인 역할에 대해 논한 대표적 인물로는 우선 박은식(朴殷植)을 들 수 있다. 그는 실학(實學)과 양명학(陽明學)의 지행합일론(知行合一論), 성리학(性理學)과 불교, 기독교 사상에 대해서도 조예가 깊었다. 그는

빌려서 현실의 전생활을 꾸며 가리는 것은 분명코 자기존재를 몰각(沒覺)하는 둔피(遁避)와 비겁(卑怯)의 발작(發作)에 지나지 못한다. 애급(挨及)의 피라미드가 영국박물관의 골동품이 되고 만 이상 그 난만(爛漫)한 문화를 자랑한 과거의 번영이 금일 생활에 무엇을 남겨 주었는가? 경주의 첨성대가 동양 최고(最古)의 연대표(年代表)를 등에 지고 다만 유람객의 허희(噓唏)를 조발(助發)할 뿐이 아닌가? 우리 학도(學徒)는 생(生)의 동경(憧憬)이 가장 강렬한 선발대이다."『학조(學潮)』권두언, 1926.

10) 『대한매일신보』에 보면 유교의 폐해에 대해 다음과 같이 언급한 구절이 나온다. "儒敎는 德化를 波及한 惠澤이 적지 않으나, 鎖國時代의 專制政治와 階級社會와 尙古主義의 遺物이라."(『대한매일신보』1908년 3월 10일) 서양의 근대 학문과 사상인 신학(新學)을 수용할 것인가에 대한 입장과 어떤 범위로 수용하고 구학(舊學)인 유교를 어떻게 처리할 것인가에 대해서는 일찍이 격렬한 논쟁이 있었다. 개화사상가였던 박규수(朴珪壽)는 1870년대에 초기 개화파(開化派)의 주요 인물을 양성하였는데, 개화파는 1880년대 전반 동도서기파(東道西器派)와 변법개화파(變法開化派)로 나누어지게 된다. 이 가운데 동도서기파는 유교 도덕을 기본으로 삼고 근대 기술을 도입하자는 '유교근대화론(儒敎近代化論)'으로, 변법개화파는 제도의 포괄적 개혁을 추구하여 '유교비판론(儒敎批判論)'으로 이어졌다. 유교근대화론의 대표적 인물인 김윤식(金允植)은 대동학회월보의 창간호에서 "학자는 인의도덕을 근본으로 삼아 이용후생을 도모해야 한다"고 주장했는데, 인의도덕(仁義道德)은 전 세계가 모두 숭상하는 것으로 유교에 상세히 규정되어 있어 달리 구할 필요가 없으며, "政治 經濟 法律 音樂 등 新學問도 결국 옛날 聖人이 가르친 六藝, 곧 禮義 音樂 활 쏘기 말몰기 글쓰기 算數와 같은 것"이라고 하면서 신학문의 수용을 주장했다.

비록 개화 사상가로서 구학을 비판하고 위정척사사상과 유림을 공격했음에도 불구하고 죽을 때까지 유학자로서의 정체성을 부정하거나 버리지 않았다. 그 대표적인 예가 1909년 나온 「유교구신론(儒敎求新論)」이다. 겸곡생(謙谷生)이라는 필명으로 발표된 이 글은 유교의 문제점을 지적함과 동시에 개량과 혁신 방법, 구학(舊學)과 신학(新學)의 조화를 추구했다는 점에서 의미가 있다. 그는 다음과 같이 주장했다.

무릇 수천 년 동안 이어진 우리 교화계(敎化界)에 올바르고 순수하며 광대하고 정밀하여 뭇 성현들이 전해주고 밝혀 준 유교가, 끝내 인도의 불교와 서양의 기독교와 같이 세계에 큰 발전을 얻지 못한 까닭은 무엇이며, 근세에 이르러 침체가 극도에 달해 부흥의 가망이 거의 없게 된 것은 또 무엇 때문인가. … (중략) … 유교계에 3대 문제가 있는지라. 그 문제에 관해 개량하고 구신(求新)하지 않으면 우리 유교는 결코 흥왕할 수 없으리라. … (중략) … 소위 3대 문제는 무엇인가. 하나는 유교파의 정신이 오로지 제왕 측에 있고 인민 사회에 보급할 정신이 부족한 것이다. 하나는 열국을 돌아다니면서 천하를 바꾸려는 주의를 따르지 않고, '내가 학생을 구하는 것이 아니라, 학생이 나를 찾아야 한다'라는 주의를 고수한 것이다. 하나는 우리 한국의 유가는 간소하고 적절한 가르침을 요구하지 않고 지리하고 산만한 공부만 해 온 것이다. … (중략) … 무릇 과거 19세기와 현재 20세기는 서양 문명이 발달한 시기이며, 장차 올 21, 22세기는 동양 문명이 크게 발달할 시기이다. 우리 공자의 도가 어찌 끝내 땅에 떨어지겠는가. 장차 전 세계에 그 광휘를 크게 드러낼 때가 있을 것이다. 오호라 우리 대한의 유림이여. 눈을 밝히고 관찰하며 분발하여 사명을 담당하라. 그들 서양의 교계(敎界)를 봐도 로마 가톨릭 시대에 유럽은 암흑의 세계였다. 만일 마르틴

루터가 그 대담함과 열혈로 개량하고 구신(求新)함이 없었으면 유럽은 지금까지 암흑 중에 있었을 수도 있다. 종교와 세계의 관계는 과연 무엇인가. 우리 대한 유자는 부족한 점을 고치라고 하면 불쾌하고 잘못된 일로 생각한다. 그러나 천하의 모든 만물은 크고 작음을 막론하고 오래되면 반드시 폐단이 발생하고, 폐단이 있으면 마땅히 고쳐야 한다. 만약 폐단이 있으면서도 고치지 않으면 끝내 자취도 남기지 않고 없어질 뿐이니 이를 생각하지 않을 수 있겠는가. 또 구신(求新)이라 하면 자신과는 상관없는 일로 생각하나 신(新)이라는 글자는 우리 유교의 고유한 광명이다. 공자가 말하길 '옛것을 익히고 새것을 안다[溫故而知新]'고 했으며, 장자가 말하길 '옛 생각을 씻어 보내어 새로운 뜻을 받아들인다[濯去舊見 以來新意]고 했다. 도덕은 날마다 새롭게 함으로써 빛나고 나라의 운명은 유신(維新)함으로써 융성해진다. 구신(求新)의 뜻은 밖에서 온 것이 아니다. 아, 우리 유림 제군이여.[11]

박은식은 조선 유교의 문제로 세 가지를 들었다. 첫째, 유교의 핵심 가치가 백성들과 함께 한 것이 아니라 오로지 제왕의 편에서 해석되고 이용되었다. 백성들의 정신을 계발하고 권리를 신장시켜야 하는데 유교는 이에 대해 제대로 힘을 발휘하지 못하고 있다. 유교의 역량을 발휘하기 위해서는 맹자의 학문을 넓히고 구신(求新)함으로써 백성들의 사회에 보급해야 한다는 것이다. 둘째, 공자가 주유천하(周遊天下)하며 세상을 바꾸어 놓으려 한 정신은 살펴보지 않고 단지 사람들이 유학자를 찾아오기만 기다림으로써 불교나 기독교처럼 광범위하게 전파되지 못하였다. 유교가 사람들에게 다가가지 못하고 그저 배움을 찾는 이들만 기다리고 있으니 사회

----

11) 『서북학회월보』 1권 10호, 1909.

에 교화가 보급되지 못하고, 덧붙여 유학자 자신의 견문도 고루해져 세상 물정에 어두워지는 것이다. 셋째, 한국의 유가는 지리하고 산만한 공부만 강조하여 간명하고 때에 맞춘 교육을 중시하는 유교의 본질에서 벗어나 있다. 공자와 맹자의 말씀에 따른 학문이 주자학과 양명학이므로, 새로운 시대에 알맞은 유교의 이념을 전파하기 위해서는 양명학을 보급해야 한 다.

박은식은 서구의 생존 경쟁론과 인의도덕(仁義道德)의 가르침이 상반 되는 것처럼 보이지만 인의도덕에 관계된 것이라도 결국 우수한 자들이 먼저 얻게 마련이라고 주장한다. 이처럼 도덕과 실력을 이원적으로 이해 하지 않는 태도는, 박은식의 사상이 소위 '동도서기'로 표현되는 온건 개 화론에서 벗어나고 있었음을 보여 주는 부분이다.

「유교구신론」에서 박은식이 주장하는 핵심은, 어떠한 사상이든 오래 되면 폐단이 발생하기 마련이며, 이러한 폐단을 개혁하고 새로움을 구하 는 것[求新]은 자연스러운 일이라는 점이다. 또한 개혁의 방향으로 민본 성(民本性)·적극성·명료성을 제시하고, 다름 아닌 유교의 전통 속에 그러 한 경향이 존재했음을 제시하면서 개혁의 당위성을 주장하고 있다.[12]

....

12) 1908년 창간된 대동학회의 기관지인 『대동학회월보(大同學會月報)』에 온건개화파인 신기선(申箕善)이 유교 에 대해 옹호하는 글이 실려 있다. 글에서 그는 사람이 된다는 것은 '도(道)를 배우는 것'에서 시작되며, 도가 담고 있는 기본적인 원리는 수신제가(修身齊家)이므로 '나라의 원기(元氣)'인 선비가 솔선하여 '배움에 힘쓰 고 道를 講究하여 功을 세우고 나라를 윤택케 하며 人心을 맑게 하고 世道를 융숭하게' 해야 한다고 주장하 고 있다. "世態가 날로 降下하여 선비된 자가 다시 배우지 아니하고, 혹 배우는 자도 처음부터 道를 講究하지 아니하고서 오직 科文이나 詩文을 숭상하여 이름만 儒教를 받들지 그 실상이 없었다. 오늘에 科文은 비록 없어졌다 하나 학문은 묵고 道는 어두워 以前보다 더욱 甚한데 그 폐단이 대개 세 가지이다. (…) 간혹 老成하고 勤愼한 사람과 林間에서 수양하는 선비가 있어 비록 經典을 즐기고 聖賢을 篤信하나, 그러나 헛되이 性理만을 論하여 世法에 어둡고 오로지 말만 하고 실지로 아는 것이 없으며, 고지식하게 時務의 변동을 알지 못하고 세상을 멀리하여 즐겨 종적을 감추어, 五洲의 歷史와 萬國의 新聞을 또한 눈여겨보지 아니하고 다만 排外思想을 품어, 드디어 우리 道의 中庸의 眞面目을 상실하니 이는 학문의 體가 치우치고

비록 근대 서양 계몽교육의 파고가 대단히 높았다고는 하지만, 전통 유학교육에 대한 진단을 통해 혁신의 길을 도모할 수밖에 없었던 것은 순식간에 전통사상과 가치관, 교육제도가 바뀌지 않았기 때문일 것이다. 통계에 따르면 근대교육의 보급과 함께 전통 유학교육기관인 서당이 쇠퇴했다고 하나 1913년 통계로 2만 468개 서당에서 19만 5,689명의 학생이 교육을 받을 정도로 오랜 기간 동안 그 명맥을 유지했다.[13] 따라서 구학과 신학의 조화는 유학자라면 마땅히 그 가능성을 고려해봐야 하는 중요한 사안이 된 것이다.

유림(儒林)의 일원이었던 이용식(李容植)은 당시 성찰 없이 극단으로 치닫는 개화와 전통의 가치관 대치에 우려를 표명하며, 구학과 신학을 조화시키는 데 있어서 중용(中庸)의 태도가 중요하다고 주장하였다.

논어(論語)에 말하기를 사람이 능히 도(道)를 넓힌다 했으니, 도는 민생
일용 상행(常行)의 도리이다. 임금에 충성하고 어버이에게 효도하고 형

用이 이지러진 자이다. 이 때문에 풍속이 쇠퇴하고 백성이 흩어져 서로 빠져들어 求할 수 없게 되니 세상 사람들이 드디어 儒道를 腐敗하여 쓸모없는 가르침이라 하고, 紳士의 部類가 天地를 좀먹는 하나의 버려진 것이 되었으니, 嗚呼라 이것이 어찌 儒道의 罪이며 人性이 홀로 善하지 않아서이겠는가? 진실로 儒道를 講究하지 않았기 때문이다. (…) 무릇 우리 卿大夫와 도포 입은 선비들은 老少를 아우르고 新舊를 헤아려, 老人은 舊學을 옹호하여 新知識을 발휘하고 젊은이는 전문학교를 설립하여 課程을 닦으며 숨어 있는 儒林과 中年 신사들을 특별히 한군데에 모아 〈經傳〉의 大義를 강구하여 斯道를 唱導하고 外國의 書籍을 열람하여, 막힌 데를 풀어 힘써 體를 세우고 用을 통하게 하여 孔孟의 宗旨를 지키고 事物의 時宜를 밝히며 正德 利用 厚生 세 가지를 並行하여 廢하지 않는다면 아마 儒敎는 다시 밝아, 우리들은 버려진 것에서 면하게 되고 전국 동포 2천만 人族은 함께 文明을 누려 五洲 世界에 나란히 나아갈 수 있을 것이다(申箕善, 「대동학회 취지서」, 『대동학회월보(大同學會月報)』 1908). 비록 친일파들이 유림계(儒林界)를 친일화하려는 목적에서 만들어진 대동학회의 기관지에 실린 글이지만 유교의 본질을 긍정하고 개혁하려는 생각은 다르지 않다.

13) 김수현, 「사진으로 만나는 근대의 풍경 – 신교육」, 『민족21』 72호, 2007. http://minjog21.com/news/articleView.html?idxno=2417

제에 우애하고 붕우(朋友)에 믿음 있는 것 등이 다 이것이다. 그러나 지혜롭고 어리석음이 같지 않아 일용 상행하는 사이에 혹 그 마땅히 행할 도리를 다하지 못하기 때문에, 윗자리에 있는 지도자가 멀리 생각하고 깊이 염려하여 학교를 널리 설립하여 가르치고, 늙은이 어린이를 우대하고 어여삐 여겨 효열(孝烈) 표창하는 전례(典例)를 다하지 않는 바 없었으나, 그러고도 부족하여 특별히 경학원을 설립하여 문묘(文廟)를 높이 받들어 제전(祭典)을 올려 유교(儒敎)를 숭상하고 도를 중히 여기는 의(義)를 나타냈다. … 문견(聞見)이 넓으면 아는 것이 더욱 밝아 완고한 견해를 돌이킬 수 있고, 취사(取捨)가 정(精)하면 행동이 더욱 돈독하여 금과 옥을 단련할 수 있다. 그러나 내가 생각하기로 당세(當世) 사군자(士君子)는 그 취향(趣向)을 정한 연후에야 비로소 더불어 도를 논할 수 있을 것이니, 어찌하여 그러는가 하면 옛것을 좋아하는 사람은 변통할 줄 모르고, 새로운 것을 좋아하는 사람은 새로운 데 흘러 너무 거리낌이 없으니, 이는 이른바 과불급(過不及)이라 다 중용(中庸)이 아니다. 양단(兩端)을 취하여 오늘에 그 중간을 원용(援用)하고, 과한 것을 억누르고 불급(不及)한 것을 붙잡는 것이 어찌 시의(時宜)에 맞지 않겠는가?[14]

이상에서 본 것처럼, 근대와 전통에 대한 논쟁은 당시의 지식인들이 각각 파벌을 나누어 각자의 진영을 지키고 승리하기 위해 어쩔 수 없이 과격한 구호로 채워진 감이 있다. 그러나 그렇다고 하더라도 쌍방의 진영에 속한 지식인들은 섣부르게 전통에 대해 무조건적으로 비판하지 않았으며, 세상의 공통된 가치로서 인륜도덕을 잘 체현하고 있는 유교의 본질에

---

14) 이용식(李容植), 「경학원잡지 서」, 『경학원잡지(經學院雜誌)』, 1913.

대해 다소간 긍정적 평가를 하고 있다는 사실은 시사하는 바가 크다.

(3) 자주적 개화론과 전통문화

유길준(俞吉濬)은 19세기 말, 최초로 일본과 미국에서 국비 유학을 한 인물로 유럽과 동남아를 돌아보며 국제적 감각을 키웠지만, 정치적인 이유로 자신의 꿈을 펼칠 기회를 얻지 못하였다. 그는 정치 일선에 나아가 자신의 주장을 펼치기 보다는 『서유견문(西遊見聞)』이라는 서양견문록을 통해 조선의 개혁과 경세에 대해 사상적인 접근을 시도했다. 그는 박규수의 문하에서 신학문을 접하였고, 청나라 위원(魏源)이 쓴 『해국도지(海國圖志)』 등을 읽고 개화사상에 눈을 뜨기 시작했다. 그러나 그의 사상은 급진 개혁파와는 길을 달리했다. 어렸을 때 할아버지로부터 배운 한학(漢學)과 서양에서 유학하며 얻은 경험을 바탕으로 그는 조선의 실정에 맞는 자주적 개화노선을 주장하게 된다.

그는 '문명'이라는 용어를 최초로 사용하였다. 그는 개화의 정도에 따라 인류사회를 야만(野蠻), 미개(未開), 반개(半開), 문명(文明)으로 나누었다.15) 일반적으로 인류의 문명을 야만과 미개, 문명으로 구분하는 유럽의

---

15) "개화란 사람의 천만 가지 사물이 지극히 선미한 이상적인 경지에 이르는 것을 말한다. 그런 까닭에 개화라는 경지란 사실상 한정하기 어려운 것이라 할 수밖에 없다. (…) 오륜으로 규정된 행실을 독실히 지켜서 사람으로서의 도리를 알 것 같으면 이는 행실의 개화이며, 학문을 연구하여 만물의 이치를 소상히 밝힐 것 같으면 이는 학문의 개화이며, 국가의 정치를 정대하게 하여 국민들이 태평스러운 즐거움을 누린다면 이는 정치의 개화이며, 법률을 공평하게 하여 국민들로 하여금 억울한 일이 없도록 할 것 같으면 이는 법률의 개화이며, 기계의 규모를 편리하게 하여 많은 사람에게 이용토록 하면 이는 기계의 개화이며, 물품의 제작을 정교롭게하여 사람들의 후생을 이바지하고, 거칠고 조잡한 일이 없도록 한다면 이는 물품의 개화인 것이다. 이처럼 여러 조목에 걸친 개화를 총합한 연후에라야 골고루 개화를 했다고 말할 수 있는 것이다. 세계의 어느 나라를 돌아보든지 간에 개화가 극진한 경지에 이른 나라는 없다. 그러나 대강 그 등급을 구별해 보면 개화한 자, 반개화한 자, 미개화한 자 등의 세 가지로 나누어 볼 수가 있다. 개화한 자는 천만 가지 사물을 연구하고 경영하여, 날마다 새롭고

문명론에 '반개'를 첨가한 것이다. 이는 아마도 조선인인 그가 조선사회를 어디에 위치시켜야 하는지 고심 끝에 만들어 낸 방법이라고 볼 수 있다. 조선을 '반개'사회로 규정한 것도 참신하지만, 기존에 서양을 '야만'으로 인식했었는데 그로 인해 서양이 '문명'사회의 지위를 획득하게 된 것은 한국의 서양 문명 인식 역사에 있어서 획기적인 일이라 할 수 있다. 이러한 인식을 기초로 유길준은 『서유견문』에서 기존의 동도서기론을 초월하려는 시도를 보여준다. 동도서기론에서는 서양 문명의 우수성을 기술(技)과 기물(器)의 차원에서만 인정했지만, 유길준은 도(道)의 차원에서 서양문화를 다룸으로써 기존 서양 인식의 한계를 벗어나려 했다. 유길준은 서양의 부강이 문명에서 온 것이고 서양 문명은 조선이 지향해야 할 모델이라며, 조선은 서양의 사상과 제도를 수용·정착시킴으로써 문명사회에 도달할 수 있다고 믿었다.[16]

또한 그는 개화를 두 가지로 나누었는데 하나는 실상개화(實狀開化), 다른 하나는 허명개화(虛名開化)이다. 허명개화는 남의 것을 무조건 베껴서 개화하는 것으로 사물의 이치와 근본을 살펴서 나라의 실정에 맞도록 정책을 펴는 실상개화와는 본질적으로 다르다고 생각했다. 따라서 조선의 좋은 점은 보존하고 나쁜 점은 서구의 문명으로 보완하는 것이 적절하다

....

또 날마다 새로워지기를 기약한다. 이와 같이 하기 때문에 그 진취적인 기상이 웅장하여 사소한 게으름도 없고, 또 사람을 접대할 때도 말을 공손히 하고 몸가짐을 단정히 하여, 능한 자를 본받고 능치 못한 자를 불쌍하게 여긴다. (…) 반쯤 개화한 자는 사물을 연구하지 않고 경영하지도 않으며 구차한 계획과 고식적인 의사로써 조금 성공한 경지에 안주하고, 장기적인 대책이 없는 자이다. (…) 사람을 접대할 때 능한 자에게 칭찬하는 일이 적고, 능치 못한 자는 깔본다. (…) 그러므로 국민이 저마다 자신의 영화와 욕심을 위해 애쓸 뿐이지, 여러 가지 개화를 위해서 마음을 쓰지는 않는 자들이다. 아직 개화하지 않은 자는, 즉 야만스러운 종족이다. 천만 가지 사물에 규모와 제도가 없을 뿐만 아니라 애당초 경영하지도 않는다." 「개화의 등급」, 『서유견문』14편, 『유길준 전서 I』일조각, pp.268-269.

16) 박지향, 『일그러진 근대』, 푸른역사, 2003, pp.78-79.

고 주장했다.

그는 개화의 방법을 탐색하며 무조건적인 서화나 신학 추종이 아닌 전통 및 구학과의 조화를 추구하였다. 그가 만들어 사용한 후 오늘날까지도 명맥을 이어오고 있는 '흥사(興士)'라는 말만 봐도 그러한 의도를 잘 엿볼 수 있다. 그는 근대시민을 전통 용어인 '선비'라는 말을 사용하여 표현하고 있는데, 근대시민을 계몽하는 것을 '선비를 일으킨다'라는 의미의 흥사라는 말로 지시함으로써 개화를 추구함에 있어서 전통에 많은 여지를 남겨두고 있는 것이다. 또한 시민의 계몽을 위해 그는 흥사단을 조직하고 교육개혁을 위해 '전 국민의 선비화', 즉 '국민개사(國民皆士)'를 주장하였는데, 그가 구상하는 교육개혁에는 전통유교 계승과 이용후생적 학문의 진작, 실용경제 활성화 등의 내용이 포함되어 있다. 이처럼 전통 유교사상의 계승을 통한 국민계몽을 주장한 유길준의 사상은 미국과 일본에서 유학한 경험과 맞물려 당시 상당한 불러 일으켰다.

유교사상의 계승을 통한 교육의 구체적 반영은 1908년 경성일보사(京城日報社)에서 간행된 『노동야학독본』이다. 『노동야학독본』은 노동자들의 수신(修身)을 위한 교과서로 개발된 것이지만, 대상이 노동자에게만 한정된 것이 아니라 궁극적으로는 교육을 받지 못한 일반 민중을 교육하고 계몽할 목적으로 제작된 것이라 할 수 있다.

독본의 내용을 살펴보면 우선 노동이 사람의 근본이라는 규정으로 시작된다. 노동이란 사람의 근본인데, 직업에 귀천이 없으므로 사람은 각자 맡은 직분과 능력대로 일을 해야 한다. 노동은 사회 구성원들의 보편적인 의무가 되는데, 그렇다고 해서 노동자의 지위가 높아졌다고 볼 수는 없다. 노동자는 여전히 가난하고 낮은 계층 사람으로 자신과 자식의 사회적 지위 상승을 위해 '교육'에 힘써야 한다. 이에 대해 그는 이렇게 말한다.

"사람의 도리는 곧 사람의 행실이니 부모가 자녀를 자애함이며 자녀가 부모에게 효함이며 부부의 서로 화순함과 형제의 서로 우애함은 가족의 윤기(倫紀)니라. 군(君)이 임금의 일을 행하고 신하와 백성이 임금을 사랑하며 임금에게 충성하여 각기 그 일을 일함은 국가의 윤리니라. 사람이 서로 믿음이 있어 귀천이 등분 있음과 상하가 차례 있음 이것은 사회의 윤리니라. 그러한 고로 가족의 윤리가 어지러운, 즉 집안이 망하고, 국가의 윤리가 어지러운, 즉 그 나라가 망하며, 사회의 윤리가 어지러운, 즉 그 인민이 쇠하느니라. 집을 흥하게 하는 자는 사람의 도리를 닦으며, 나라를 사랑하는 자는 사람의 도리를 지키며, 사회를 바르게 하는 자는 사람의 도리를 지키나니, 진실로 이러하면 집에 있어서는 좋은 아들이 되고, 나라에 있어서는 어진 백성이 되고, 사회에 있어서는 어진 사람이 나니라."[17]

『노동야학독본』에는 근대와 전통 가치 가운데 전통적 인간의 도리라는 가치를 우선시하고 있다. 유교이념인 삼강오륜을 중심으로 기존의 신분질서를 긍정하는 가운데 사회의 윤리적 기준에 맞춰 생활하는 것이 어진 사람의 기본적 자세라고 설파하고 있다. 어진 사람이란 도덕적 인격을 지닌 사람으로, 노동자와 선비가 비록 계층이나 직분 상에서 구분이 되지만 이상적 인간을 지향하는 점에서는 공통점이 있기 때문에 교육을 통해 유교사상의 가치를 잘 전달한다면 근대적인 인간을 길러낼 수 있다고 생각했다. 그렇다면 이런 근대적인 인간을 양성해 내는 데 있어서 가장 중요한 것은 무엇인가. 유길준이 보기에 사람이 사람으로서의 자격을 갖추기 위해서는 올바른 지식을 갖고 있어야 한다. 즉, 지식이 있어야 사람으

---

17) 「제2과 인간의 道理」, 『노동야학본』 『유길준 전서Ⅱ』, pp.268-269.

로서의 자격을 갖추게 되고, 지식이 있어야 가정과 사회, 국가를 이롭게 할 수 있는 것이다. 따라서 과거에 강조하던 국가에 대한 무조건적 충성보다는, 스스로 인간으로서 필요한 지식을 습득하고 배양함으로써 국가에 필요한 인재가 되는 것이 '치국평천하'의 근본이 되는 것이다.

유길준은 '사람의 도리'가 끊어지면 '천지가 금수의 세계가 될' 것이라고 말하며, "아랫사람이 되거든 윗사람을 공경하라", "신하는 임금을 공경"하고 "아들은 아버지를 공경"하라는 등 유학에서 말하는 '군군신신부부자자(君君臣臣父父子子)'의 정명(正名)사상으로 사람마다 반드시 지켜야 할 도리와 직분, 나라에 대한 충성을 말하고 있다. 즉, 사람의 도리라는 것이 유학에서 말하는 '정명'과 연결되고, 정명은 다시 충효의 도리를 근본으로 하는 사회질서를 의미하게 되는 것이다.[18]

유길준은 이러한 생각을 근거로 도덕적 자각이 나라의 부강과 직접적으로 연관되어 있으며, 개화를 위해서는 도덕적 자각이 필수적이라고 주장했다. "도덕은 사람의 착한 일이라. 사람이 이것으로 서로 의지하나니 나라가 비록 부강하나 도덕으로서 하지 아니하면 그 부강이 참 부강 아니오, 사회가 비록 문명하나 도덕으로서 하지 아니하면 그 문명이 참 문명 아니라. 그러한 고로 도덕은 세상일의 벼리이니라. 사람이 이를 떠나고는 배울 일이 없는, 즉 그 범위가 심히 광대하여 한두 가지로 지정하기는 어려우나 대체로 말하자면 사사로운 도덕은 한 사람의 서로 흥하는 일이오, 공적 도덕은 사회와 국가에 대하는 일이니 가령 자식이 어버이에게 효도함과 형제의 서로 우애함이며 부부의 서로 화함은 사사(私事)이거니와 자

---

18) "동포형제들아, 참된 용기를 알고자 하는가. 가히 죽을 일에 죽음이 참용맹이니라. 사람이 죽는 중에 나라를 위하야 죽음이 의(義)며, 임금을 위하여 죽음은 충(忠)이니, 충의에 사는 일은 영광되어 짧은 생명은 죽어도 만세의 이름은 죽지 아니하나니 사람이 세상에 한 번 죽기는 면치 못하는 자인, 즉 충의로 죽는 일에 용맹한, 즉 비록 청춘소년의 일은 죽음이라도 백발노인의 장수보다 나으니라."(『유길준 전서Ⅱ』, pp.340-341)

선사업을 도우며 공중이익을 중시하고 또 부세(賦稅) 바치기를 잘하며 병정 되기를 싫어 아니하는 유는 공(公)된 일이니라."[19]

여기서 한 발 더 나아가, 유길준은 사람이 추구해야 할 최종 목표를 전통윤리의 실천을 통한 극기복례(克己復禮)로 설정한다. 극기복례는 개인의 이기심과 욕망을 누르고 예로 돌아가게 함으로써 여러 사람이 함께 어우러져 공존할 수 있는 사회를 구현할 수 있도록 만들어 준다. 자신의 이기심과 욕망을 제어하고 타인의 마음과 상황을 이해하는 것은 서로를 존중하게 만들어 줌으로써 그가 원하는 '선비의 사회'를 완성할 수 있는 것이다.

이상에서 볼 때, 유길준의 개화사상은 전통사상에서 깊은 영향을 받았다고 할 수 있다. 급격한 변화보다는 기존의 질서를 잘 유지하면서 전통사상에서 중요하게 여겨지던 극기복례와 같은 개인의 도덕적 수양을 강조함으로써 사회의 발전과 문명화를 추구하는 것이 바로 유길준이 추구하던 개화, 즉 실상 개화라고 할 수 있다. 따라서 실상 개화의 의미는 현실적 처지에 부합하는 방법으로 개화를 추구하는 것 외에도, 서양문화를 무조건적으로 추종하기보다 전통 가치 가운데 좋은 것을 찾아내어 보전함으로써 신구문화의 조화를 중시하는 것이라 할 수 있다. 결론적으로 말하자면, 서구 '근대'의 무자비한 이식 과정 속에서 새롭고 신기한 '서기'에 경도되기보다 '동도'의 가치를 깨닫고 계승하는 것이 망국의 위기를 면하고 주체적인 문명개화의 길로 나아갈 수 있는 길이라는 유길준의 주장은 현대교육에서 전통의 가치를 논의하는 데 중요한 시사점을 던져 주고 있다.

---

19) 「제33과 道德」, 『유길준 전서Ⅱ』, pp.322-323.

(4) 신교육과 극단적 반전통주의

개항 이후 계몽과 서구화에 대한 과도한 열망과 전통에 대한 비이성적 배척으로 인해 전통 가치의 계승과 보전을 주장하는 의견은 별다른 반향을 일으키지 못한 것이 사실이다. 그러나 전통적 가치와 문화를 송두리째 배척하거나 부정해버리는 것이 아니라, 주체적으로 중심을 잡고 전통 가치와 문화의 보편성을 긍정하려는 시도는 미약하게나마 존재했었고, 적지 않은 근대의 지식인들이 서구의 가치와 전통 가치를 적절하게 조화시키기 위해 노력했다. 특히 전통사상의 핵심인 유학의 가르침을 인류 보편의 가치로 인식하고, 망국과 멸족의 현실적 위기를 극복할 수 있는 방법으로 인식하고 있다는 점은 '근대'를 서구의 이식으로만 바라보기보다 전통과의 연계 속에서 성찰하고 있다는 예증이라 할 수 있다. 그렇다면 전통에 대한 이러한 성찰과 전통 가치의 보편성에 대한 긍정은 근대화 논의 속에서 왜 힘을 얻지 못하고 묻혀 버리고 만 것일까? 아무리 서구의 가치와 문화가 물밀 듯이 들이닥쳤다 하더라도 전통 가치가 보편성을 지닌 것이라고 한다면 전통 가치가 뿌리까지 흔들릴 정도로 타격을 받은 데에는 별도의 원인이 있지 않을까?

전통문화와 가치의 문제는 내용의 문제라고 할 때, 그것을 어떻게 보전하고 발양할 것인가는 형식 및 제도의 문제라고 할 수 있다. 보편성을 갖고 있는 사상과 가치는 그것이 아무리 부정될 수 없는 훌륭한 가치를 가지고 있더라도 특수한 개별 국가나 민족, 제한된 문화권 내에서는 상이한 모습으로 드러날 수밖에 없다. 특정 사회나 개인의 관념 속에서 사상과 가치가 실현되는 과정에는 해석과 전달뿐만 아니라 의식(儀式) 및 제도적 요소와 밀접한 관련이 있다. 즉, 최초 형성된 전통사상과 가치의 본래적 의미는 고정불변한 것이 아니라, 그것이 한 사회의 의식 및 제도와 결합되어 전수되는 과정 속에서 시대와 환경에 맞게 내용이 재규정된다. 따라서 내용을 전달하는 매개가 사라져 버렸거나 구현하는 형식이 변화되었다면 아무리 훌륭한 정신과 가치라 하더라도 온전히 전수될 수 없는 것이다. 전통 가치도 예외가 아니다. 전통 가치는 단순한 지식 체계가 아니라 일상적인 생활과 밀접하게 엮여 형성된 것이기 때문에, 전통문화가 '전통' 가치 체계로서 기능하고 전수되는 데 중요한 역할을 한 학교 기능의 변화를 제도적 측면에서 살펴봄으로써 전통이 일상과 유리되고 생명력을 잃게 된 원인을 탐색해 보고자 한다.

전통시기의 학교 격인 성균관과 향교(鄕校), 서원(書院) 등이 지니고 있었던 기능은 강학(講學)과 제향(祭享)이다. 강학은 학문을 닦고 배우는 것이고, 제향은 선현(先賢)의 뜻을 기리고 잘 받들어 제사를 모시는 것이다. 과거 학교의 공간은 배향(配享) 공간과 강학 공간으로 나뉘어졌고, 유학의 성현을 배향함으로써 이를 근거로 교육의 정당성과 권위가 부여되게 되었다. 따라서 전통교육기관에서 제향공간이란 '전통'을 상징하고 '전통' 가치를 전수하는 도덕적이고 권위적인 공간이었다고 할 수 있다. 즉, 강학과 제향은 겉으로는 다른 영역인 것처럼 보이지만, 사실은 제향 없는 강학은 권위를 담보할 수 없고, 강학 없는 제향은 현실성 없는 사당으로 전락하게 된다. 그러나 서구 교육제도의 도입으로 강학과 제향의 분리는 현실화되어 전통 가치는 지식적 차원으로 전락하고 만다. 비록 서구적 교육 체제 내에서 전통 가치에 대한 교육이 완전히 사라진 것은 아니지만, 제향 기능은 완전히 사라져 버려 학교는 강학 기능만을 담당하는 곳으로 남게 되었다. 특히 서양의 기독교 선교사들이 한국의 근대교육을 주도함으로써, 제향과 관련된 의례활동이 모두 사라지고 교육은 일방적인 가르침(강학)과 생활과 유리된 지식 전달 수단으로 변질되게 되었다. 즉, 배향공간의 소멸은 단순한 공간의 재배치만을 의미하는 것이 아니라, 유기적 총체인 전통 가치가 생명력을 잃고 와해되고 변질되는 데 결정적인 영향을 끼치게 된다.

연구자에 따르면 학교에서의 제향기능의 상실은 마치 서구사회에서 부르주아 혁명 이후 교회가 장악하고 있던 교육권을 시민사회 영역으로 이관하면서 교육을 종교로부터 분리시킨 이른바 교육의 세속화(Laicism) 현상과 유사한 모습을 보여 주고 있다고 한다. 서구사회에서는 교회로부터의 교육권을 박탈함으로써 중앙집권적 이데올로기 기구로서의 카톨릭 교회의 획일적 교육통제로부터 다양한 집단, 계층, 지역적 특성들이 반영되는 분권화된 교육통제로의 이행을 경험하게 되고, 이것이 곧 근대교육의 한 특질을 이루고 있다는 것이다.[20]

전통교육은 제향의식을 통해 이념적 통일성을 확보하고, 공동체의 단합과 화합에 기여하기도 하였으며, 교육의 이념적 지향점을 확보할 수도 있었다. 이처럼 전통교육과 전통 가치에 권위를 부여해주고 그것의 정당성을 보장해주던 제향공간의 상실은 교육의 이념적 지향점을 상실하게 만들었고, 상호적이고 일상과 밀접한 연관을 갖고 있던 전통교육의 핵심적 특징을 소멸시켜 버렸다. 이와 함께 서구 교육내용과 체제의 무분별한 수용은 일방적이고 성과지상적이며, 일상과 유리된 교육방식을 강요하였고, 이러한 변화는 전통 가치와 문화의 전수를 불가능하게 만들어 전통을 지식화되고 관념화 된 박제된 것으로 전락시켰다.

이러한 변화에 대해 우려를 나타내고 학교에서 제향기능의 상실이 가져올 교육적 황폐화에 대해 문제를 제기한 지식인도 있었다. 배향의식이 갖고 있던 교육적 가치에 주목하면서, 오랜 시간동안 전승되어 온 전통적 가치의 의미와 성현의 유지(遺志)를 성찰할 수 있는 배향의 교육적 가치가

---

20) 정재걸, 「조선전기 교화연구」, 서울대학교 박사학위논문, 1989, p.185.

사라지는 것에 대해 깊은 우려를 표시한 것이다. 즉, 언어와 문자를 위주로 하는 지식 측면의 교육보다 정서적 감응과 도덕적 자각을 중시하는 종교와 제의에 의한 교육이 훨씬 중요하다고 생각하는 것이다. 물론 많은 사람들이 지적하고 있는 제향기능의 봉건적 요소에 대해서는 비판적인 입장을 유지한다. 그러나 이러한 의견에도 불구하고 학교가 갖고 있던 제향기능의 소멸은 급속도로 진행되었고, 강학기능만이 남게 된 근대교육은 제도와 사상, 생활의 유기적 결합체인 전통 가치를 전달하는 데 제 역할을 할 수 없게 되었다. 이는 교육 공간과 범위, 내용과 방법의 축소를 야기하게 되었으며, 제향기능이 강조하던 공동체의 화합과 단결, 정서적 감응과 도덕적 자각 등이 교육의 영역에서 소홀하게 다루어짐으로써 보편성을 가지고 있는 긍정적 전통 가치들이 현대로 전수되는 데 어려움을 겪게 되었으며, 전통교육의 맥이 끊어지게 되었다.

이상에서 알 수 있듯이, 한국은 근대화 과정에서 서양문화에 대해 기본적으로 동도서기적 입장에서 접근했다. 그러나 동도서기론은 '서기'에만 편향되어 전통을 도외시하였을 뿐만 아니라 '동도'에 대한 새로운 의미 해석을 통해 근대적 가치를 창출하고 이를 교육에 반영하는 등의 노력이 부재하였다. 특히, '동도'에 대해 고민하더라도 교육적 내용의 측면에만 치중해 접근했을 뿐, 의례와 의식을 포함하는 제도와의 구체적인 연관 속에서 이해하려는 시도는 많지 않았다. 이런 환경에서 서구교육 체제의 이식은 전통교육의 내용과 형식 일체를 해체시키고 한국의 교육 생태와 맞지 서구식 교육구조를 창출하였다. 따라서 현대사회와 교육의 문제점을 진단하고 치유하기 위해서는 '근대'에 대한 서구중심적 이해 태도를 지양하고 전통과의 연계 속에서 내용과 형식, 사상과 제도의 통합적인 입장으로 '근대'를 바라보는 새로운 성찰과 접근이 필요하다.

2. 한국의 민주주의와 전통*

전통은 한국 민주주의에 있어서 행운인 동시에 불운이라 할 수 있다. 그러나 마키아벨리의 충고처럼 '운(Fortuna)을 극복할 수 있다고 믿으며, 극복해 나가고자 할 때' 잊지 말아야 할 것은 전통이 그 사상과 문화의 힘으로 이 사회에서 장기지속하고 있다는 사실을 직시하고, 따라서 전통에 무리하게 배치되는 개혁을 추구하지도, 전통에 압도되어 사실상 답습에 지나지 않는 '개혁'을 구상하지도 말아야 한다는 것이다. 아울러 서구 민주주의의 전통만을 정치의 이상으로 추구할 필요는 없다는 의식과, 현대 정치사회에서 민주주의를 우회할 방법은 없으며 '더 나은 민주주의'는 곧 '더 나은 정치'를 의미하기 마련이라는 인식을 겸비해야 할 것이다.

여기에서는 민주주의의 요소를 민권과 민본으로 나누어 고찰하고, 한국 전통정치의 이상이 한국 현대정치에 어떻게 정당성을 부여하고 제한하는지에 대해 살펴봄으로써 전통 가치의 정치사회적 타당성 및 유효성에 대해 검토해 보고자 한다.

(1) 한국의 정치 전통과 민주주의

가. 민주주의의 요소 분석 – 민권과 민본

오늘날 민주주의는 정치의 이상이자 기준이다. 그 어떤 정치체제라 해도 민주주의를 더 철저하고 심도 있게 추구해야 할 이상으로 삼고 있으며, 아울러 그 현재 시점에서의 정치발전 수준을 가늠하는 척도로 민주주

---

* 심승우 외, 「민주적 시민성에 대한 동서양 교육철학의 통섭 모색」, 『한국교육학연구』 23(1), 2017.3.

의의 발전 수준을 활용한다는 것이다. 그런데 민주주의란 과연 무엇인지에 대한 논의와 존재 양식은 단순하지 않다. 또한, 정치문화와의 연관성을 고려할 때, 가령 '민주주의란 서구의 정치문화에 고유한 정치이념인가? 아니면 제도를 정비하는 것으로 비서구 문화권에서도 민주주의가 가능한 것인가?' 또는 '동아시아의 경우 자체적으로 민주주의적 정치이념과 정치문화를 갖추고 있었는가? 아니면 전혀 서구화의 결과인 것인가?' 등의 논쟁이 있어왔다.[21]

이 문제에 보다 효과적으로 접근하기 위해, 민주주의의 구성요소를 '민권'과 '민본'으로 나누는 방법을 시도할 수 있다. 주권이 국민에게 있다는 '국민 주권(of the people)'과 '국민 자치(by the people)' 중에서 중요한 정치적 의사결정권과 공직자 임면(任免)에 대한 결정권은 '민권'으로 정리하고, 한편 국민 자치 중에서 공직자가 국민과 계속 소통하며 공론에 의거해 통치행위를 수행해야 한다는 정치적 정당성 요건과 국가 정책은 국민 생활의 안전과 향상을 최우선으로 지향해야 한다는 '국민 복지(for the people)'는 '민본'에 해당하는 것이다.[22]

많은 경우에는 이 중에서 민권 부문만이 민주주의를 의미한다고 여겨진다. 그러나 국민이 주권을 갖고 공직자를 선출하는 목적이 국민이 희망

----

21) 전자의 경우 새뮤얼 헌팅턴(Samuel Huntington)의 '민주주의 서구 고유문화론'과 그에 대한 반박으로서의 김대중의 '동아시아 민주주의 맹아론', 그리고 후자의 경우 민주주의 맹아론 및 이상익 등의 '유교-민주주의론'과 그에 반박하는 리콴유(李光耀), 장칭(蔣慶) 등의 '동아시아 독자 정치론'의 대립 등을 대표적으로 들 수 있다. 김대중 외, 『아시아적 가치』, 서울: 전통과현대. 1999; 이상익, 『유교전통과 자유민주주의』, 서울: 심산, 2004; Huntington, Samuel. *The Third Wave: Democratization In the Late Twentieth Century*, Norman: Univ. of Oklahoma Pr. 1991; Jiang Qing, *A Confucian Constitutional Order*, trans, by Ryden, Edmund. Princeton University Press. 2013.

22) 함규진, 「전통 동아시아 사상의 민주주의적 가능성 : 정약용과 황종희를 중심으로」, 『유교사상문화연구』 63집, 2016, pp.10-11; 溝口雄三, 김용천 역, 『중국 전근대 사상의 굴절과 전개』, 서울: 동과서, 1999.

을 정치에 반영하고 그에 따라 국민의 복리를 증진하는 데 있다고 하면, 민본 부문을 경시하는 민주주의(가령 슘페터가 정의한 '최소민주주의'[23])는 합목적성을 상실한 채 소수 엘리트만을 위한 '게임의 법칙'이 될 가능성이 높다. 하지만 한편으로 그러한 민권 보장이 없이 통치자의 선의(善意)에만 의지하는 민본정치는 역시 실패할 가능성이 높다. 민본 없는 민권은 공허하며, 민권 없는 민본은 맹목적인 것이다.

동아시아 전통정치의 경우, "군주는 인류의 주인"으로 여겨왔던 만큼[24] 국민 주권론은 존립할 수 없었다. 서구 군주정에서처럼 귀족이나 교회, 동업자 결사체, 지방자치회 등에 의해 일정한 권력을 분점당하고 견제받는 체제도 대개 부정되었고, 법적인 의미에서는 전제적인 군주정체가 유지되어 왔다. 그러나 그 군주권은 전혀 민본을 목표로 존재하는 것으로 여겨졌으며, 특히 국가의 규모나 왕조의 수립 과정에서 군주가 전제권을 전용하기 어려웠던 조선의 경우, 왕도정치[25]와 공론정치가 고도로 행해짐으로써 민본주의의 전형을 이루었다고 할 수 있다. 이렇게 민권과 민본을 구분해 보고, 민본에 치우쳐 발전해온 한국 전통정치의 유산이 무엇인지를 살펴보기로 한다.

....

23) Schumpeter, Joseph, *Capitalism, Socialism and Democracy*, New York: Harper & Row, 1975.
24) 『연산군일기』 15권, 연산군 2년 6월 18일(癸巳) 기사, "乾坤爲萬物之首, 君父爲人類之主. 古今天地, 維持人紀, 正皇極, 屹如太山, 昭如日月, 更千百代, 衰亂無幾, 而終不至爲夷狄禽獸者, 以其有君父耳. 無君父則人類滅矣, 無以爲天下國家矣, 君父之重, 有如此者."
25) 장칭은 이를 '불변하는 도덕 준칙, 당대 사회에 고유한 통념, 국민 일반으로부터의 지지'에 근거해 정치적 정당성을 얻는 '도덕적이고, 온정적이며, 사회 공론에 민감하게 대응하는 정부'로 풀이하고 있는데, 대체로 민본주의의 정의에 부합한다. Jiang Qing, *A Confucian Constitutional Order*, trans, by Ryden, Edmund. Princeton University Press. 2013, pp.13-32.

나. '성스러운 지도자' - 한국 전통정치의 이상

삼국시대 이전의 한국 전통사상에 대해서는 자료의 절대적 부족에 따라 그 면모를 파악하기 어렵다. 다만 신화, 그 중에서도 건국 신화를 통해 그 가운데 '장기지속적'인 한민족의 가치관과 정치의식을 추정해볼 수 있다. 물론 그 신화도 대부분 고려 이후에 기록된 것들로[26] 상고시대의 형태를 온전히 간직하고 있다고는 볼 수 없으나, 오히려 상고시대부터 중세시대에 이르기까지 신화의 필자와 독자, 또는 화자와 청자가 텍스트의 취사선택과 가감을 통해 신화를 재구성함으로써 '민족적 전통 가치관'의 근간을 구현해냈다고 볼 수 있는 것이다.

이런 취지에서 한국 신화를 그 주인공을 중심으로 해서 다른 여러 신화와 비교해 보았을 때 한국 신화에서는 전쟁 영웅과 트릭스터형 지도자가 거의 보이지 않는다는 점, 살육, 간통, 기만, 배신 등 일반적인 도덕적 기준에 따른 부도덕한 행위와 거의 무관한 '성인(聖人)으로서의 지도자'가 대부분이라는 점, 급격한 변혁을 지양한다는 점, 권좌에 오르기까지의 시련은 있더라도 일단 집권하고 나면 통치자에 대한 비판 및 평가, 그에 따른 실각이나 몰락 등이 없이 마지막까지 평온한 치세를 누리게 된다는 점 등의 특성을 추출할 수 있었다.[27] 말하자면 고대 한국인들은 현실 정치에서 지도자들의 갈등이나 부도덕과는 무관하게, 이상적인 지도자라면 그런 도덕적 문제점에서 절대적으로 자유로운 성인과 같은 인격의 소유자여야 하리라는 기대와 이상을 오래 간직했다고 할 수 있다.

---

26) 고구려의 건국신화를 담고 있는 『광개토왕비문』은 예외일 것이다.

27) 함규진, 「한국 신화의 정치의식 : 창세신화, 건국신화와 유사 세계 신화의 비교를 중심으로」, 『한국정치외교사논총』 35집 2호, 2014, pp.133-135.

신화와 집단의식의 수준을 넘는, 자체적인 체계성을 갖춘 정치사상으로는 지금 확인될 수 있는 범위 내에는 외래 사상들뿐이다. 삼국시대에 수입된 불교는 그 정착 단계에서 '위로부터의 전파' 방식을 취했고, 그에 따라 왕실의 이해관계를 반영하여 '왕즉불(王卽佛)' 이념으로 제시됨으로써, '왕을 섬기는 일이 곧 부처를 섬기는 일이다'라는 인식을 전파하여 왕권 강화적 정치이념으로 활용된다.[28] 통일신라기에는 원효의 일심화쟁(一心和爭) 사상이 유행하고 선불교(禪佛敎)가 우세해졌는데, 이는 '왕즉불'이 아닌 '중생즉불(衆生卽佛)' 이념을 정립하여 전제왕권의 기반을 약화하는 의미가 있었으나,[29] 한편 서로 다른 정체성을 지닌 교파나 정치세력이 '군주'를 중심으로 통합됨을 정당화함으로써 통일왕조의 전제왕권을 뒷받침한다는 시각도 있다.[30] 『훈요십조(訓要十條)』 첫머리에 '불력(佛力)에 따른 왕조의 창립'을 명시한 고려는 핵심 정치이념으로 불교의 역할을 인정해 나갔으며, 불교 내에서 교종(敎宗)과 선종을 융합하는 한편 유교, 도교 등과도 융합을 추구하는 '융합불교'가 고려 전반기까지 두드러졌다.[31]

한편 역시 삼국시대에 유입된 유교는 불교와 달리 처음에는 큰 주목을 받지 못했으나, 통일신라와 고려를 거치며 차츰 한국 전통사상의 중요한 근간으로 발전해 나갔다. 이때 유교의 중심 이념으로 부각된 이념은 충(忠), 효(孝)였다. 충과 효는 본래 유교사상에서 짝을 이루는 이념은 아니었으며, 특히 충은 정치적 의미보다는 개인의 마음 수련과 관련된

---

28) 한국철학회, 『한국철학사』, 서울: 동명사. 1999, pp.123-125.

29) 함규진, 「한국적 가치 지형도 탐구」 한국학중앙연구원 제4회 AKS 포럼(한국학중앙연구원 장서각 1층 세미나실, 2013.12.9.) 발표문, p.41.

30) 진덕규, 『한국정치의 역사적 기원』, 서울: 지식산업사, 2002, pp.224-225.

31) 김두진, 『고려시대 사상사 산책』, 서울: 국민대학교출판부, 2009, p.61.

의미로 주로 논의되었다.[32] 그러나 『논어』의 "그 사람됨이 효제(孝弟)를 실천하면서 윗사람을 범하기 좋아하는 사람은 드물며, 윗사람을 범하기를 좋아하지 않고서 난을 일으키기 좋아하는 자는 없다"[33] 등에서 착안, 충과 효를 모두 통치체제에 대한 백성의 순화를 유도하는 이념으로 재해석─활용하려는 자세가 중국 한(漢)왕조부터 비롯되었고, 이것이 한반도에서 적극 수용됨으로써 유교는 곧 충효라는 식의 접근이 일반화되어 간다.[34] 신라 진흥왕 37년인 576년에 원화(源花)를 수립할 때 "효제와 충신(忠信)으로 가르침을 삼기 위해서이다"[35]라고 하였고, 7세기 경 원광이 수립했다는 「세속오계」의 제1계는 사군이충(事君以忠), 제2계는 사친이효(事親以孝)라고 하였다. 최치원은 전통사상의 요체를 '현묘지도(玄妙之道)'라고 제시하면서 그 뜻은 곧 집에서는 효를, 나라에 대해서는 충을 실천하는 데 있다고 보았다.[36]

고려왕조에서도 990년, 성종이 내린 윤음에서 "능히 집에 효자가 되면 반드시 나라에 충신이 될 것"[37]이라며 충효가 정치이념으로 나란히 강조되었으며 대부분의 경우 고려의 사상가, 문인들은 충효를 '사람의 일생에서 가장 핵심적인 덕목'이라고 규정했다.[38] 그리고 시대가 지날수록 불교

----

32) 한성구, 「조선시대의 한국적 가치 연구」, 『한국적 가치 지형도 탐구』한국학중앙연구원 제4회 AKS 포럼(한국학중앙연구원 장서각 1층 세미나실), 2013 발표문, pp.80-84.

33) 『論語』「學而」, "其爲人也孝弟, 而好犯上者, 鮮矣. 不好犯上, 而好作亂者, 未之有也."

34) 김두진, 『고려시대 사상사 산책』, 서울: 국민대학교출판부, 2009, pp.214-216.

35) 『三國遺事』「塔像」, "敎之以孝悌忠信."

36) 『三國史記』「新羅本紀 眞興王」, "崔致遠鸞郞碑序曰, 國有玄妙之道. 曰風流. 設敎之源, 備詳仙史, 實乃包含三敎, 接化群生. 且如入則孝於家, 出則忠於國."

37) 『高麗史節要』 제2권 「成宗 文懿大王」 庚寅九年, "能爲孝子於家門, 必作忠臣於邦國."

38) 함규진, 「한국적 가치 지형도 탐구」 한국학중앙연구원 제4회 AKS 포럼(한국학중앙연구원 장서각 1층 세미나실, 2013.12.9.) 발표문, p.46.

에 대해 국가이념으로서의 입지를 강화해 나갔는데, 최승로는 982년 성종에게 올린 『시무28조』에서 '불교는 정신세계를, 유교는 세속세계를 관장한다'며 고려판 '두 개의 칼'이론을 제시하는 한편 사찰 신설이나 불사(佛事) 등에 경비 지출을 줄일 것과 승려들의 민생 침탈을 제재할 것을 주장함으로써 사실상 억불(抑佛)을 주문했다.[39] 이는 고려 말기의 사회적 혼란과 모순에 사원(寺院)의 책임도 적지 않다는 인식이 등장하면서 『불씨잡변』을 쓴 정도전을 비롯하여 김자수, 김초 등 '신진사대부'를 중심으로 세속은 물론 정신세계에서도 불교를 배제하고 유교일원론적인 이념을 국가적 차원에서 구축할 것을 주장함에 이른다.[40] 이는 조선왕조의 수립과 더불어 실현되었다.

한국사상 최초로 쿠데타에 의해 왕조를 교체한 사례로 남은 조선왕조는[41] 고구려의 연개소문이나 고려의 무신정권처럼 '막부체제'를 지향하지 않고 아예 왕조를 바꾼 결정을 정당화하기 위해 보다 차원 높은 정치사상을 전개할 필요가 있었다. 그것은 유교, 그 중에서도 성리학적인 왕도주의 ─민본주의의 본격화로 귀결되었다. 1394년에 정도전이 태조에게 지어 올린, '조선왕조의 헌법'이라고 평가받는[42] 『조선경국전』에서는 "『서경』에 이르기를 '백성은 나라의 근본이니, 근본이 확고해야 나라가 평안하다'고 하였다. 그러므로 국가의 주권자가 된 사람은 먼저 반드시 민생을 보호하

---

39) 『高麗史節要』 제2권 「成宗 文懿大王」 壬午元年.

40) 함규진, 「한국적 가치 지형도 탐구」 한국학중앙연구원 제4회 AKS 포럼(한국학중앙연구원 장서각 1층 세미나실, 2013.12.9.) 발표문, pp.49-53.

41) 앞서 위만이 준왕을 축출하고 위만조선을 세우기는 했으나, 그는 망명세력으로서 망명한 나라의 정권을 탈취한 경우였고 준왕도 자신의 세력을 이끌고 남하하여 한반도 남부에서 새 왕조를 세웠으므로 특정 지역의 지배권을 두고 벌어진 세력 분쟁이라고 해석할 수 있었다. 본래 한 왕조의 신하였던 자가 쿠데타를 거쳐 역성혁명을 달성한 예는 근세조선이 최초였다.

42) 박기현, 『조선의 킹메이커』, 서울: 역사의아침, 2008, p.36.

는 것으로 급무를 삼아야 한다"[43]고 조선왕조의 존재이유가 민본임을 밝혔다. 이는 역대 조정의 정론(政論)에서 거듭 강조되면서,[44] 실정법적으로는 아무 제한이 없는 전제왕권을 정립했음에도 불구하고 정치과정상 '입헌주의'와 같은 형태로까지 수립되었다.[45] 따라서 언제나 민생을 걱정한다는 위민적 태도가 현실정치의 주요 구성요소가 됨은 물론, 전제(田制), 세제(稅制), 신분제 등 위민과 밀접히 관련된 제도개혁의 문제가 끊임없이 논의되고 시도되었다.[46] 또한 중국에서는 고도로 형식화된 경연(經筵)이 조정의 일상적 행사이자 정치의 주요 현장이 되고, 원칙적으로 무조건 국왕이 열람하게 되어 있는 상소와 격쟁(擊錚) 등에 의한 민의의 수렴이 제도화되면서 애민적 태도 역시 확고히 정착되었다.[47]

충효 이념 역시 계속 발전했다. 임진왜란 이후 충을 개인적 수양의 덕목으로서보다 군주에 대한 무조건적인 복종을 나타내는 덕목으로 이해하

----

43) 『朝鮮徑國典』 「憲典」 "戶役" "書曰, '民惟邦本, 本固邦寧,' 固有國家者, 必先以保民生爲急務."

44) 『서경』의 "民惟邦本"은 『조선왕조실록』에 168회 언급된다. 한편 실록이 아닌 실록을 정리 편찬한 사서로서 수평비교될 수는 없으나, 『고려사』에는 단 7회 언급될 뿐이다.

45) 김비환, 「조선 초기 유교적 입헌주의 제요소와 구조 : 헌법요소의 화육신으로서의 군주와 권력구조의 상호작용」, 『정치사상연구』 14권 1호, 2008, pp.9-13; Jiang Qing, *A Confucian Constitutional Order*, trans, by Ryden, Edmund. Princeton University Press. 2013, p.36.

46) 다만 대동법의 완전한 시행에 1백 년이 걸렸고, 호포제에 대한 논의 끝에 균역법으로 불충분한 개혁이 이루어졌으며, 노비제 철폐나 정전제, 한전제, 균전제 등 전제 개혁은 계속해서 논의는 되되 끝내 실현되지 못한 것처럼 그런 논의와 시도가 상당한 추진력을 가지고 진행되어 정책 대안으로 적시에 현실화 되지는 않았다. 제도개혁보다 인성계발을 우선하는 유교적 특성에 당쟁 문제가 겹쳤기 때문으로 추정된다. 또한 이런 논의와 시도에서 백성의 이익은 하나의 총체로서 고려되었고, 유교적 도덕론이 일반화됨에 따라 고려시대까지는 없었던 개인 차원의 불이익(부모에 대한 심각하지 않은 불복종을 이유로 처형되거나, 과부의 재가 금지가 강요되는 등)이 새로 등장하기도 했다.

47) 이런 상소, 격쟁의 제도화가 서구는 물론 중국, 일본 등 동아시아 전통사회에 비해서도 얼마나 특별했는가는 설석구, 『조선시대 유생상소와 공론정치』, 서울: 선인, 2002; 原武史, 김익한 역, 『직소와 왕권』, 서울: 지식산업사, 2000 참조.

는 관점이 확산되었고[48] 억불정책에 따라 서민 수준에서의 도덕의식을 불교 대신 유교가 담당하기로 하고 『삼강행실도』를 편찬, 보급하고 효행과 수절(守節) 등의 사례를 적극 표창하는 등 유교적 교화에 진력했다.[49] 이렇게 충효 이념이 일반화, 교리화됨에 따라 사회가 획일화되고, 권위적, 수직적 질서를 강조하는 정치문화가 배양될 가능성이 높아지게 된다.[50]

또한 조선왕조는 내란과 지역 군벌의 할거 가능성을 염려해 무(武)를 억제하고 지배계층을 유교적 소양을 갖춘 지식인으로 한정하는 문치주의(文治主義)를 추구했는데, 이는 민본 이념의 강조, 유교적 도덕관의 일반화와 더불어 '선비'의 정치적 위상과 역할을 강조하는 결과를 낳는다. 조선 후기에 당쟁의 폐단을 비판하면서도 "당인(黨人)을 등용함은 정녕 나라를 망치는 일이지만, 그렇다고 사대부를 아예 등용하지 않는다면 그것도 나라를 망치는 일이다. 그러면 장차 누구와 더불어 천하를 함께 다스리겠는가?"[51]라 한 정동유의 말처럼 사대부는 군주의 입장에서는 백성의 일부일 뿐이지만 군주와 더불어 정치를 담당한다(君臣共治)는 점에서 일반 백성과는 구별되는 존재라고 스스로를 내세울 수 있었다. 또한 선비는 도덕적으로 타인의 모범이 될 수 있는 군자(君子)였고, "천하만민의 슬픔을 먼저 슬퍼하고, 천하만민의 기쁨을 가장 나중에 기뻐하는"[52] 공공의식이 탁월한 사람이기도 했다. 그러므로 사대부는 군주에 대해 정면으로 대립하거나 권력 분할을 요구할 수는 없었지만, 소극적으로는 출사(出仕)를 거부

---

48) 한성구, 「조선시대의 한국적 가치 연구」, 『한국적 가치 지형도 탐구』 한국학중앙연구원 제4회 AKS 포럼(한국학중앙연구원 장서각 1층 세미나실), 2013 발표문, pp.83-84.

49) 노병만, 「한국의 충효관념과 민주시민의식의 관계」, 『한국정치외교사논총』 25집 1호, 2003, p.66.

50) 이는 충효 이념의 강조에서 파시즘적 정치질서에 대한 복종의 당위성을 도출해낸 현대 일본 제국주의의 사례에서도 확인된다. 안인식, 「皇道儒學」, 『儒道』 2호, 1942, pp.38-41 참조.

51) 정동유, 『晝永編』, "用黨人, 固亡之道, 不用士大夫, 亦亡之道也. 將誰與共治天下乎?"

52) 범중엄, 『岳陽樓記』, "先天下之憂而憂, 後天下之樂而樂歟."

하고 탄핵 상소를 올리는 것으로, 적극적으로는 '민본에 불충실하기가 도를 넘은 군주는 군주 자격이 없다'며 반정(反正)을 시도하는 것으로 왕권을 제어할 수 있었다. 그러나 지식인으로서의 사대부 특유의 성향이 정치에 크게 반영됨으로써, 근대 이후 '공리공론에만 몰두했다', '당쟁으로 정치적 자원을 낭비했다'는 비판을 받게 되는, 이기론(理氣論)이나 예학(禮學)을 둘러싼 논쟁의 정치화와 그것이 당론으로 구성됨에 따른 다분히 소모적인 정치갈등 현상이 두드러지기도 하였다.[53]

한편 일반 백성은 상소와 격쟁 등으로 개인적인 차원에서는 정권과 소통할 권한이 있었으나, 전근대 서구에서처럼 동업자 조합이나 지방자치조직, 교회 등을 통해 집단적 이익을 위해 정부정책에 압력을 가할 방법은 없었다. 그래서 정치적 불만이 장기간 해소되지 못하면 '민란'이라는 형태로 정권에 반항하였다. 정권에서도 이러한 '비정규적 정치참여'를 긍정하거나 방치할 수는 없었고 '난(亂)'으로 규정해 탄압하였으나, 임꺽정에 대해 두둔한 사론(史論)[54]에서 동학운동에 대해 '민당(民黨)'이라 부르며 그 입장을 이해하고 요구를 가급적 수용해야 한다는 주장을 했던 어윤중에 이르기까지[55] 이를 동정하고 이해하려는 입장이 꾸준히 존재했다. 일부 사대부층을 중심으로 하는 이런 입장이 더 체계화되고 본격화되었다면 근대 서구적 정당정치의 맹아가 되었을지도 모르나, 동정적 사대부층은 어디까지나 민중을 총체적으로만 동정하면서 아래가 아니라 위에서부터의 선정(善政), 경장(更張)으로 문제를 해결하려 했다. 그래도 그러한 사대부들에 대한 민중의 동지의식과 흠모도 있었다. 조선의 지배계층은 '양반'인

---

53) 강광식, 『신유학사상과 조선조 유교정치문화』, 서울: 집문당, 2000, pp.31-43 참조.
54) 『명종실록』 제25권, 명종 14년 3월 27일(己亥) 기사.
55) 『고종실록』 제30권, 고종 30년 8월 21일(庚午) 기사.

이상은 민중의 질시와 조롱의 대상이었으나, '선비'라면 존경과 추종의 대상일 수 있었던 것이다.

정리하자면, 상고시대에서 조선시대까지의 전통사회에서, 한국인들은 '도덕적으로 완전하며 언제나 민생을 위해 힘쓰는 성스러운 지도자'의 전제적 지배를 정치적 이상으로 상정했다고 할 수 있다. 외국 신화와의 비교 분석에서 두드러지는 그러한 성인 군주의 상은 불교의 왕즉불, 유교의 왕도 사상에 의해 강화되었으며 그만큼 최고지도자와 일반 민중 사이에 존재하는 호강(豪强), 중간 세력의 정치적 입지는 확고하지 않았다.

삼국시대부터 꾸준히 세력을 늘리고, 조선 건국을 기점으로 다른 이념의 입지를 일체 배제하고 정치이념이자 도덕규범으로 일원론적 지위를 차지한 유교는 한국 역사발전 과정에서 충효 이념을 중심으로 발전해왔고, 따라서 획일적이고 권위적인 정치질서가 존립할 가능성을 강화했다.

건국 과정에서 정당성이 부족했던 조선왕조는 강력한 민본 이념의 추구를 지향했으며, 이에 따라 민본주의는 명실공히 한국의 정치 공론장의 중심 이념으로 고정되었다. 한편 사대부, '선비'의 역할이 부각됨으로써, 민본주의에 비추어 정치권력의 정치적 정당성을 비판하며 정치적 쇠퇴의 방지를, 나아가 정치변동을 추진해 나가는 '재야(在野)'의 존재가능성이 출현했다. 이 재야는 누적된 불만을 효과적으로 대표할 수단이 없는 일반 민중의 민란에 대해 동정과 이해의 입장을 보였으며, 그것은 서구와 같이 '사회균열(social cleavage)에 따른 정당의 분립'에는 이르지 못하지만 민중을 총체적으로 대변하여 기성 정치권에 대항하는 '선구자적 재야'의 정치문화적 모델을 구성했다.

(2) 현대 한국 민주주의의 문제점

한국 민주주의는 약 70년의 역사를 가지고 있다. 물론 임시정부나 구한말의 독립협회 등에서 기원을 찾아 올라갈 수도 있으나, 일반 국민이 '민주공화국, 주권 재민'을 명시한 헌법에 근거하여 주권을 행사함으로써 구성한 정부의 통치를 받게 된 역사를 따지면 그렇다. 이러한 한국 민주주의는 자체적인 논의의 발전이나 사회적 갈등－합의 과정을 거치지 않고 '외생적(外生的)'으로 이식되었으며, 출발점에서부터 분단과 전쟁이라는 극단적인 경험이 게재되었고, 수십 년 동안 국가 안보와 빈곤 극복이라는 과제를 고민할 수밖에 없는 조건을 숙명처럼 갖춘 채 발전해왔다. 그런 점에서 동아시아 국가들 가운데 드문 시민의 참여폭발을 거쳐 권위주의 정권을 청산하고, 오늘날 평화적 정권교체 경험까지 갖춘 상태로 외견상 '민주주의 공고화'[56]를 달성했다는 사실은 상당한 성과로 여겨질 만도 하다. 하지만 아직도 다음과 같은 문제점들이 존재하며, 심지어 상당 기간 동안 문제시되어 왔으나 아직도 단기간 내 극복이 어려워 보인다는 면 또한 있다.

가. 일인(一人) 중심, 이미지 중심의 '소용돌이의 정치'

수십 년 동안 한국정치는 대통령 일인의 권위적 통치로 점철되었다. 1987년 이후 그러한 권위주의는 외형상 종식되었으나, 아직도 정치과정의 대부분은 "누구를 대통령으로 뽑느냐"라는 문제에 과도하게 수렴하고 있

---

56) 이 점에 대해서는 논란이 많고, 그것은 과연 공고화(consolidation)의 정의를 어떻게 내리느냐와 연관된다. 여기서는 "민주주의가 정치세력 상호작용에서의 유일한 게임(the only game in town)"이 되는 것을 의미한다는 고전적인 정의에 따른다. Linz, Juan, "Transitions to Democracy.", *Washington Quarterly*. Vol.13. 1990 참조.

다. 정치는 곧 선거이고, 선거는 곧 대통령 선거이며, 대통령 선거는 "김대중이냐 김영삼이냐", "박정희인가 노무현인가"처럼 특정한 이념, 정책, 정당, 심지어 특정 후보자들조차 초월하여 양대 '이미지' 사이의 승부로 인식되고 있는 것이다.[57] 이에 따라 선거 이외의 정치참여와 정치의식, 국회의원 선거와 지방선거, 정치이념과 정치발전 의제, 특정 정당의 정강정책이나 특정 후보자의 공약 등은 정치적 관심과 참여의 핵심에서 비껴나간 채 유동하고 있다.

이것은 일찍이 1960년대에 한국정치의 패턴을 "소용돌이의 정치(politics of vortex)"로 파악했던 그레고리 헨더슨(Gregory Henderson)의 틀에서 아직 한국정치가 이탈하지 못했음을 나타낸다. 고도로 동질적인(인종, 언어, 문화 등에서) 사회에서 고도로 중앙집권적인 정치가 장기지속해온 한국에서는 대중과 권력자 사이의 중간세력이 입지를 갖지 못하며, 모든 것이 중심을 향해 소용돌이쳐 들어가면서 이분법적이고 비타협적인 정치갈등이 이어지게 된다는 것이다.[58]

이에 따라 국민은 정치를 자신의 이해관계 및 정체성을 반영하는 장으로보다는 단지 '국가를 위해 더 나은 인물을 선출하는' 정치게임으로 받아들이며, 주권자 개인이 아닌 집합적 국민의 일원으로 동원되고 있다.

---

57) 강준만, 「한국 '포퓰리즘 소통'의 구조 : '정치 엘리트 혐오'의 문화정치학」, 『스피치와 커뮤니케이션』 17호, 2012; 김선택, 「한국 민주주의에 있어서 역사의 미래」, 『법과사회』 46호, 2014, pp.17-19. 김영명은 노무현 정권에 들어와 일인지배 정치가 종식되고 제도정치의 가능성이 열렸다고 2009년에 전망했으나(김영명, 「한국의 정치발전 : 일인지배에서 제도정치로?」, 『비교민주주의 연구』 5집 1호, 2009), 이후의 정치사를 보면 비록 한 사람의 '보스'가 정당과 정부를 전제하는 행태는 많이 사라졌다고 해도 국민의 정치과정 동원과 정치의식 소환이 인물 중심, 그것도 일인 중심일 뿐 아니라 '이미지로서의 인물' 중심으로 전개되고 있음을 인식할 수 있다. 가령 제18대 대선은 '박정희 대 노무현'의 게임이었다.

58) Henderson, Gregory, *Korea : the Politics of the Vortex*, Cambridge: Harvard University Press, 1968. 헨더슨의 이론으로 오늘날의 한국정치를 여전히 설명할 수 있다는 입장의 예로는 채진원, 「민주주의의 사회적 기반 : 자원봉사활동의 민주적 가치와 정치적 상관성을 중심으로」, 『민주주의와 인권』 11권 3호, 2011.

나. 정당정치의 비효과성

이러한 현상과 맞물려, 정당정치가 아직까지 공고히 제도화된 모습을 보여주지 못하고 있다. 사회적 균열을 배경으로 형성, 변천해온 것이 아니라 특정 지도자를 중심으로 권력 추구의 기구로서 수립된, 일종의 명망가 정당으로 출발했던 한국정당은 한국정치사의 특수한 경험 때문에 이념적 스펙트럼도 크게 제한되면서 대중과의 연계성을 상실한 채 유력 정치인을 중심으로 이합집산하는 도당(faction) 내지 '선거용 정당'으로 변천해왔다.

최근의 경우, 양대 정당의 지속성이 어느 정도 나타나고 있기는 하다. 그러나 이들 양대 정당의 정체성이 이념적, 정책적인 실질적 차별성보다는 지역 기반과 레드컴플렉스를 중심으로 하는 이미지에 주로 기반하며, 보수 우파에서 다른 이념적 스펙트럼을 가진 정당은 집권 가능성이 없는 주변부 정당에 머물거나 아예 해산 조치를 당하기도 한다는 점, 주요 선진국에 비해 국민의 정당 가입률이나 당비 등을 내며 정당 일에 적극적으로 참여하는 '진성당원' 비율이 매우 낮다는 점[59], 양대 정당이 실체는 유지하더라도 당명이나 당색(黨色) 등은 빈번히 바꾸는 등 스스로의 정체성을 정치적 자산으로 생각하지 않는 모습이라는 점, 정당 내부에서 성장하고 제도 정치권에서 경험을 쌓은 인물보다 외부의 명망가에게서 대선 후보를 구하는 경향이 지속되고 있다는 점[60] 등을 볼 때 이러한 문제점은

....

59) 2013년 12월 현재 정당에 가입한 국민의 수는 5,198,389명인데, 선거인수에 대비해 12.6퍼센트에 그친다. 또한 그 가운데 96.6퍼센트가 양대 정당(당시 새누리당과 민주당) 소속이며, 당비를 납부하는 진성당원은 전체 당원의 11.7퍼센트에 불과하다. 각 정당의 수입에서 당비가 차지하는 비중은 12.5퍼센트 정도인데, 이 중에는 정당 간부 및 직업정치인들의 이른바 '특별당비'가 포함되어 있으므로 진성당원의 당비가 정당 수입에서 차지하는 비중은 더욱 낮을 것으로 보인다. 중앙선거관리위원회, 『2013년도 정당의 활동개황 및 회계보고』, 2014, pp.11-19 및 pp.398-404 참조.

60) 오랜 권위주의·군사정권이 종식된 뒤 이른바 '양김'을 이어서 유력한 대통령 후보로 거론되거나 출마한 인물들은 대부분 정치 이외의 부문에서 명망을 쌓고, 참신한 이미지를 내세우며 등장한 '정치신인'이었다. 이회창(법조

지속되고 있다고 본다.

서구에서도 이념정당이 퇴조하고 포괄정당(catch-all party)으로 변화하는 모습이라고 하지만, 대선후보의 이미지와 지역 및 대북관 관련 이미지로만 구별되고 정강정책은 거의 비슷할 뿐 아니라 일관성조차 미비한[61] 정당이라면 국민의 다양한 이해관계를 수렴하여 정치권에 반영하는 역할을 기대하기 어렵다.

다. 저조한 시민참여와 다원성의 부재

각자의 다양한 이해관계와 관심 의제를 조직적으로 정치권에 반영하지 못하고 있으며, 지방정치, 생활정치, 정당정치의 차원에서 정치활동에 참여하는 비율이 매우 낮은 것이 민주주의 시대 70년 이상을 보낸 한국민의 현주소이다. 그런데 그에 비해 투표율은 비교적 높은 편이다. 최근 OECD 국가들을 대상으로 한 '좋은 삶의 지수(Better Life Index)' 조사에서 한국은 '시민참여' 부문에서 10위를 기록, OECD 국가들 가운데 상위에 랭크되기도 했으나,[62] 그것은 대부분 '높은 투표율'에 힘입은 것이었다.

그런 현상은 유권자 가운데 상당수가 이른바 '무당파층'으로서, 평상시에는 정치권 전반에 대해 강한 불신을 표출하지만 선거, 특히 대선에서는 적극 투표층으로 돌변하는 행태와 연관된다.[63] 그 원인을 추정하자면

인 출신), 정주영(기업인 출신), 정몽준(기업인 출신), 이명박(기업인 출신), 안철수(기업인 출신), 반기문(외교관 출신) 등. 노무현도 기성 정치인과는 차별되는 이미지를 구축하여 주목받았으며 박근혜는 스스로의 정치경력보다 아버지 박정희의 '후광'에 주로 힘입었다.

61) 가령 노무현 정부 당시 여당으로서 추진했던 한미자유무역협정, 시장개방 등에 대해 17대 대선 후 야당이 되어서는 반대하는 모습, 18대 대선 공약으로 당시 여당 후보 진영이 본래 정당 이미지와는 부합하지 않았던 보편복지를 적극 수용했으나 대선 승리 이후 추진이 지지부진한 경우 등을 거론할 수 있다.

62) http://www.oecdbetterlifeindex.org/topics/civic-engagement/

63) 박원호·송정민, 「정당은 유권자에게 얼마나 유의미한가? : 한국의 무당파층과 국회의원 총선거」, 『한국정치연

정치 전반에 대한 관심은 높지만 정책적 차이가 거의 없고 대중과의 연계성이 적은 정당에 대해 일체감을 느끼지 못하다가, 중요한 선거 때에는 '그래도 어쨌든 참여해야 한다'는 의무감에 가까운 투표행위를 하는 사람들이 이른바 한국적 '무당파층'을 구성하고 있는 것으로 보인다. 외국의 무당파층이 정치 자체에 대한 관심이 적은 것과 대조되는데, 이는 정치권의 쇄신 여부에 따라 적극적 참여로 돌아설 가능성이 있다는 점에서는 긍정적이나 선거 때마다 불충분한 정보와 불분명한 인식에 따른 투표를 함으로써 이미지 정치, 인물 위주 정치를 강화할 소지 또한 있다.

이는 국민 의식조사에서 정부-정치권에 대한 일반적 신뢰도가 무척 낮게 나타난다는 점, 또한 정당만이 아니라 시민단체에서의 활동률도 미진하다는 사실과 연결된다. OECD 회원국 조사에서 2014년 현재 한국 국민의 정부 신뢰도(confidence in national government)는 34퍼센트로 OECD 평균인 41퍼센트보다 낮았으며, 41개국 중 26위였다.[64] 최근 국내 학술연구에서 이루어진 조사에서도 정부 신뢰는 상당히 낮았다.[65] 김인영은 그 원인에 대해 '한국사회가 근대화 과정에서 일제, 미군정, 권위주의 정권을 겪으며 공식 통치기구에 대한 불신을 체화한 까닭'이라고 분석하지만[66]

구』 21집 2호, 2012, pp.138-139.

64) http://www.keepeek.com/Digital-Asset-Management/oecd/governance/government-at-a-glance-2015/confidence-in-national-government-in-2014-and-its-change-since-2007_gov_glance-2015-graph107-en#page1

65) 김재신, 「일반화된 타자, 정부, 시민단체에 대한 신뢰가 공공갈등의 인식에 미치는 영향」, 『한국심리학회지: 사회 및 성격』 25권 2호(통권 66호) 2011; 채진원, 「민주주의의 사회적 기반 : 자원봉사활동의 민주적 가치와 정치적 상관성을 중심으로」, 『민주주의와 인권』 11권 3호, 2011; 김인영, 「한국사회와 신뢰 : 후쿠야마와 퍼트남 논의의 재검토」, 『세계지역연구논총』 26집 1호, 2008.

66) 김인영, 「한국사회와 신뢰 : 후쿠야마와 퍼트남 논의의 재검토」, 『세계지역연구논총』 26집 1호, 2008, pp.17-20.

그것은 정부 신뢰도가 낮으면서도 투표율은 높은 까닭을 설명하지 못한다. 상기한 대로 자신의 이념적 성향이나 특수한 이해관계를 직접 대변하는 정당을 찾을 수 없는 유권자들이 평상시에는 '무당파층'으로서 정치권 전반을 불신하고 있으며, 또한 선거 과정에서 과도한 이분법적 가치관을 강요, 선과 악의 대결인양 극단적인 분위기를 연출한 나머지 선거 이후에도 그 결과에 대해 불만이 크고 현 정권을 인정하지 않는 유권자가 많이 나타나고 있음을 고려해야 할 것이다.

상기 의식조사에서 시민단체는 정부에 비해 항상 높은 신뢰도를 얻는 것으로 나타난다.[67] 그러나 시민단체 현황을 보면, 소수의 대형 시민단체를 제외하면 동창회, 종친회, 향우회 등 연고 모임이거나 영세 단체에 그치고 있으며[68] 시민단체 활동과 밀접한 봉사 활동 참여율을 볼 때 2011년도 조사에서 "가끔 하는 편 48.6퍼센트, 하지 않는다 33.7퍼센트"[69]로 나타나고 있어서 시민의 직접 참여율은 열악함을 면치 못한다. 그 까닭에 대해 정상근·송재룡은 '유교적 가치관의 지속성에 따라 공공시민의식이 낮고 혈연, 지연 등에 따른 연고의식이 높기 때문'으로 보는데[70] 이는 일리가 있으나 한국 국민 일반이 사실적, 심리적으로 '극단적으로 바쁜' 삶을 살아가고 있으므로 시민단체의 대의에는 공감하지만 직접 참여할 의지는 미약하다는 점이 큰 원인일 것으로 여겨진다. 왜 바쁜가? 여러 이유가

67) 김재신의 연구에서는 정부 45.2%에 비해 시민단체 54.2%, 채진원의 연구에서는 정부 3.35점에 비해 시민단체 5.41점이었다.

68) 문화체육관광부, 『국민의식가치관조사』, 2011; 정상근·송재룡, 「한국의 '가족주의 문화습속'이 시민의 '시민적 참여'에 미치는 영향 : N시민단체의 사례를 중심으로」, 『현상과 인식』 35권 4호(통권 115호), 2011, p.92에서 재인용.

69) 문화체육관광부, 『한국인의 가치관 여론조사 결과』, 서울: 문화체육관광부, 2011, p.18.

70) 정상근·송재룡, 「한국의 '가족주의 문화습속'이 시민의 '시민적 참여'에 미치는 영향 : N시민단체의 사례를 중심으로」, 『현상과 인식』 35권 4호(통권 115호), 2011, p.15.

있겠지만, 정치영역에서 각자의 이해관계를 반영하고 고려해 주리라는 기대치가 낮다 보니 개인이 열심히 하지 않으면 도태될 수밖에 없다는 인식이 크기 때문임도 이유가 될 것이다.

본 연구계획에서 실시한 초·중·고·대학생 대상 설문조사 결과에서 스스로의 민주시민적 역량에 대해서는 비교적 높게 평가하고 있으나 '친밀도가 낮은 타인과의 소통과 공감'은 다소 낮게 나타났고, 한국사회의 정의, 평등, 자유 수준에 대해서는 매우 부정적인 평가를 하는 한편 스스로 그런 문제점을 해소하려는 노력은 생각하지 않는 경우가 대부분인 점을 본다면 그런 국민의식, 정치의식, 정치행태가 근미래에도 반복될 가능성이 강하게 시사된다.

결국 한국정치는 시민사회의 다원성을 제대로 반영하지 못하며, 그 다원성을 억제하는 기능까지 발휘한다. 따라서 그것은 효과적이고 포괄적인 거버넌스(governance)와 공론장에서의 충실한 정치 심의(deliberation) 실현을 결여한다. 그리고 시민의식 높은 민주시민의 육성을 저해한다.

이상과 같은 한국 민주주의의 문제점에는 여러 가지 요인이 게재되었을 것이다. 정치사적 요인, 정치경제학적 요인, 정치제도적 요인 등이 두루 작용하며 나타난 현상이라고 보아야 한다. 그러나 전통사상과 문화의 저류(低流) 차원에서의 영향 또한 요인으로 작용했을 것으로 보이며, 본 연구의 관심은 그쪽으로 맞춰지므로, 전통정치 사상 및 정치문화의 영향으로 이상의 문제점들을 풀이해 보기로 한다.

첫째, 상고시대부터 지속된 '신성한 지도자의 대망' 경향과 여기에 맞물린 조선왕조 이래의 '민본적 정치의식'은 일인 중심 정치와 고도의 이미지 정치가 한국 현대정치환경에서 강하게 표출되고 또 지속되는 데 영향을 미쳤을 것으로 여겨진다.

둘째, 민본 이념에서 '지도자의 도덕성과 정책의 민생 우선성이 심각하게 미비할 경우, 백성은 항의, 나아가 저항할 수 있다'는 부분은 권위주의 정권과 이후 정권의 금권주의, 밀실정치, 부패 등을 이유로 강력한 정치혐오증 유발, 무당파층 형성 요인이 되었으며 '재야' 및 야당이 조선시대 이후 부각된 '선비'의 역할을 담당하고 '민란'의 경험도 소환됨으로써, 현대 동아시아 정치사에 유례가 없는 참여폭발에 의한 정치 변동이 가능하게끔 하였다고 여겨진다.

셋째, 신성한 지도자의 대망, 민본 이념, 삼국시대 이래 꾸준히 강조되어 온 충효 사상 등은 최고지도자와 민중 사이를 연결하고 특수 이익을 수렴, 조정하는 중간 세력의 발전을 억제하였고, 이는 정당정치와 지방정치, 시민단체 운동의 부진 현상으로 나타났다.

넷째, 정당정치와 시민단체 운동이 부진하고 개별적인 이념과 이해관계가 정치권에 잘 반영되지 않음에 따라 온존하게 된 다수의 무당파층은 그럼에도 민본 이념에 따라 집단적으로 정치에 관심을 갖고 '나은 정치'를 위해 투표에 참여할 의지는 강력한 편이다.[71]

다섯째, 무당파층 외에도 당파적 정체성을 강하게 띠는 유권자들도 이분법적인 제로섬 게임이자 '나라가 망하느냐 흥하느냐의 기로'로 선거를 이해함에 따라, 그 결과가 부정적일 때 큰 불만을 품으며 반정부적 태도를 오래 유지하게 된다. 따라서 한국정부에 대한 신뢰도는 항상 낮으며, 그것은 국민전체적 차원에서 '민본적 이상과 현실의 괴리'로 표상되고 있다.[72]

---

71) 이러한 유권자들의 태도에 대해 최장집은 이렇게 표현한다. "일거에 총체적 해결을 도모하려는 강한 충동, 정치에 대한 도덕주의적 접근, 운동의 목표 내지 대상에 대한 적대의식, 현실로 존재하는 사회의 부분이익이나 개인의 특수이익에 대해 무관심하거나 부정적이면서 반대로 전체 사회와 국가, 민족 전체의 공공선과 같은 추상적 가치와 명분을 추구하는 가치정향" 최장집, 「제도적 실천으로서의 민주주의」, 『기억과전망』 15호, 2006, p.87.

72) 박세일은 이런 현상을 '민본 없는 민주주의'라고 풀이하고 있다. 권위주의에서 해방된 이후 정치사에서 선거만이

(3) 현대 한국 민주주의의 발전 방안

이상과 같이 고찰한, '한국 민주주의에 대한 전통의 영향'에는 긍정적인 부분과 부정적인 부분이 섞여 있다. 긍정적 부분을 보면, 국민 일반의 정치의식이 높고 집합적 차원에서 정치문제에 대한 관심이 많음은 민주주의를 위해 긍정적이다. 국민 다수가 정치적 무관심층으로 돌아설 경우 민주정치('형식적 민권만 보장되는 민주정치')는 소수 정치엘리트를 위한 게임의 장으로 전락할 것이다. 위기에 직면하여 단결하며, 위기시에나 평상시에나 분할 독립, 내란, 테러와 같은 극단적인 정치행동에 나서는 분파가 분립하기 어려운 점도 긍정적이라고 할 수 있다.

그러나 일인 중심의 이미지 정치, 정당정치와 지방정치, 생활정치의 미발달, 국민의 주체적 시민의식의 결여는 '좋은 민주주의'를 위해 부정적이다. 이는 '민권 의식이 부족한 민본적 민주주의'라고도 풀이할 수 있으며, 민권 없는 민본은 맹목적이다. 게다가 그것이 권위주의가 아닌 자유민주주의의 틀에서 행해진다면 '소용돌이의 정치 투쟁'과 그 후유증, 민생 전반의 정치적 비효과성이 반복됨으로써 '정치 피로'를 느끼는 국민이 늘어나, 결국 '선거참여적 무당파층'은 '정치무관심층'으로 전화하고 확산될 것이다. 그것은 민주주의의 파산을 의미한다.

이를 위해 전통의 긍정적인 면은 살리면서 부정적인 면을 최소화하는 방안이 필요하다. 그러려면 첫째, 민주시민교육과 발전된 통일교육[73]의

정치의 모든 것처럼 인식되면서 정파적이고 기회주의적인 정치 동원이 거듭됨에 따라, 국민 전체의 이익과 공공의 이익이 외면되고 있다는 것이다(박세일, 「민주주의 3.0을 주창한다 - 선비민주주의를 목표로」, 『한국경제포럼』 8권 1호, 2015, pp.84-85). 사실 그러한 현상은 민본의 결여보다는 민본 의식의 과잉에서 비롯되고 있는 것이겠지만, 그의 진단에는 일리가 있다.

73) 그 취지와 기본 방향에 대해서는 함규진, 「민주주의의 심화와 통일교육」, 『정치·정보 연구』 18권 1호(통권

강력 시행을 통해 레드콤플렉스의 해소가 모색되어야 한다. 한국정치사의 특수한 경험에 따라 국민의식에 강고히 자리잡게 된 레드콤플렉스는 사회의 획일화와 소용돌이적 투쟁의 지속을 강화함으로써, 전통의 부정적 영향을 강화하고 있다고 여겨진다.

둘째, '개인의 바쁜 일상'을 전통교육의 재조명과 강화를 통해 반성하고 극복할 의식을 배양해야 한다. 실제적·의식적으로 개인의 삶을 '최대한 많은 편익을 얻기 위해 투자하는' 태도를 강요하는 현대의 추세는 국민의 높은 정치의식이 높은 정치참여로 연결되지 못하게 방해한다. '바빠도 더디 가며, 생각하는 백성으로 사는' 전통 선비의 양식이 전통교육 강화를 통해 널리 보급된다면 그런 추세를 반성하고 교정하려는 인식이 확산될 것이다.

셋째, 민본과 민권을 조화하는 인식과 행태를 정착시켜야 한다. 그러기 위해 역시 민주시민교육을 강화하면서 초급수준의 교육에서부터 토론문화를 활성화하고, 지방자치 단위와 중앙 단위에서도 시민참여 토론과 정책 건의가 활성화되어야 한다. 이는 서민과 정치권의 소통을 중시했던 전통정치 문화와도 연결된다. 그리고 그러한 소통 참여자가 곧 민권의 보유자이기도 하므로, 내실 있는 토론을 통한 국정에 대한 참여, 생활정치의 활성화는 민권과 민본의 조화를 가져올 것이다.

본 연구 프로젝트의 설문조사 결과에서, 학생들이 전통을 다분히 불신하거나 무관심해 하면서도 적절한 계기와 방향이 주어질 때 관심 제고와 관련 활동 강화가 가능함을 인식할 수 있었다. 어쨌든 전통의 영향이 다분히 남아 있음으로 오늘날의 한국 민주주의의 상황이 비롯되었다면, 그 전통의 힘을 부정하거나 외면하기보다 선용하고, 온고지신(溫故知新)을 추

36호), 2015 참조.

진함이 현명할 것이다.

3. 한국의 교육현실과 전통

(1) 학생 인성진단과 인성교육의 문제

가. 한국 어린이·청소년은 행복한가?[74]

건강한 인성은 학생 개개인의 행복한 삶을 영위하는 문제일 뿐만 아니라 국가적·사회적 요구이기도 하다. 인성교육진흥법이 법제화하여 모든 학교급별 교육현장에서 인성교육을 의무적으로 실시하도록 하고 있다. 그만큼 한국사회의 어린이·청소년의 인성건강에 적신호가 켜졌다는 사실을 방증한다. 사실 한국사회의 어린이·청소년은 매우 불행하다고 느낀다. 무엇보다 학교성적과 대학입시 때문일 것이다. 그렇다면 대학생이 되기만 하면 행복해질까. 한국사회의 청년들 또한 매우 불행하다. 극심한 취업난과 날로 치솟는 집값 앞에서 청년들은 연애도 사랑도 결혼도 포기한다.

한국의 교육현실에서 가장 큰 문제는 어린이·청소년의 인성 위기에서 찾아볼 수 있다. 초등학교 때부터 대학진학을 목표로 교과활동은 물론이고 비교과활동에 이르기까지 사교육 시장의 도움을 받기도 한다. 급기야 대학입시를 목전에 두고 수시와 정시 사이에서 치밀한 입시전략을 구사하며 치열한 입시경쟁에서 승자가 되려고 몸부림친다. 그러나 인성의 위기는 20대 청년기에 이르러서도 지속되는 경향이 있다. 이른바 취업이라는

---

74) 윤영돈, 「사회구성주의에서 본 도덕교육의 인문치료적 접근」, 『초등도덕교육』 44, 2014, pp.243-245 수정 보완.

또 다른 전쟁을 치르는 과정에서 청년은 인성의 위기를 겪고 있다. IMF 사태 이후 양산되고 있는 비정규직과 가파르게 상승하는 결혼 비용으로 인해 남성은 물론이고 여성까지도 30대가 되서야 그나마 결혼할 기회를 얻을 수 있다. 사실 사랑과 일, 그것이 구체화된 가정과 직장은 한 인간의 정체성의 핵심이라고 할 수 있는데, 한국의 청년들은 정체성의 위기에 직면해 있다. 동심이 꽃피어야 할 초등학교 시기부터 청년기에 이르기까지 모두들 '불행의 사슬'을 벗어나지 못하고 있다.

한국사회의 청소년은 OECD 국가 중 교육성취도는 최상위에 속하지만 스스로 행복하다고 느끼지 않는다. 한국 어린이·청소년 행복지수 변화 (2009~2014년)에 대한 연구에 따르면 '물질적 행복', '보건과 안전', '교육', '가족과 친구관계', '행동과 생활양식', '주관적 행복' 등 6가지 영역으로 구성되는 유니세프 행복지수 가운데 '교육'과 '생활양식' 영역은 OECD 국가 중 가장 높은 점수를 기록했고, '물질적 행복'과 '보건과 안전' 영역도 OECD 평균보다 높게 나타났다. 그런데 '주관적 행복지수'는 지속적으로 OECD 국가 중 가장 낮은 점수를 보이고 있으며, '가족과 친구관계' 영역도 전체 평균보다 다소 낮은 편이다.[75]

그런가 하면 한국사회의 청소년은 타인을 배려하거나 문화적·사회경제적으로 이질적인 상대와 협력할 수 있는 "사회적 상호작용 능력"은 비교 대상국가 36개국 가운데 최하위 수준(35위)이었다.[76]

천세영 외가 총 400개 학교의 학생, 학부모, 교사를 대상으로 온라인 설문조사를 실시(2012.7.6.~7.24)하여 총 57,902명이 참여한 인성교육 실태

---

75) 양태연·김승연·반서영·최혜란·박경환·백해찬·윤영돈, 「인천 고교생의 행복감 진단과 제고방안」, 『윤리교육연구』 35, 2014, pp.127-128.
76) ICCS 국제비교조사, 2010, 천세영 외, 『인성교육 비전 수립 및 실천 방안 연구』, 교육과학기술부 정책연구 (2012-41), 2012, p.15에서 재인용.

조사 결과도 주목할 필요가 있다.[77] 한국사회의 청소년들은 "정직, 자율적 사고와 행동, 도전정신, 배려, 나눔, 봉사, 공감, 의사소통" 등 핵심 인성 덕목에서 정직(5점 만점 중 3.3점)을 제외하고는 평균 이하에 머물렀다. 특히 "학생들은 자율적으로 사고하고 행동한다(2.4점)."와 "학생들은 타인을 잘 배려한다(2.4점)."라는 문항은 가장 낮은 평균을 보였다.

그런가 하면 우리나라 학생들은 신체적, 정신적으로 허약하고 자신의 삶에 부정적 인식(62%)이 높은 편이고, "평소에 학교를 그만두고 싶다는 생각을 해본 적이 있다."라는 질문에 생각해 본 적이 있다는 응답(40.3%)도 비교적 높게 나타났으며, 학교급이 올라갈수록 그만두고 싶다는 생각을 해본 적이 많은 것으로 나타났다.

어린이·청소년의 행복지수 및 인성실태 관련 선행연구를 살펴볼 때, 개인영역에서 자존감, 자율성, 자아효능감이 미흡하며, 대인관계영역에서는 공감, 배려의 태도, 의사소통능력이 미약함을 알 수 있다. 물론 성적을 강조하고 경쟁을 부추기는 사회문화적 구조의 영향력도 무시 못 하며, 이러한 문제는 사회구조적이며 사회문화적인 차원의 문제로 한국사회가 풀어가야 할 중요한 과제이다. 다만 본 연구에서는 문제의 초점을 좁혀서 어린이·청소년, 더 나아가 청년의 인성역량을 개인영역, 대인관계영역, 공동체영역에 이르기까지 제고하기 위한 인성교육을 전통의 재해석에 근거하여 접근하고자 한다.

---

77) 천세영 외(2014), pp.11-34.

나. 인성의 의미와 인성 진단

▶ 인성의 의미[78]

인성의 위기 혹은 인성교육을 논하기 앞서 '인성이란 무엇인가'를 규명할 필요가 있다. 그런데 학문영역에 따라, 또 학자에 따라 인성을 규정하는 방식이 상이하다. 개인의 성격(personality)을 중심으로 인성을 규정할 수도 있고, 도덕성(morality)을 중심으로 인성을 규정할 수도 있다. 그런가 하면 성품(character, 인격)에 초점을 맞출 수도 있다. 인성의 개념 규정이 학자나 학문영역에 따라 상이하기에 인성의 개념을 합의하는 것도 쉬운 일은 아니고, 더 나아가 인성을 측정한다는 것은 보다 어려운 과제로 보인다. 또 인성은 고정 불변하기보다는 변화와 성장을 내포하고 있고, 합리적 차원뿐만 아니라 비합리적 차원까지 포괄하고 있다는 데서 인성의 측정이 생각보다 쉽지 않다는 것도 분명하다. 사실 인성의 개념에는 국가적·사회적·시대적 요구가 반영될 수 있고, 개별성이 부각되는 '개성'이나 어떤 문제를 새로운 관점에서 해결할 수 있는 '창의성'은 물론이고 규범성이 부각되는 '도덕성'의 측면에 이르기까지 인성 개념의 스펙트럼은 그 폭이 넓다.

인성에 대한 과학적 설명(Erklären)은 심리학의 관점에서 가능하다. 그런데 인성에 대한 심리학적 설명에 기반한 검사도구를 통해서 일정 부분 인성에 대한 진단이 가능하지만 심리학적 관점만으로 인성이 충분하게 해명되는 것은 아니다. 사실 인성의 의미에 대한 심층적인 이해(Verstehen)는 철학을 비롯한 인문학의 관점에서 가능하다. 여기서는 인성에 대한 심리학의 관점이 인문학의 주요 분야인 철학의 관점과 상보성을 지녀야 한다

---

78) 윤영돈, 「효과적인 학교 인성교육의 방향: 범교과 학습과 도덕과 학습의 관계를 중심으로」, 『도덕윤리과교육』 29, 2009, pp.128-131을 중심으로 구성함.

는 점을 지적하고자 한다.

철학과 심리학의 상보성에 대한 논의는 무엇보다 도덕발달의 철학자인 콜버그에서 확인할 수 있다. 콜버그는 도덕 철학과 도덕 심리학의 상보성을 소크라테스와 메논의 대화에서 이끌어 낸다. 플라톤의 대화편 『메논』에서 메논은 소크라테스에게 "덕은 가르쳐질 수 있는가?"라고 묻는다. 이에 대해 소크라테스는 "덕은 무엇인가?"라는 물음의 해명이 선결되어야 한다고 말한다.[79] 여기서 전자의 물음은 도덕성의 형성과 관련되는 도덕 심리학의 물음이라면 후자의 물음은 도덕 철학(즉, 윤리학)의 물음인 것이다. 그리하여 콜버그는 도덕성의 본질에 대한 이해 없이 도덕성의 형성과 관련된 심리학의 연구결과를 곧바로 교육적 처방으로 활용할 경우 일종의 '자연주의적 오류(naturalistic fallacy)'[80]라 할 수 있는 '심리학자의 오류'를 범한다고 보았다.[81] 여기서 덕 혹은 도덕성은 인성으로 대체할 수 있고, 그럴 경우 인성에 대한 심리학적 접근이 범할 수 있는 오류는 동일하게 나타난다. 다시 말해서 '인성이 무엇인가?'에 대한 철학적 이해를 바탕으로 '인성은 어떻게 형성되는가?'를 논의할 수 있다는 것이다. 때문에 인성에 대한 과학적 사실을 곧바로 교육적 처방이나 교육적 목적의 근거로 사

----

79) Plato, Hamilton, E. & Cairns, H.(eds.), *Meno/Phaedrus in Plato : Collected Dialogues(I-II)*, MA: Princeton Univ. Press, 1980, 70a-d.

80) 자연주의 오류란 흔히 "사실(존재)에서 당위를 이끌어 내는 오류"를 말한다. 도덕은 사실(존재)의 층위에 근거하지 않는다는 것이다. 이러한 문제의식은 칸트의 다음과 같은 주장에서 확인할 수 있다. "내가 행해야만 할 것(was ich tun soll, what I ought to do)에 대한 법칙들을 행해진 것(was getan wird, what is done)에서 도출하거나 그것을 가지고 제한하려고 하는 것은 가장 비난받을만한 일이다." Kant, I., 백종현 옮김, 『순수이성비판』*(KrV)*, 서울: 아카넷, 2006, S.325(A 319, B 375).

81) Kohlberg, L., *Essays on Moral Development Vol.1 : The Philosophy of Moral Development*, NY: Harper & Row, 1981; Kohlberg, L., 김민남 외 옮김, 『도덕발달의 철학』, 서울: 교육과학사, 2004, pp.12-13, 31-32, 41-42, 106-111.

용하는 태도를 경계할 필요가 있다.

사실 인성은 심리학적 관점에서 해명할 수 있는 사실적 차원의 측면도 있지만 철학적 관점에서 이해할 수 있는 규범적 차원의 측면도 있다.[82] 가령, 『중용(中庸)』의 "하늘로부터 부여 받은 것이 성이고, 성을 따르는 것을 도라 하며, 도를 닦는 것이 교육이다(天命之謂性, 率性之謂道, 修道之謂 敎)."라는 언급에서 우리는 인성[性]이 초월적인 것으로서 모든 인간에게 부여된 것이고, 인성교육은 그러한 인간의 초월적 본질을 실현하는 것을 목표한다고 말할 수 있다. 이런 맥락과 유사한 서양철학의 담론은 칸트에 게서 확인할 수 있다. 칸트에 따르면 "지적 자발성"의 근거이자 더 나아가 "행위의 자발성"의 근거인 "초월적 자아"는 과학적 탐구의 대상이 아니다. 과학적 탐구의 대상이 될 수 있는 것은 개별적이고 사실적인 경험적 자아이다. 그런데 초월적 자아의 자발성은 경험적 자아 속에서 실현된다는 점에 주목할 필요가 있다. 다시 말해서 초월적 자아에 근거한 보편적인 인격성(Persönlichkeit)은 과학의 대상이 될 수 없지만 개별적이고 사실적인 인격(Person)은 과학의 대상이 될 수 있다. "인격성은 오직 자율적인 의지를 통해서만 사실 인격 속에서 실현된다."[83] 이렇게 칸트는 인간의 인성이 예지계(자유의 세계)와 감성계(사실의 세계)에 공존하되, 언제나 예지계에 상정된 인격성이 감성계의 개별적 인격을 통해 추구되어야 할 규범성의 근거로 보았다. 그 역은 이른바 자연주의적 오류를 범하게 된다. 즉, 경험이나 사실의 문맥에서는 우리가 추구하고 따라야 할 인성의 규범성이 도출될 수 없다는 것이다.[84] 물론 인성에 대한 과학적 사실은 인성을 진

---

82) 장성모, 「인성의 개념과 인성교육」, 『초등교육연구』 10집, 1996, pp.12-14.
83) 김영래, 「서양 고대 및 근대 철학적 관점의 인성개념과 인성교육」, 『인성교육』, 파주: 양서원, 2008, pp.144-145.
84) 자연주의 오류란 흔히 "사실(존재)에서 당위를 이끌어 내는 오류"를 말한다. 도덕은 사실(존재)의 층위에

단하는 데 유용하고 참고할만한 설명력을 제공한다. 하지만 그러한 과학적 사실이 곧바로 누구나 따라야 할 당위라는 보편적 처방의 근거가 되는 것은 아니다.

다만 현재 한국사회의 학교급별 학생의 인성을 진단한다는 차원에서 인성에 대한 경험적 연구의 관점을 활용하고자 한다. 경험적 연구에서는 대체로 인성의 구성요인을 "도덕성, 사회성, 정서"로 간주하는 경향이 있다.[85]

▶ 학교급별 학생의 인성 실태[86]

학교급별 학생들의 인성 실태를 파악하기 위해 인성검사도구 개발과 이 도구를 통한 학교급별 인성 진단 결과를 살펴볼 필요가 있다.

먼저 지은림 외의 인성검사도구(3영역 7요인, 60문항)[87]를 바탕으로 개발한 3영역 4요인 모델 인성검사 결과를 살펴보고자 한다. 정창우 외는 선행연구의 본검사 60문항 중 40문항을 선정하여 예비조사를 실시한 후 최종 구인 모델(24문항)을 확정하였다.[88] 인성의 구인을 크게 도덕성, 사회성, 정체성으로 잡았으며, 다시 도덕성은 규칙의 도덕(정직, 준법, 책임)과

근거하지 않는다는 것이다. 이러한 문제의식은 칸트의 다음과 같은 주장에서 확인할 수 있다. "내가 행해야만 할 것(was ich tun soll, what I ought to do)에 대한 법칙들을 행해진 것(was getan wird, what is done)에서 도출하거나 그것을 가지고 제한하려고 하는 것은 가장 비난받을만한 일이다." I. Kant, *KrV*, S.325(A 319, B 375).

85) 고미숙, 「도덕철학적 관점의 인성교육」, 『인성교육』, 파주: 양서원, 2008, pp.196-197; 천세영 외, 『인성교육 비전 수립 및 실천 방안 연구』, 교육과학기술부 정책연구(2012-41), 2012, pp.48-53; 지은림 외, 『인성지수 개발 연구』, 교육부, 2013, pp.157-158; 2014, pp.104-108; 정창우 외, 『학교급별 인성교육 실태 및 활성화 방안』, 교육부 2013년 정책연구개발사업, 2013.

86) 윤영돈, 「학교급별 인성수준과 고교 인성교육의 방향 설정 : 고교 인성교육 창의 융합과제 연구결과를 중심으로」, 한국교원교육학회, 『한국교원교육연구』 32권 4호, pp.156-168을 중심으로 구성함.

87) 지은림 외(2013).

88) 정창우 외(2013).

148 전통 인성교육이 해답이다

관습의 도덕(효, 공경)으로 구분되며, 사회성은 봉사 및 협력, 개방성 및 소통(타인 및 타문화 이해) 그리고 공감과 결부되어 있으며, 정체성은 자기이해, 자기존중, 자기조절로 구성된다.[89] 이 연구에 수도권 초등학교(5~6학년) 211명, 중학교(1~3학년) 311명, 고등학교(2학년) 289명, 총 712명이 참여하였다. 학교급별 인성지수를 비교할 때, 인성을 구성하는 4요인, 즉 사회성, 정체성, 규칙의 도덕, 관습의 도덕 모두에서 초등학생이 가장 높은 수준으로, 중학생은 가장 낮은 수준으로 나타났다. 학교급별 인성지수 결과를 종합하면 초등학교에서 중학교로 학교급이 올라가면 급격하게 인성의 모든 지수들이 급락하지만, 고등학교에서는 일정 부분 회복되는 V자 유형을 보여주고 있다. 하지만 정체성과 규칙의 도덕에서는 부분적으로 개선되는 사선형(L자형)의 모습을 보이고 있다.

초등학교에서는 관습의 도덕(3.57)이 가장 높고, 다음으로 사회성(3.33), 규칙의 도덕(3.31)이 뒤따르고, 정체성(3.15)이 가장 낮다. 중학교에서는 관습의 도덕(3.45)이 가장 높고, 다음으로 규칙의 도덕(3.19), 사회성(3.17)이 위치하고, 정체성(2.97)이 가장 낮다. 고등학교에서는 관습의 도덕(3.5)이 가장 높고, 그 다음으로 사회성(3.27), 규칙의 도덕(3.22)이 이어지고, 정체성(2.99)이 가장 낮다. 관습의 도덕은 초·중·고 모두 가장 높게 나타난 데 비해, 정체성은 초·중·고 모두에서 가장 낮게 나타났다. 정체성은 자신에 대한 이해나 감정 및 자기조절 능력을 포함한다. 다시 말해서 정체성을 구성하는 자기이해, 자기존중, 자기조절 같은 하위구인은 사회성이나 도덕성보다도 낮은 것으로 나타난 것이다.

다음으로 한국교육개발원(KEDI) 인성검사[90]를 살펴보고자 한다. KEDI

---

89) 정창우 외(2013), pp.86-87 참고.
90) 현주 외, 『KEDI 인성검사 실시요강』, 한국교육개발원 연구자료 ORM 2014-111, 2014.

인성검사 도구는 10개의 인성덕목을 포함하는 총 70개 문항으로 구성되어 있다. 하위요인으로서 인성 덕목은 자기존중, 성실, 배려·소통, (사회적) 책임, 예의, 자기조절, 정직·용기, 지혜, 정의 그리고 시민성이다. 인성이란 개인 및 사회적으로 요구되는 바람직한 성격 특질뿐만 아니라 인성 역량을 포함하는 것으로 보고자 했다.[91] 특히 각 문항에는 가능한 한 인지적 측면보다는 역량(competency)을 반영하고자 했다. KEDI 인성검사의 기본구성을 보면, 자기존중, 성실, 배려·소통, (사회적) 책임, 예의, 자기조절, 정직·용기, 지혜, 정의, 시민성 등 총 10가지 하위요인에 총 70개의 문항으로 이루어져 있다. KEDI 인성검사는 전국 68개교 약 2,000여명의 초(5학년), 중(2학년), 고(1학년) 학생을 대상으로 예비검사를 실시한 후, 본검사 문항을 선정하여 전국 1,184개교 약 40,000명의 초(5학년), 중(2학년), 고(1학년) 학생을 대상으로 대규모 본검사를 실시하였다.[92]

KEDI 인성검사 결과에서 알 수 있듯이 10개의 인성덕목 모두에서 초등학교가 중학교나 고등학교에 비해 인성수준이 가장 높다. 반면 중학교는 '자기존중'이라는 인성덕목을 제외하고는 인성수준이 가장 낮다. 그런가 하면 고등학교는 초등학교에 비해 인지적 역량이나 사회적 역량이 증가함에도 불구하고 인성수준이 초등학교보다 낮았다. 학교급별 학생의 발달상황과 학교급별 특수성을 고려한 인성교육 대책이 필요한 대목이다. 전반적으로 중학교에서 인성수준이 아주 낮게 나타난 이유로 우리는 "사춘기의 도래, 자아정체성의 혼미, 가정에서 사회로 삶의 범위가 광범위해짐에 따른 가치관의 혼란, 자기 자신이나 주변에 대한 부정적 평가 등" 다

---

91) KEDI 인성검사 연구팀은 그동안 인성교육 학자들이 보편적으로 중요하다고 주장하는 덕과 역량, 학교교육을 통해 기르고자 하는 덕과 역량, 그리고 학교 구성원들(교사, 학부모, 학생)이 현재 시급하게 요구된다고 생각하는 덕과 역량 등을 종합적으로 고려하여 인성의 핵심 하위요인들을 설정했다고 말한다(현주 외(2014), p.6).
92) 현주 외(2014), p.11.

양한 이유에 근거한 것으로 보인다.[93] 한편, 고등학생의 인성수준이 중학생에 비해서는 전반적으로 향상되기는 했지만 초등학생에 비해 떨어진다는 문제점을 어떻게 개선할 것인가도 과제이다. 사실 기존의 인성교육 프로그램이 주로 초등학교에 집중되었고, 그렇다고 그러한 프로그램이 대학 진학을 준비하는 고등학생에게는 실효성이 떨어질 수 있다.

표 3-1 | G고등학교 인성구인 평균　　　　　　　　　　　　(5점 리커트 척도)

평균/표준편차　　　　　　인성구인	평균	표준편차
자기존중	3.64	.88
성실	3.12	.73
배려·소통	3.75	.64
책임	3.81	.72
예의	3.96	.66
자기조절	3.58	.73
정직·용기	3.78	.68
지혜	3.64	.74
정의	3.91	.74
시민성	3.73	.64

G고등학교에서 교과목별 내신등급과 인성구인 간 상관연구 결과는 고등학교에서 인성교육을 어떻게 접근할 것인가에 대한 심각한 문제의식을 갖게 한다. 이 연구는 KEDI 인성검사(현주 외, 2014) 10개의 구인별로 5문항을 선정하여, G고등학교 2학년(411명)을 대상으로 실시한 설문조사 결

---

93) 현주 외(2014), pp.31-32.

과를 분석하였다. 인성구인 가운데 '예의'의 평균이 가장 높았고, '성실'이 상대적으로 가장 낮았다. G고등학교 교과목별 내신등급과 인성구인 간 상관은 〈표 3－2〉와 같다.[94]

표 3-2 | G고등학교 교과목 내신등급과 인성구인 간 상관

인성구인 \ 교과목	문학 (N=332)	미적분1 (N=332)	확률 통계 (N=207)	영어 (N=332)	지구 과학 (N=331)	화학 (N=207)	세계 지리 (N=125)	윤리와 사상 (N=125)	사회과학 방법론 (N=125)
자기존중	-.145**	-.171**	-.190**	-.191**	-.185**	-.203**	-.155	-.067	-.074
성실	-.102	-.107	-.159*	-.132*	-.079	-.202**	.088	.176*	.117
배려·소통	-.156**	-.126*	-.202**	-.171**	-.142**	-.231**	-.060	.036	.051
책임	-.277**	-.268**	-.285**	-.280**	-.235**	-.299**	-.195*	-.086	-.068
예의	.003	-.055	-.097	-.037	-.063	-.105	-.004	.074	.119
자기조절	-.080	-.082	-.080	-.078	-.027	-.071	-.028	.076	.079
정직·용기	-.057	-.026	-.034	-.069	-.037	-.055	.000	.094	.061
지혜	-.204**	-.122*	-.136	-.180**	-.161**	-.167*	-.100	-.040	-.061
정의	-.069	-.060	-.103	-.043	-.101	-.100	.006	.093	.027
시민성	-.177**	-.097	-.140*	-.149**	-.140*	-.126	-.215*	-.065	-.068

(N=332 문이과 공통교과목, N=207 이과교과목, N=125 문과교과목)
*. 상관이 0.05 수준에서 유의합니다(양쪽). **. 상관이 0.01 수준에서 유의합니다(양쪽).

〈표 3－2〉에서 교과목별 내신등급과 인성구인 간 상관계수가 마이너스(－)로 나오는 것은 교과목 내신등급이 9보다는 1로 가까이 갈수록 성

----

94) 〈표 1〉과 〈표 2〉에 관하여는 윤영돈(2016), pp.166-167 참조.

적이 좋다는 의미이기 때문이다. 그런데 대부분 상관관계 계수가 ±0.2 미만이므로 교과목별 내신등급과 인성구인 간에는 거의 상관관계가 없다. 이는 고등학교 개별 교과 교육과정이 학생의 인성함양에 실질적인 도움을 주지 못한다는 하나의 반증이다. 물론 인성구인 중 '책임'의 경우, 상관관계 계수가 ±0.2~0.3에 속하는 몇몇 교과목에서 낮은 상관관계가 발견된다. 하지만 놀랍게도 인성구인과 친화력이 있을 것으로 예상되었던 '윤리와 사상'은 책임과 직접적으로 상관이 없었으며, 오히려 화학, 확률통계, 미적분1 혹은 문학과 영어 교과목에서 책임과 낮은 상관관계가 있었다. 여기서 우리는 고등학교 '윤리와 사상' 교과목이 학문중심의 주지교과로 운영되는 문제점을 확인할 수 있다. 그런가 하면 문학이나 영어 교과목은 책임과 낮은 상관관계가 있다는 점은 어느 정도 수긍이 가지만 이과 교과목이 책임과 낮은 상관관계가 있다는 점은 어떻게 설명할 수 있을까. 아마도 문과 교과목보다 이과 교과목에서 정확성과 인내(끈기)와 같은 기능을 보다 더 요구하기 때문에 아닐까. 이는 자연스럽게 책임이라는 인성구인과 일정한 상관관계가 있는 것으로 보인다. 고등학교 개별 교과 교육과정에서 어떻게 학생들의 인성수준을 높일 수 있을 것인가라는 무거운 과제를 확인하게 되는 지점이다.

(2) 청소년의 인성위기와 인격교육의 부활

가. 고전적 인격교육의 관점

플라톤의 『국가』는 펠로폰네소스 전쟁을 겪어가면서 정치적으로 문화적으로 쇠락해 가는 아테네의 재건을 위한 현실 인식에 근거한 저작이다. 특히 청소년의 바른 인성 형성을 위한 교육적 처방이 현저하다. 그런 점에서 플라톤의 『국가』에 나타난 교육론은 인성교육(character education, 인격교육)의 성격을 강하게 띠고 있다.

플라톤은 인성교육을 두 가지 층위로 구분하고 있는데, 일종의 사회화의 과정을 통해 좋은 성품을 지니게 하는 데 초점을 맞춘 교육과 이성 계발에 초점을 맞춘 교육이 그것이다.[95]

초기 인성교육으로서 '시와 예술(무시케)'을 통한 교육은 청소년으로 하여금 올바른 의견과 소신을 갖게 함으로써 건전한 성품을 형성하는 데 주안점을 두고 있다. 플라톤은 그리스 세계의 전통과 가치관의 원천인 시와 음악과 비극 작품을 엄선하여 초기 인성교육으로 제시한다. "좋은 리듬, 좋은 말씨, 조화로움, 우아함이 담겨있는 예술 작품은 청소년으로 하여금 좋은 성격을 갖게 하지만 꼴사나움과 나쁜 리듬과 부조화는 나쁜 말씨와 나쁜 성격을 갖게 한다."고 보았던 것이다(Plato, Republic, 400d−401c, 박종현 역주, 1997). 이렇게 초기 인성교육으로서 시와 예술을 통한 교육은 인간의 영혼을 이루고 있는 이성적인 부분과 기개적인 부분, 그리고 욕구적인 부분이 균형과 조화를 이루게 하는 데 기여할 수 있다.

한편 시와 예술을 통한 올바른 의견과 건전한 성품은 이성적 능력에 의해 보완될 필요가 있다. 마치 다이달로스의 조각상들처럼 의견과 성품은 이성적 근거에 의해 매어 두지 않으면 제멋대로 달아나 버린다는 것이다. 때문에 후기 인성교육은 이성능력의 계발을 통한 이데아 탐구교육을 실시해야 한다고 보았다. 여기서 유의해야 할 점은 올바른 의견과 건전한 성품의 토대 없이 이성능력을 계발하는 방식은 매우 파괴적인 결과를 가져올 수 있다는 것이다. 다시 말해서 플라톤의 청소년의 인성 건강을 위한 인성교육론은 사회화와 자율성이라는 두 층위의 조화를 추구한다는 것이다.

----

95) 윤영돈, 「플라톤의 『국가』에 나타난 도덕교육론」, 한국윤리학회, 『윤리연구』 82호, 2011, pp.301-304.

인성교육의 초기형태는 사회화의 성격이 강한데, 후기형태로 갈수록 자율적이고 보편적인 도덕성 함양에 주안점을 둔다는 것이다. 이러한 인성교육의 목표는 "전통과 습관"의 뜰로부터 "이성"의 궁전으로 나아가는 것을 의미한다.[96]

나. 미국의 인성교육 운동과 시사점

플라톤이 지적했듯이 전통과 습관이라는 사회화를 통한 올바른 의견과 건전한 성품의 토대가 없는 이성의 훈련은 매우 파괴적이고 위험하다. 우리는 도덕적 성품의 토대 위에서 도덕의 합리적 차원을 교육해야 한다는 뼈아픈 깨달음을 1990년대 미국의 인격교육 운동(character education movement)에서 확인할 수 있다. 인격교육이 배제된 도덕적 추론과 가치명료화 접근과 같은 합리적 도덕교육은 미국사회를 도덕의 진공 상태로 만들었다. 변론을 잘하는 시민 육성도 중요하지만 그것은 좋은 인격을 토대로 할 때, 의미가 있는 것이다.[97]

인격교육 운동의 정치철학적 배경으로 자유주의와 공동체주의의 논쟁 과정을 통해 양자가 수렴하는 맥락에도 주목할 필요가 있다. 자유주의의 맥락에서 공동체주의의 강점을 수용한 자유주의적 공동체주의이든, 공동체주의의 맥락에서 자유주의의 강점을 수용한 공동체주의적 자유주의이든 강조점은 다르지만 전통적인 교육에 대한 관심과 그것의 현대적 적용에 관심을 기울인다는 점이다. 가령, 공동체는 인격의 기초이자 덕 계발의 토대가 된다는 점에서 아리스토텔레스적 전통 및 덕교육의 관심은 오늘날

---

96) Peters, R. S., *Moral Development and Moral Education*, 남궁달화 역, 『도덕발달과 도덕교육』, 서울: 문음사, 1998, p.70.
97) Kirschenbaum, H., 추병완 외 역, 『도덕·가치교육을 위한 100 가지 방법』, 2006, 울력.

에도 유효하다. 매킨타이어의 언급처럼 인간은 사회적 존재로서 전통의 소산이자 기여자이며, 전통과 실천의 맥락에서 자신의 이야기를 구성하는 서사적 존재로서 이야기를 하는 존재(story-telling animal)인 것이다.[98] 이런 점에서 한 인간이 소속해 있는 공동체에서 공유해온 전기나 신화나 서사시나 우화 등은 시민교육에 있어서 정체성 형성에 핵심적인 역할을 할 수 있다.[99]

(3) 인성 역량 진단과 인성교육의 가능성[100]

앞에서 살펴본 바와 같이 아테네 재건을 위한 플라톤 교육론의 토대로서 기초가 되는 것이 '시와 예술(무시케)'에 의한 교육인데, 그것은 아테네의 전통문화의 자산을 교육적으로 적용한 것이다. 그런가 하면 오늘날 미국사회의 인격교육 운동 역시 전통교육의 현대적 적용이라는 점에서 어린이·청소년의 인성위기를 극복할 수 있는 전통문화의 재해석과 현대적 적용에 근거한다. 여기서 우리는 전통에 기초한 인성교육의 방향 설정에 대해 논의할 필요성을 확인할 수 있다.

---

98) MacIntyre, A., *After Virtue : A Study in Moral Theory*, Indiana: University of Notre Dame Press, 1981, pp.216-219.

99) 윤영돈, 「학생 인성교육 실태와 교원역량에 관한 요구」, 『인성교육을 위한 교원역량의 실태와 과제』(한국교원교육학회 제67차 춘계학술대회, 전남대학교, 2015.5.16.), 2015, pp.166-167.

100) '온고이지신 교육모형 개발 : 전통사상과 전통교육의 재발견과 재해석을 중심으로'라는 과제 수행을 위한 설문조사개요는 다음과 같다. 초등학생(5~6학년) 505명, 중학생 291명, 고등학생 297명, 대학생 505명을 대상으로 2016.3.2.~15일까지 실시하였다. 전통에 대한 인식과 선호도, 전통교육의 내용 중 가장 필요한 교육내용, 민주적 시민성 등을 묻는 문항으로 구성되어 있다.

가. 인성 역량 진단

인성과 시민성의 관계는 좋은 인간과 좋은 시민의 관계와 같다. 정치체제와 상관없이 '좋은 인간'의 요건은 동일하다는 측면에서 개인적·도덕적 가치 정향이 부각되는 데 비해, '좋은 시민'의 요건은 정치 체제와 밀접한 관련성을 맺기 때문에 공동체·정치적 가치 정향이 부각된다. 때문에 인성과 시민성은 상당 부분 중첩되지만 그 차이가 있다는 점도 기억할 필요가 있다. 다만 자유민주주의 사회에서 헌법적 가치나 인권이 강조된다는 점에서 인성과 시민성은 그 차이가 크지 않다.

인성교육진흥법(2015.1.20.)에 규정된 "인성교육"은 "자신의 내면을 바르고 건전하게 가꾸고 타인·공동체·자연과 더불어 살아가는 데 필요한 인간다운 성품과 역량을 기르는 것을 목적으로 하는 교육"을 말한다. 여기서 인성은 자신의 개인적 성품과 역량은 물론이고, 관계적 성품과 역량을 포괄하고 있다. 관계적 성품과 역량은 대인관계역량과 공동체역량으로 세분할 수 있다.[101] 유덕한 시민의 인성을 진단할 수 있는 영역 및 구인을 전통사상에 기초하여 본 연구진이 제안한 틀은 〈표 3-3〉과 같다.[102]

---

101) 정창우, 『인성교육의 이해와 실천』, 파주: 교육과학사, 2015.

102) 심승우·윤영돈·지준호·함규진, 「전통교육의 현대화와 정치교육모델의 구성원리」, 『한국철학논집』 54, 2017, pp.246-247 참고.

표 3-3 | 전통에 기초한 인성영역 및 인성구인

영역	구인	의미 및 기능
유덕한 시민의 개인역량 [修己/明明德]	성찰	자신과 주변을 반성적으로 사고하고, 실천하고자 하는 수기(修己) 능력
	자존	자아정체성과 자신감을 가지고 자신의 삶과 진로를 주도적으로 관리하는 능력
유덕한 시민의 대인관계역량 [治人/親民]	공감	상대방의 처지에 대해 감정이입을 하고, 상대방의 의견을 경청할 수 있는 능력
	배려	사회정서적 기술을 활용하여 타인의 필요를 헤아리고 그 요구에 반응하는 능력
유덕한 시민의 공동체역량 [止於至善]	상생	서로 다른 둘 이상이 서로를 북돋우며 다 같이 잘 살아가게 하는 능력
	공존	사상, 문화, 인간, 집단, 국가 등 대립되는 양자의 조화를 추구할 수 있는 능력

〈표 3-3〉에서 추론할 수 있듯이, 개인역량으로서 성찰과 자존은 개인적 인성이자 정치적 역량의 기초라 할 수 있다. 자존은 주체성의 측면에서, 성찰은 자기통치능력으로서 민주적 인성의 기본적 토대라 할 수 있다. 대인관계역량으로서 공감과 배려는 상대방의 처지에 대한 감정이입능력과 타인의 필요를 헤아리고 그 요구에 반응하는 능력으로서 이기심과 독단적 판단을 지양(止揚)하고 차이와 다양성의 존중과 조화라는 민주시민의 정치적 능력의 중요한 토대이다. 이는 타인에 대한 존중과 신뢰 및 평등의 가치에 기반한 정치적 평등성에 대한 능력으로 확장될 수 있는 민주시민의 인성역량이라 할 수 있다. 공동체역량으로서 상생과 공존은 사회 구성원 간의 갈등과 대립의 타협점을 형성하고 유지하면서 발전적인 사회통합을 일구어낼 수 있는 공동체의식의 인성적 토대이다. 더 나아가 다문화 사회에서 구성원 간의 유대감 내지 결속력

의 중요한 토대이며, 자연과 인간 간의 생태지속가능성을 담보하는 인성역량이다.

영역의 구인별 문항에 대한 평균(5점 리커트 척도)과 표준편차는 〈표 3-4〉와 같다.

표 3-4 | 인성구인별 문항 결과 분석

영역	구인	문항	평균	표준편차	비고
개인 역량	성찰	나는 종종 나의 말과 행동이 바람직했는지 되돌아본다.	3.93	0.82	4.01	평균 (3.82) 표준 편차 (0.59)
		나는 이익을 추구하는 것보다 옳음을 추구하는 게 중요하다고 생각한다.	3.87	0.90		
		나는 사회에서 성공하기 전에 사람됨을 갖추는 게 중요하다고 생각한다.	4.23	0.87		
	자존	나는 내가 어떤 사람이 되고 싶은지를 잘 알고 있다.	3.78	1.07	3.62	
		나는 매사에 긍정적인 생각과 태도를 가진다.	3.65	0.98		
		나는 화가 나거나 기분이 나빠도 나의 감정을 잘 다스린다.	3.45	0.98		
대인 관계 역량	공감	나는 다른 사람의 감정을 살피고 관심을 갖는다.	4.03	0.80	3.93	평균 (3.86) 표준 편차 (0.59)
		나는 관계가 좋지 않은 친구의 의견도 경청하고 대화할 수 있다.	3.59	0.97		
		나는 타인과 대화할 때 고개를 끄덕이거나 '응' 혹은 '그래'라는 표현을 한다.	4.17	0.86		
	배려	나는 대중교통을 이용할 때, 노약자에게 자리를 양보한다.	4.00	0.89	3.74	
		나는 친구가 어려움에 처하면 끝까지 도와줄 것이다.	3.88	0.83		
		나는 낯선 사람에게 다가가 의사소통하는 것이 어렵지 않다.	3.35	1.18		

공동체 역량	상생	나는 우리 사회가 가정과 직장에서 남녀평등이 이루어져 있다고 본다.	3.01	1.26	3.64	평균 (3.55)
		나는 대기업이 중소기업의 고유한 사업 영역을 보호한다고 생각한다.	3.81	0.96		
		나는 산이나 강 혹은 동물이나 식물에게서 아름다움을 종종 느낀다.	4.10	0.91		
	공존	나는 우리 사회가 전통적 가치와 서구적 가치의 조화를 추구하고 있다고 본다.	3.28	0.99	3.45	표준 편차 (0.62)
		나는 피부색이 다른 외국인 근로자가 옆집에 사는 것이 불편하지 않다.	3.96	1.03		
		나는 남한이 북한과 이념적으로 대립하지만 상호공존을 위해 노력하고 있다고 본다.	3.12	0.61		

유덕한 시민의 인성 가운데 개인역량(3.82) 및 대인관계역량(3.86)은 다소 양호한 편이지만 공동체역량(3.55)은 상대적으로 미흡한 편이다.

개인역량 가운데 "나는 종종 나의 말과 행동이 바람직했는지 되돌아본다"는 자아에 대한 성찰능력에 대해서는 상당히 높은 수준(3.93)을 기록했다. 이는 자신의 성찰능력에 대한 자신감을 가지고 타인과의 관계를 의식하며 노력하는 것으로 해석할 수 있다. "나는 이익을 추구하는 것보다 옳음을 추구하는 게 중요하다고 생각한다"는 항목 역시 3.87을 기록, 사익보다는 공익을 우선시하는 정의감의 중요성을 인지하고 스스로도 그런 원칙에 동의하고 노력하고 있는 것으로 해석할 수 있다. 또한 "나는 사회에서 성공하기 전에 사람됨을 갖추는 게 중요하다고 생각한다."는 항목에 대해서는 4.23이라는 대단히 높은 긍정적 응답을 나타낸 바, 세속적 이익과 성공보다도 우선적으로 도덕적 인성을 갖추는 것을 중시하는 것으로 평가할 수 있다. 그만큼 도덕적 존재로서 완성된 인격을 갖추는 노력의 중요성을 인지하고 있으며 동시에 자신이 스스로 그런 존재가 되기를 희망하거나 노력하고 있다는 것을 암시하기 때문이다. "나는 내가 어떤 사람이 되고 싶은지를 잘 알고 있다"는 항목에 대해서도 3.78의 긍정적 특징이 나타났으며 "나는 매사에 긍정적인 생각과 태도를 가진다"는 응답에 대해서도 기본적으로 긍정적 응답(3.65)이 높았다. 다만 정서적 안정과 공감능력을 평가하는 "화가 나거나 기분이 나빠도 나의 감정을 잘 다스린다"는 문항(3.45)은 개인역량과 관련된 다른 문항보다는 상대적으로 낮았다.

대인관계역량의 구인으로서 공감과 배려 등과 관련한 문항 중 "나는 다른 사람의 감정을 살피고 관심을 갖는다(4.03)" 그리고 "나는 타인과 대화할 때 고개를 끄덕이거나 '응' 혹은 '그래'라는 표현을 한다(4.17)"처럼 심리적 공감과 적극적인 동조를 의미하는 동의의 표현능력에 높은 응답을 보였다. 아울러 "나는 친구가 어려움에 처하면 끝까지 도와줄 것이다(3.88)"라는 항목 역시 긍정적으로 평가할 수 있지만 앞의 항목과 비교할 때에 상대적으로 자기희생과 봉사능력에 대한 자신감은 낮아 보인다. 한편, "나는 대중교통을 이용할 때, 노약자에게 자리를 양보한다(4.00)"는 항목 역시 '몸이 불편한 노인'으로 상징되는 사회적 약자에 대한 배려도 높은 수준으로 평가되며 그 외의 아동이나 장애인, 임신부 등에 대한 배려도 높을 것으로 짐작된다. 한편 "나는 사이가 좋지 않은 친구의 의견도 경청하고 대화할 수 있다(3.59)"는 응답은 긍정적인 지수이기는 하지만 다른 문항에 비해 상대적으로 낮게 나왔다. 이는 의견의 불일치와 타자와의 갈등을 원만하게 해결해 나가는 능력은 좀 더 보완될 필요가 있는 대목이다. 특히, "나는 낯선 사람에게 다가가 의사소통하는 것이 어렵지 않다(3.35)"는 응답은 낮은 편이다. 때문에 친밀도가 낮은 타인과의 소통과 교감능력을 제고하는 것은 중요한 과제로 보인다.

공동체역량의 구인으로 상생 및 공존의 문제는 우리 사회의 공정성과 민주주의 수준에 대한 평가이기도 하다. "나는 우리 사회가 가정과 직장에서 남녀평등이 이루어져 있다고 본다(3.01)", "우리 사회가 전통적 가치와 서구적 가치의 조화를 추구하고 있다고 본다(3.28)", "남한이 북한과 이념적으로 대립하지만 상호공존을 위해 노력하고 있다고 본다(3.12)"는 문항의 경우, 긍정적 응답이 상당히 낮은 편이다. 이는 한국사회의 공동체역량에 대해 긍정적 사고가 낮은 것이며, 동시에 우리 사회의 통합 역량에 대해서도 점수를 미흡하게 부여한 것이다. 더구나 "나는 대기업이 중소기업의 경제적 이익을 더 많이 보호해야 한다고 생각한다(3.81)"는 응답이 높게 나온 것은 시장의 경쟁관계 속에서 강자와 약자 간 경쟁이 공정하지 못하다는 것을 암시하는 것이며, 중소기업 등 불리한 위치에 있는 행위자들에게 국가가 보다 적극적인 시정조치와 경제적 복지정책을 추진해야 한다는 입장으로 해석할 수 있다. 한편, "나는 산이나 강 혹은 동물이나 식물에게서 아름다움을 종종 느낀다(4.10)"는 응답은 매우 높게 나타났다. 이는 인간 공동체를 넘어서 자연과의 일체감, 자연과의 상생 노력을 중시한다는 것으로 이해할 수 있다. "나는 피부색이 다른 외국인 근로자가 옆집에 사는 것이 불편하지 않다(3.96)"는 문항에 대해 긍정적 응답률이 높은 것은 청소년층이 어릴 때부터 다문화 교육 등을 받아 외국인에 대한 상대적인 거부감이 낮고 다문화 가정 자녀 및 외국인을 차별하지 않고 이웃으로 인정하고 살아가야 한다는 의무감도 반영된 것으로 보인다. 끝으로 "나는 남한이 북한과 이념적으로 대립하지만 상호공존을 위해 노력하고 있다고 본다(3.12)"는 문항에 대한 응답은 낮았으며, 남북한 간 상호 공존을 위한 노력이 요구됨을 읽어낼 수 있다.

나. 인성교육의 접근방향

문화는 의식적이든 무의식적이든 삶의 양식이자 사고방식의 원천이다. 문화는 인간에 의해 창조된 것이기는 하지만 창조된 문화는 인간성을 형성하는 도야재의 기능을 한다. 전통과 도덕규범은 분리될 수 없다. 사실 전통의 단절은 사회생활과 문화생활의 기준과 판단에 혼란을 가져온다. 본래 도덕규범은 전통문화를 기반하며, 현대사회에 이르러서도 우리가 지향할 가치는 전통문화에 기반할 필요가 있다.[103]

본 연구진의 설문조사에 따르면 한국사회의 초·중·고·대학생의 전통문화에 대한 관심 및 선호도와 관련하여 전체 평균(3.05)은 보통 수준이었고, 전통문화에 대한 경험은 2.32로 낮았으며, 실제적인 체험 수준도 대적으로 낮았다. 그러나 놀라운 것은 전통에 대한 자부심이 3.87로 상당히 높았다는 점이다. 한국사회의 학생들이 전통문화보다는 서구문화에 친숙하고 경도되어 있을지라도 전통에 대한 강한 자부심이 표현된 대목은 전통문화 내지 사상을 현대적으로 재해석하여 교육할 필요가 강하게 요구되는 지점이다.

오늘날 우리가 보존하고 발전시킬 필요성이 있는 전통요소에 대한 복수의 응답 결과, 한복 및 한식과 같은 실생활과 관련된 요소에 대한 응답률은 34.48%였고, 효도와 예절에 대한 응답률은 24.74%였다. 요컨대 이는 일상적이고 인간관계와 연관된 전통의 필요성과 중요성을 보다 강하게 인지하는 것으로 추론할 수 있다. 물론 초등학교, 중학교, 고등학교, 대학교 수준에서 현실적인 중요도를 갖는 이슈나 주제는 상대적으로 다양할 수 있으므로, 전통문화 내지 사상을 재해석하여 적용하되, 학교급별로 친숙한 주제를 선별하여 접근할 필요가 있다.

---

103) 진교훈, 『윤리, 사람다움의 길을 찾아서』, 서울: 가람문화사, 2016, pp.190-191.

전통문화의 필요성 및 활용성에 대해서는 평균 3.65를 보였는데, 이와 관련한 물음 가운데 "우리 국민들은 전통을 더 잘 알기 위해 노력해야 한다고 생각한다"는 문항에 대한 긍정적 응답(4.06)이 높았다. 이와 유사한 물음, "우리 국민들은 전통을 더욱 잘 계승하고 발전시켜야 한다고 생각한다"는 항목에 대해서도 높은 수준의 긍정적인 응답(4.06)을 보였다.

전통교육의 내용 중 가장 필요한 교육내용으로 도덕과 인성(38.8%), 예술활동 및 놀이문화(22.9%), 의사소통 및 대인관계능력(20.6%)의 비중이 압도적으로 높게 나타났다. 반면에 전통교육의 상징으로 볼 수 있는 공자와 맹자의 사상이나 저서 등 고전에 대한 이해는 7.91%에 불과했다. 여기서 우리는 효과적인 인성교육을 위한 전통적 접근은 지식 중심으로는 큰 한계를 가져올 수밖에 없고, 도덕과 인성을 제고하거나 예술활동 및 놀이문화를 체험하며, 더 나아가 의사소통 및 대인관계능력을 제고할 수 있는 교수·학습방법의 개발이 요청됨을 알 수 있다.

특히 문항 가운데 가령, 3.5 미만의 응답률을 나타낸 경우로 "나는 화가 나거나 기분이 나빠도 나의 감정을 잘 다스린다(3.45)" 혹은 "나는 낯선 사람에게 다가가 의사소통하는 것이 어렵지 않다(3.35)"에서 알 수 있듯이 대인관계역량과 관련하여 분노나 스트레스 극복능력, 감정조절능력, 의사소통능력 등의 향상에 기여할 수 있도록 전통사상에 기반한 방법론을 적극 구안할 필요가 있다. 더 나아가 공동체역량과 관련하여 "나는 우리 사회가 가정과 직장에서 남녀평등이 이루어져 있다고 본다(3.01)", "나는 우리 사회가 전통적 가치와 서구적 가치의 조화를 추구하고 있다고 본다(3.28)", "나는 남한이 북한과 이념적으로 대립하지만 상호공존을 위해 노력하고 있다고 본다(3.35)"에 대한 응답은 저조한 편이다. 전통사상에 기초한 남녀평등의 지향 모델이나 전통적 가치와 서구적 가치의 조화 모델이 제시될 필요가 있으며, 남북한의 이념적 대립과 갈등을 극복하고 상호 공존을 위한 전통문화의 재해석이 요구되는 대목이다.

끝으로 본 연구진에서 실시한 설문조사 결과 중 사회적·경제적으로 성공하기 전에 인격수양과 도덕성 함양이 중요하다고 생각하는 응답 수준이 유의미하게 높았다는 점을 주목할 필요가 있다. 이는 전통문화에 근거한 인성교육의 가능성을 제시하는 대목이며, 학교급별 학생의 지적·정의적 발달단계에 부합한 방식으로 효과적인 인성교육 프로그램을 기획하고 적용하며 평가 및 환규 과정을 거쳐 활용할 필요가 있다.

전통교육의 현대화

제4장

전통교육의 현대화

왜 전통교육인가?

현대 한국사회는 급격한 산업화와 핵가족화, 맞벌이 부부의 증가로 인해 가정교육이 소홀해지고 있고, 자녀들은 자립심과 의지력이 부족하고 인내심이 결여되어 충동적으로 되는 경향이 있다.[1] 이와 더불어 교육은 지나치게 경쟁적이고 지식과 기능 위주의 교육에 치중하고 있다. 이로 인해 공교육이 제자리를 잃고 사교육의 영향력이 커지면서 소득의 양극화가 교육의 양극화로 연결되어 교육기회의 불평등 문제가 제기되고 있다.[2] 이런 상황 속에서 교육의 역할은 시대와 사회의 고통을 치유하고 극복할 수 있는 주체를 길러내는 역할임에도 불구하고 초중등교육과정에서는 입시

---

1) 김성일, 「청소년의 뇌는 특별하다」, 『한국마음두뇌교육학회 춘계심포지움 자료집』, 2012.
2) 권영임, 「율곡과 다산의 교육사상이 현대아동교육에 주는 의미고찰」, 『교육연구논총』 24권 2호, 2013.

위주의 주입식 교육과 고등교육과정에서는 분과학문들로 구획된 편협한 학문만을 공부하도록 강제당하는 현실이다. 특히 대학은 취업난 속에서 사실상 스펙을 쌓기 위한 고급학원으로 전락한지 오래이며, 더 이상 학문의 탐구나 고차원적인 정신과 인격 수양의 장으로써의 전통적 의미를 상실해 가고 있다.

한편, 현재까지 정치교육 및 시민성 교육은 근원적으로 서구적, 근대적 연원에서 비롯된 자유주의와 민주주의, 자본주의 교육모형에 상당 수준 의존해 온 것이 사실이다. 모든 것이 합리적인 계약의 산물이라는 서구적 근대 의식은 단순히 정치의 영역뿐만 아니라 자유주의 문화의 확산을 통해 철저하게 개인주의와 이기적 욕망을 삶과 사회의 동력으로 유포시키면서 일상생활 속에서도 돈과 재산, 신분과 직업, 권력, 가격 같은 객관적인 지표가 사람 사이의 인간적 관계나 유대감 등을 압도하게 만들고 있다. 인간성의 실현이자 덕성의 구현으로서 인격적 자유 개념은 축출되고 오직 개인의 권리(사익) 추구로 환원된다. 모든 정치적 논쟁의 최후 판단은 '권리'이며 모든 사회적 논쟁의 트럼펫 카드는 '개인'이다. 정치에 대한 이러한 근대적, 자유주의적 관념의 확산은 삶과 정치에 대한 학생─시민들의 왜곡된 신화를 재생산하고 있다.

때문에 최근의 시민의 정치적 무관심과 무능력, 정치적 소외, 정치부패 문제, 물질과 소비에 압도당하는 공공선과 공적 미덕, 인간 소외 등 서구적 정치문화가 야기해 온 한계를 넘어설 수 있는[3] 전통교육의 혁신과 현대화가 요청된다. 이는 현실의 실존적, 도덕적 위기와 병폐를 치유하는 하나의 통로로서 시대적 요청에 대한 적극적인 화답의 노력이다. 앞에서

---

3) 서구의 자유주의적 대의민주주의의 변질과 한계를 주체와 인성, 제도, 구조 등의 영역에서 비판한 저서로는 'Mouffe, Chantal, *The Democratic Paradox*, Verso, 2000' 등을 들 수 있다.

살펴본 것처럼, 오늘날 미국사회에서 새롭게 불고 있는 인성교육 운동 역시 플라톤과 아리스토텔레스의 교육·정치철학에 기반한 전통교육의 현대적 적용이라는 점에서 전통문화에 대한 재해석과 현대적 적용에 근거하고 있다.

그러나 현대사회의 병폐를 치유하고 한국적인 민주시민의 형성을 위한 전통교육의 현대화 노력은 미약한 것이 사실이다. 과연 전통의 어떤 가치와 사상, 실천들이 한국적인 민주적 주체의 형성과 혁신에 기여할 수 있는지, 현대적 함의를 갖는 전통교육의 내용과 방식의 결합으로서 교육체계는 어떠해야 하는지가 본 연구의 궁극적인 문제의식이다.

물론 전통교육 역시 현대적 의미에서 극복해야 할 한계를 가진다. 일각에서는, 유교적 교육체계는 경계(境界)적, 종법적, 친정적 성격이 강했으며, 경전 공부나 수양은 지나치게 정신세계를 향하게 하여 추상적이고 유심론적인 한계를 노정했다고 비판해 왔다. 전통 유학이 심성의 도리를 인식하는 고차원적인 사상으로 경도되었고, 형이상학적인 성격이 강했다는 지적도 있어 왔다. 그러나 이런 지적과 한계는 전통교육의 부정적인 측면을 지나치게 일반화시키거나 부분적 특징을 과장하고 있다는 판단이다. 더구나 전통교육을 시대적 맥락에 맞게 재해석하고 재구성하려 한다면, 당대의 시대적 한계를 정확하게 인식하고 극복하는 것이 생산적이다.

그러므로 현재 서구적인 성격으로 변해버린 우리의 생태문화적 환경 속에서 과연 우리의 전통시대의 생태환경에 적합했던 전통교육의 원리와 내용들을 어떻게 현 시대에 맞게 변용하느냐 하는 점 역시 중요한 과제가 될 것이다.[4] 이에 대해서 우리는 앞의 연구에서 개괄적으로 살펴본 바 있

---

4) 서구와 동양의 생태문화적 환경의 차이와 특징에 대해서는 이 책 제2장 3절의 '(2) 전통의 생태문화적 해명'을 참조할 것.

다. 만약 전통교육이 기본적으로 경전 공부와 외면적 수양에 치중한 측면이 있었다면 전통교육의 지식−실천의 합일로서 생활세계의 덕성 함양이라는 측면을 더욱 활성화시킬 수 있을 것이다. 모든 인간관계에 적용되는 전통교육의 예법이 더 이상 적실성을 온전하게 갖기 힘든 것이 사실이라면, 예법의 정신은 살리면서도 인간다운 관계를 만들고 지속할 수 있는 교육모형을 개발해야 한다. 이는 물질적 이익 추구와 이해관계 혹은 맹목적인 욕망에 기반한 서구적인 인간관계를 동시에 넘어서는 전통교육의 현대화를 의미한다. 현대의 스승관은 과거의 스승처럼 엄숙하고 근엄하며 무오류라는 인식에서 자유로울 수 있어야 한다. 루소가 '에밀'에서 강조한 것처럼, 교사는 지식이나 기술이 아니라 진심으로 인간다움(휴머니즘)을 가르쳐야 하는 사랑의 교육자이어야 한다. 교사는 학생으로 하여금 악에서 선을 향하게 하며 이러한 인간다움의 소중함에 대한 깨달음을 공유하는 상호적 교육을 실천해야 한다.[5] 전통교육의 현대화는 학생 주체들뿐만 아니라 학생−교사 주체 간에서 서로의 변화를 이끌어 내는 협력적인 교육 체계를 적극적으로 모색해야 한다.

　이런 등속의 교육적 가치와 내용을 전통적 기반에서 끌어와 전통과 현대의 대화를 통해 재창조하는 것이 요구된다. 보다 범위를 넓히자면, 옛 것에 대한 해석을 넘어서 글로벌 시대, 다문화 시대에 부합하는 교육과 실천에 대한 문제의식을 심화하고 학생−교사−시민 주체의 참여를 격려할 수 있는 프로그램이 필요하다. 앞서 언급했듯이, 이런 프로그램은 궁극적으로 정치적으로는 소유집착적 자유주의적 대의정치를 넘어설 수 있는 정치적 주체화를 목표로 하고, 소비주의 문화와 물질적 욕망에 침윤된 시

---

5) 르네상스시기에 루소의 교육철학의 상징인 "시민적 휴머니즘"은 17·18세기 계몽주의와 더불어 자유주의와 민주주의를 확산시키는 정치적 주체성의 인성적 토대가 되었다.

민문화를 극복할 수 있어야 하며, 경쟁과 이익 추구로 점철된 경제논리를 순화시킬 수 있는 가능성과 전략을 제시할 수 있어야 한다.

전통 및 전통교육의 현대화를 모색하는 데 있어 강조할 것은, 전통은 과거의 경험과 연속성을 가지지만 고정된 준거점이 아니라 흐르는 강물과도 같은 것으로 파악되어야 한다는 점이다. 즉, 전통은 독단적이거나 절대 불변의 진리가 아니라 우리의 삶에 의미를 부여하면서 끊임없이 재형성, 재창조되는 논의의 대상이며, 우리를 둘러싼 생활세계의 의미 역시 역사성을 갖는 것으로서 사회적이고 문화적으로 상이한, 구체적인 배경에 따라 달라질 수 있다.[6] 유교의 핵심적 가치 역시 현대적 맥락 속에서 우리의 현실을 좀 더 정의롭고 인간적인 사회로 만드는 노력 속에서 재해석되고 재구성될 수 있을 것이다.

나아가 정치학적 관점에서 전통은 정치적 실천 및 제도와 어떤 관계를 맺고, 어떤 영향을 줄 수 있는지 등을 근본적으로 검토할 필요가 있다. 그러므로 우리는 지금까지 이 책에 다음과 같은 포괄적이고 체계적인 질문을 통해 '온고지신' 전통교육의 현대화를 위한 목표와 방향, 원칙과 전략을 수립하고자 한다. 즉, "왜 전통인가?", "전통에서 무엇을 찾을 수 있는가?", "이 시대에 정치적으로 유의미한 전통적 가치와 내용은 무엇인가", "전통의 교육방식에서 어떤 아이디어를 얻고 현대화시킬 것인가?", "전통을 어떻게 교육해야 자유주의적 주체관과 다른 효과를 창출할 수 있는가?", "전통적 가치에 부합하는 어떤 정치적 주체를 현대적으로 형성할 것인가?", "서구와 다른 정치교육, 시민성 교육을 어떻게 구성할 것인가?" 등의 발본적인 질문을 통해 구체적이고 실험적인 교육프로그램 및 교육모델의 이념적 목표와 방향, 전략을 정립할 수 있을 것이다.

------

6) 심승우, 『다문화 시대의 도전과 정치통합의 전략』, 이담북스, 2013.

1. 전통교육 내용의 현대화*

앞서 언급했듯이, 현대교육의 한계와 위기에 직면하여 이러한 한계를 극복, 보완할 수 있는 교육내용을 전통교육에서 찾고자 한다. 한 국가와 민족에 있어서 전통문화란 끊임없이 샘솟는 물과 같고, 나무의 뿌리와 같은 것으로, 전통교육을 계승 발전시켜 우리 고유의 전통문화를 복원하고 한자문화 속의 인성교육과 예절문화를 다시 일으키는 것은 오늘의 교육문제에 대한 훌륭한 대안이 될 수 있다.

한국 전통사회에서는 유교의 이념에 입각한 교육이 이루어져 왔으며, 가정교육과 학교교육, 사회교육이 모두 유교이념에 따라 일관되게 이루어져 왔다. 전통교육은 어떠한 한 분야의 전문지식을 갖춘 전문인을 배양하는데 그 목적이 있었던 것이 아니라 온전한 인성을 갖춘 전인(全人)을 길러내는 데 그 주안점이 있었다. 이렇듯 전통교육이 추구하였던 인성교육의 특성과 본질 및 그 한계를 통해, 전통 인성교육은 오늘날 변화하는 시대와 사회적 요구에 어떻게 부응할 것인가 하는 문제와, 현대사회에서 전통 인성교육을 적용하기 위한 방안은 무엇인가 하는 문제에 대해 살펴볼 것이다. 또한 전통교육을 통해 현대교육에 적용할 수 있는 긍정적인 내용을 추출하여 활용하고자 한다.

주지하다시피 전통교육의 중요한 특징 중 하나는 이론과 실천, 앎과 삶의 분리를 인식론, 존재론적으로 회복 통합하는데 있다. 이에 비해, 현재의 제도교육의 근본적인 한계는 앎과 삶, 지식과 실천, 규범과 현실 등이 이분법적으로 분리, 유통되어 자기모순적인 인간형을 양산하는 악순환

* 한성구 외, 「전통교육 내용의 통섭과 현대적 재구성」, 『한국철학논집』 54, 2017.8.

을 극복하지 못한다는 데 있다. 그러므로 전통교육 속에 내재된 이론과 현실, 지식과 실천, 앎과 삶이 하나로 연결된 지행합일·학행일치의 전통교육 내용을 분석하고, 이를 체계적으로 종합한 교육모형 개발이 절실하며, 이를 통해 한국적이고 주체적인 교육제도의 제안이 요구된다 하겠다.

여기서는 이러한 전통교육을 가정교육, 학교교육, 사회교육으로 나누어 살펴보고, 『소학』을 중심으로 현대 인성교육의 차원에서 재조명하며 시대에 맞게 혁신하려는 원칙과 전략을 수립하기 위한 기초 작업을 위해 전통교육 내용을 이론적으로 고찰하고자 한다.

(1) 전통교육 내용에 대한 개관

사람 사는 사회에서는 무엇보다도 사람이 제일 중요하다. 사람을 기르는 데는 교육만한 것이 없다. 교육을 시키는 데는 조기 교육이 필요하고, 암기하는 것이 필요하고, 논리적 사고가 필요하고, 어느 정도 강제성이 필요하고, 광범한 응용 능력이 필요하다. 우리의 전통시대 교육은 이러한 요소들을 두루 갖추고 있었다.[7]

유교교육에서 추구하는 최고의 이상형은 성인(聖人)·군자(君子)이다. 이 성인·군자에 이르는 방법은 '효'를 기본으로 하는 가정에서의 전인교육으로부터 시작한다. 나아가 한 사회를 이끌어갈 지성인의 양성은 지식교육과 전인교육이 공유되어야 하는 바, 조선의 정부와 관료들은 성리학적 교수―학습방법을 도입하게 되었고 그 산실이 바로 서당과 서원 등의 교육제도와 기관에 있음을 알 수 있다. 이와 같이 전통교육 내용은 가정교육, 향교와 성균관 등의 학교교육, 그리고 서당과 서원 등의 사회교육을

---

7) 최완기, 『한국의 전통교육』, 이화여자대학교출판사, 2005.

통해 알 수 있으니, 이러한 교육을 통해 선조들이 강조하고 있는 것은 사람다운 사람, 즉 이기적인 인간이 아니라 이타적인 인간을 양성하는 데 있었다.

가. 가정교육내용

인간이 태어나고, 인간이 성장하면서 인간답게 형성되는 곳은 제일 먼저 가정이라는 기본적인 공동체라는 점이다. 가정은 생명의 존엄성과 인간다운 삶이 영위되는 곳이어야 하며, 보다 훌륭한 인간성을 양육하는 첫 번째 학교라고도 할 수 있다. 더 나아가 건전한 사회와 굳건한 국가는 건강한 가정이 전제되어야 가능하다는 것은 자명한 사실이다. 하지만 현대사회에서는 핵가족화와 산업화 등으로 인하여 가정의 기능이 약화됨으로써, 가정교육을 통해 이루어져야 할 기본적인 인성교육조차 제대로 이루어지지 않고 있는 실정이다. 한 인간의 인격적 완성은 학교교육 이전에 가정교육을 통하여 형성되는 것이므로 무엇보다도 가정교육의 역할이 강조되어야 할 것이다. 이러한 점에서 전통 가정교육의 내용을 고찰함은 현대사회에서 필요한 가정교육의 역할 회복과 함께 참된 인간상의 형성이라는 교육의 목표 설정에 이론적·실천적인 근거를 제공해줄 수 있을 것이다.

한국의 전통교육은 삼국시대 이래로 유교적인 내용으로 이루어져 왔으며, 이러한 교육의 목적은 유교의 인도주의에 입각한 이상적인 인간상인 군자(君子)의 확립에 있었다. 전통가정교육이란 예로부터 내려오는 전통적인 교육내용과 교육방법 등의 가치를 중시하고 그 가치를 달성하기 위해 오늘날의 가정교육에서 채택하고 있는 전통교육을 말한다. 이러한 가정교육은 비형식적이고 자연적으로 이루어지면서도 그 교화력은 전인격적인 범위까지 미치게 된다. 단일한 분야나 특수한 기능에만 교육을 한정시킬 수 없기 때문에 그 목표나 방법도 가정마다 서로 다른 양상을 나타내게 된다. 학교교육이 도입 제도화되기 전에 농업이 산업의 중심이 되었던 시대에는 일상생활 유지에 필요한 지식과 기술의 전달은 물론 인격교육도 가정에서 함께 행해졌다. 전통사회의 가정교육은 집안마다의 고유한 교육내용과 방법이 선조로부터 후손에게 체험적으로 전수되었다. 이러한 가정교육은 비형식적이고 자연적으로 이루어지면서도 그 교화력은 전인격적인 범위까지 미치게 된다. 단일한 분야나 특수한 기능에만 교육을 한정시킬 수 없기 때문에 그 목표나 방법도 가정마다 서로 다른 양상을 나타내게 된다.

다음으로 전통가정교육의 특징을 살펴보면 다음과 같다. 첫째, 가정의 화목함을 근본으로 자녀에게 모범이 되도록 하였다. 둘째, 부모에게 효행을 하도록 하되 강요가 아니라 깨달음을 그 방법으로 택하였다. 셋째, 윗사람과 아랫사람의 도리를 바르게 하도록 하였다. 윗사람은 아랫사람을 사랑으로 지도하고, 아랫사람은 윗사람을 존경하는 마음으로 섬기도록 하였다. 넷째, 타인에 대하여 언행을 바르게 하고 타인이 잘 되게 하는 마음의 자세를 갖게 하여 경쟁심, 시기심을 억제하는 인성교육을 실천하였다. 다섯째, 가정에서의 기본 생활 습관 및 예의범절을 중시하여 생활화시켰으며, 협동심, 단결력, 상부상조, 책임감 등 민주적 태도를 육성시켰다. 이상에서 알 수 있듯이, 전통사회의 가정교육은 자녀의 품성을 기르기 위한 예절 위주의 실천적인 교육이 주된 내용이었다. 이는 지식 위주의 교육이 아니라 덕성 위주의 교육을 실시했다는 것을 의미한다. 이러한 예절교육은 어린아이가 성인이 된 후에 필요한 예절과 성품을 어릴 때부터 습관적으로 몸에 배게 하려는 것이었다. 이는 당연히 『소학』에 대한 강조로 이어지고 있으니, 『소학』은 가정교육에 있어서 필수적인 교과과정으로 인식되었던 것이다. 『소학』은 유교윤리를 현실에 실천하기 위한 행위규범서 역할을 하였다. 그러므로 이러한 행위규범서로서의 『소학』을 강조하였다는 것은 전통사회의 가정교육이 실천 중심의 덕성교육·예절교육을 지향하고 있었음을 의미하는 것이다.

전통가정교육은 태교로부터 시작되었으며, 이는 교육의 정서적 측면을 강조하는 것이었다. 또한 가정교육에서 부모의 역할이 강조되었고, 부모는 엄부자모(嚴父慈母)와 같은 상호보완적인 역할을 수행하며, 자녀의 조화로운 인격 형성에 주안점을 두었다. 이를 위해 예절 위주의 실천적인 교육을 통한 덕성교육을 지향하였으며, 이러한 점에서 『소학』과 같은 도덕규범서를 통한 실천교육이 중시되었다. 이러한 덕성교육의 지향을 위한 반복적인 실천학습은 가정과 사회에서의 자신의 역할을 정확히 인식하는 사회성을 기르게 할 수가 있었다.[8] 하지만 오늘날 고도정보산업사회화와 대가족제도의 붕괴 및 핵가족화 현상, 부모의 사회적 역할 기능 변화 등은 가정의 교육적 기능과 역할을 축소시켰다. 그 결과 가정에서 가르쳐야 할 예절교육·습관형성교육·인성교육까지 학교나 다른 교육기관에 위임하려는 경향이 높아지고 있다.

나. 학교교육내용

▶ 향교의 교육내용

향교는 성균관과 더불어 국가교육시설이었다. 성균관이 한양에 설립된 고등교육기관이라면, 향교는 지방에 설립된 중등교육기관으로서, 향교에서 수업을 마치면 고급 관료가 될 수 있는 성균관에 입학할 수 있었다.

향교에서의 교육은 크게 강학과 교화의 두 측면으로 나누어 볼 수 있다. 그 중에서도 강학 활동이 기본적 교육과정이었다. 본래 향교 설립의 근본취지가 인재양성에 있었으므로 강학 활동은 자연스럽게 과거 준비에

---

8) 도민재, 「한국의 전통 가정교육과 유교」, 『종교교육학연구』 10권, 한국종교교육학회, 2000, pp.29-47.

주력하게 되었다.

조선시대의 과거는 소과와 대과로 구분되었고, 시험과목에 따라 유교 경전을 읽고 해석하는 명경과와 시문을 짓는 제술과로 나뉘었다. 소과에서 명경과 합격자인 생원과 제술과 합격자인 진사에게는 성균관에 들어갈 수 있는 자격이 주어졌으며, 300일 동안 공부한 뒤에 대과에 응시할 수 있었다.

『경국대전』에 의하면, 16세 이상의 양민에 한하여 학업의 기회를 허락하였다. 향교는 향촌사회를 교화시키는 사회교육의 역할을 수행하였다. 향약을 주관하여 실시하고, 향사례 등을 시행함으로써, 이를 보고 듣는 지방 사람들에게 미풍양속을 장려하는 교화 기능과 풍속과 기강을 확립하는 데 모범을 보여주었다. 이러한 향교에서의 교육 수준은 16세 이상이라는 학령에서도 알 수 있듯이 대체로 중등교육과정이었다고 할 수 있다.

향교 강학에서는 사서오경이 중요 교과목이었고, 과거시험과 관계없이 기초적 교양과목으로서 가장 중시된 교과목은 『소학』이었다. 『소학』 다음으로 중시된 교과목은 『효경』과 사서오경이며, 이밖의 교과목으로는 『성리대전』, 『삼강행실도』, 『심경』, 『근사록』, 『가례』 등의 유교 관련서와 『통감』, 『송원절요』 등 역사서가 주를 이루었다. 이는 성균관이나 서원의 교과목과 큰 차이가 없었다.

향교의 교생들은 자신이 배운 과목에 대해 정기적으로 시험을 치렀다. 이것을 당시에는 '고강'이라 하였는데 공부한 내용으로 시험관과 문답을 하는 형식이었다. 고강의 과목은 교생의 입학연도에 따라 달랐는데, 입학 첫해에는 『소학』, 『대학』, 『시전』, 2년째에는 『논어』, 『서전』, 『가례』, 3년째에는 『맹자』, 『주역』, 『심경』, 4년째에는 『중용』, 『예기』, 『근사록』으로 시험을 치렀다. 이것은 향교에서 일정한 계획을 가지고 체계적으로 교생을 교육시켰음을 보여주는 예이다.

▶ 성균관의 교육내용

성균관 유생들은 재학 중에 엄격한 학칙의 적용을 받았다. 예를 들면 학과 시험과 성적 기준을 정하고, 조정을 비방하거나 주색을 하는 자, 성리학 이외의 잡서를 읽는 자 등은 배제한다는 내용으로 이러한 학칙에 의해 여러 가지 천거의 특전을 받았다.

성균관의 교육과정은 기본적으로 성리학을 공부하여 지도자로서의 인격을 배양하는 것이었고, 아울러 글을 짓는 방법과 필법을 익히게 하였다. 유생들의 학습 교재는 가장 기본적인 『대학』, 『논어』, 『맹자』, 『중용』의 4서와 『예기』, 『춘추』, 『시경』, 『서경』, 『주역』의 5경을 비롯하여 『근사록』, 『성리대전』, 『통감』, 『좌전』, 『송원절요』, 『경국대전』, 『동국정운』 등이었는데, 과거시험 과목에 따라서 변동이 되기도 하였다.

이밖에 성균관에서는 유생들에게 시·부·송·책과 같은 글을 짓는 방법을 비롯하여 중국의 왕희지와 조맹부의 필법도 익히게 하였다. 성균관 유생에 대한 교육 평가는 매일, 매월 있었는데 그 성적을 연말에 종합하여 과거 응시 천거에 참작하였다.

다. 사회교육내용

사회교육기관으로는 서원(書院)과 서당을 들 수 있다. 서당교육이 본격화되는 것은 조선시대에 이르러서였다. 16세기에 사림이 사회를 주도하면서 서당은 더욱 널리 보급되었다. 특히 이 시기에 서원이 설립되어 중등교육을 담당하게 되면서부터 서당은 초등교육을 전담하는 것으로 이해되었다. 이름 있는 유학자와 선현을 제향하는 사묘(祠廟)인 동시에 교육기관이었던 서원은 전국적으로 유림들에 의하여 설립, 운영되었는데 지역 내의 준수한 청년들을 모아 강습하고 곡식을 거두어 경비로 쓰고 남은 것은 서책을 구입하는 등 자급자족하였다. 서원은 조선시대 전반을 통해 사립

사회교육기관으로서의 공헌이 컸다.

▶ 서당의 교육내용

서당은 조선시대에 더욱 확산되었고, 운영방식도 다양해졌으니 크게 4가지 유형으로 나누어볼 수 있다. ① 훈장자영서당(訓長自營書堂), ② 유지독영서당(有志獨營書堂), ③ 유지조합서당(有志組合書堂), ④ 촌조합서당(村組合書堂) 등이 그것이다. 학도가 많은 서당에서는 훈장이 혼자서 모두 지도할 수가 없었으므로 나이가 많고 학습 수준이 앞선 자를 뽑아 학도의 장을 시키고 접장(接長)이라 불렀다. 접장은 자신이 학생이면서 수준이 낮은 학생들을 가르치기도 하여, 일종의 조교구실을 하였다.[9]

서당에서는 문자 해득이나 유학의 기초적 소양을 닦고, 후에 향교나 서원에 가서 본격적인 학업을 연마할 수 있도록 하였다. 따라서 여기에서 학습한 교재는 아주 기초적인 것으로 『천자문』, 『계몽편』, 『동몽선습』, 『명심보감』, 『격몽요결』 등이 기본이었으며, 그 밖에 진도가 더 나가면 유교의 기본 이념이 담긴 『소학』, 『통감』, 『사략』 등을 익혔다.

교육방법은 우선 『천자문』으로 기초 한자를 익히도록 하고, 다음에 『동몽선습』 등으로 글자를 붙여서 소리 내어 읽게 하였다. 글의 뜻을 깨우치는 방법으로는 먼저 단어 하나하나의 뜻을 파악하게 하고, 이어서 문장 전체의 의미를 파악하도록 하였다. 그 과정에서 훈장이 일차적으로 설명하지만, 그 의미 파악은 스스로 성찰하게 하였다. 그리고 학동과 훈장이 그 뜻을 질의 응답하는 방법으로 교육이 이루어졌는데, 이를 강(講)이라 하였다. 이러한 교육과정을 마치면 학동은 일정한 유교적 기초 소양을 갖추게 되고, 향교나 서원에 진학하여 더 높은 수준의 교육을 받게 되는 것이다.

---

9) 『한국민족문화대백과사전』, 한국학중앙연구원, 1991.

▶ 서원의 교육내용

16세기에 들어 관학이 출세 도구로 변질되기 시작하여 그 결과 관학은 극도로 퇴락해 갔고 유생들은 마땅히 공부할 만한 곳이 없어졌다. 따라서 참교육의 장이 요청되었으며 덕망 있는 스승이 필요하였다. 이러한 상황 속에서 서원이 등장하게 된다.

서원은 선현을 받들어 모시는 곳이기도 하지만 일차적으로 공부하는 곳이다. 유형원은 "지금의 서원은 예전에는 없던 것이다. 각 고을의 향교가 교육이 잘못되어 과거에만 집착하고 명예와 이익만 다투게 되자, 뜻있는 선비들이 고요하고 한적한 곳을 찾아 정사를 세워 배움을 익히고 후진을 교육한 데서 서원이 생겨났다"고 하여 서원 설립을 동기는 먼저 교학적 의미에 있음을 강조하고 선현에 대한 제사 기능은 어디까지나 부수적임을 논하고 있다.

서원에서의 교육내용은 거의 성리학 위주로 구성되어 원생들은 그것을 근거로 사물의 이치와 인간의 본성을 탐구하고 이를 바탕으로 실천적 덕목으로서 유교 의례를 익혀 나갔다.

서원의 학칙이라 할 수 있는 원규에 의하면 서원의 교육 목표는 '법성현'과 '양리(養吏)'에 있었다. 원규에는 당시 사학의 교육목표, 교육내용, 교육방법 등 일체의 교육과정이 제시되어 있다. 원생들은 『소학』부터 읽기 시작하여 『대학』, 『논어』, 『맹자』, 『중용』, 『시경』, 『서경』, 『주역』, 『예기』, 『춘추』 등의 순서로 공부를 하였다. 이렇게 하여 윤리학적 체계를 갖춘 다음, 서원에 따라서는 『가례』, 『심경』, 『근사록』, 『사기』 등을 읽어 뜻을 넓히도록 했다. 독서와 아울러 작문과 습자 교육도 담당하였다.

이상에서 알 수 있듯이, 우리 선조들은 이기적 교육보다는 이타적 교육에 역점을 두었다. 그것을 우리는 서당·향교·서원 등의 교육에서 찾아볼 수 있다. 초보적 교육 단계였던 서당에서는 우선 사람 됨됨이의 중요성을 가르치고자 하였고, 향교에서는 공자의 정신을 이어 어떻게 사는 것이 바람직한 삶인지를 깨우치는 참된 인간교육에 힘썼으며, 서원에서는 자신의 존재 이유를 철저히 인지하는 선비로서의 길을 일깨워 주고자 하였다.[10]

라. 전통교육의 현대적 함의

지금까지 살펴본 것처럼, 사람다운 삶을 추구하고 인간다운 인간을 기르는데 주력하여 교육의 본래 목적에 걸맞은 교육내용과 방법을 모색해온 우리 선조들의 교육적 접근은 치열한 경쟁 구도 속에서 지식과 기능의 습득을 통한 사회적 성공에 치중하고 있는 오늘날 우리 교육에 많은 교훈을 던져주고 있다.[11]

현대교육이 가지고 있는 문제점을 전통교육을 통해 극복하고, 이에 따른 대안을 마련하고자 하는 것이 본고의 목적이다. 이를 위해 본고에서는 전통교육을 가정교육, 학교교육, 사회교육으로 나누어 살펴보았으며, 이를 통해 교육 주체로서의 가정, 학교, 사회의 불가분리성과 상호의존성에 대해 살펴보았다. 이러한 전통교육의 내용을 교육 주체의 다원성이라는 측면과 교육 주체의 통합성이라는 측면에서 종합하자면 다음과 같다.

교육 주체의 다원성이라는 측면에서 보자면 교육의 주체는 가정·학교·사회로 나누어 볼 수 있으니, 이는 현대교육에서 가정·학교·사회라는 교육의 세 주체가 다원적으로 역할을 수행해야 한다는 점을 시사하고 있다. 다시 말하여, 현대사회의 교육에서 다원적 교육 세력이 균형 있게 영향력을 행사해야 한다는 점을 시사해 주고 있다. 그럼에도 불구하고 세

---

10) 최완기, 『한국의 전통교육』, 이화여자대학교출판사, 2005.
11) 김향은, 「전통사회의 인격교육」, 『동양학』 42집, 단국대 동양학연구소, 2007.

주체 가운데 어느 한 주체가 과도한 영향을 끼치게 되면 교육이 파행을 맞게 되니, 예를 들어 국가주의 교육이나 사회주의 체제의 교육은 사회교육의 영향력이 커진 경우이며, 사교육 시장의 팽창은 가정교육의 영향력이 비대해진 결과에 다름 아니다.

　교육 주체의 통합성이라는 측면에서 살펴본다면 가정·학교·사회라는 세 주체가 동일한 목표 의식을 지닌 단일한 존재여야 한다. 현대교육에서 가정·학교·사회라는 교육의 세 주체가 통합적으로 역할을 수행해야 한다는 점을 시사한다. 가정·학교·사회라는 교육 주체들은 교육에 대해 추구하는 가치도 상이하며 그것을 실현하는 방식에도 차이를 가질 수밖에 없다. 예를 들어, 가정교육은 일정 정도 사회적인 출세를 지향하고, 학교교육은 인성의 함양이나 창의성 개발에 힘쓰며, 사회교육은 인적자원 개발이나 국가 발전을 실현하는 데 중점을 둔다 하겠다. 그러나 가정·학교·사회라는 세 주체가 추구하는 가치와 그 실현방법이 일관성 있게 통합되지 않고서는 개인의 전인적 인격 형성이라는 교육적 과제의 실현은 파행을 겪지 않을 수 없다. 그러므로 교육 주체의 통합성은 현대교육에서 여러 교육 주체들이 일관성 있고 통합적으로 영향력을 행사해야 한다는 점을 시사해 주고 있다.

(2) 『소학』을 통한 전통교육 내용 재조명

　전통사회에서 아동·청소년 교육은 통칭하여 '소학'이라고 한다. '소학'은 '8~15세 정도의 아동 혹은 청소년이 입학하여 다니는 학교'와 '그 학교에서 아동 혹은 청소년이 배우는 내용[책]'이라는 두 가지 뜻으로 쓰인다. 학교를 지칭한다면, 지금의 초등이나 중등학교 수준에 해당할 것이다.

조선조에서 '소학'을 중요시한 가장 큰 이유는 학동들에게 인륜에 관한 가장 안정된 가르침을 줄 수 있다고 믿었기 때문이다. 서당교육에서는 반드시 '물 뿌리고 청소하고 응대하고 나아가고 물러나는 예법'을 익히는 『소학』의 공부가 우선되어야 할 것으로 인식되었다. 일상의 공부를 통해 마침내 도의 세계로 들어가는 '하학이상달'의 공부를 하기 위해, 서당은 학규를 통해 가능한 한 엄격하게 아동들을 통제할 필요가 있었던 것이다.

가. 『소학』의 교육내용

『소학』은 동양의 고대사회에서 존재했지만, 성리학을 집대성한 주자에 의해 체계적인 저술로 편찬되었다. 조선에서는 이러한 주자의 『소학』을 수용하여 전통교육의 지침으로 삼았다. 주자는 소학의 입학 시기를 8세, 대학은 15세로 제시하였다. 소학과 대학에 입학하는 나이, 대상 등은 문헌에 따라 다르게 기록되어 있기도 하다. 『상서대전』의 경우, 소학은 13세, 대학은 20세로 기록되어 있기도 하다.

표 4-1 | 소학과 대학의 입학 시기

문헌	소학		대학	
	입학시기	대상	입학시기	대상
禮記 大戴記	8세		15세	
尙書大傳	13세	공경의 태자 원사의 적자	20세	공경의 태자 원사의 적자
白虎通	8세	태자	15세	태자
大學章句 序	8세	모든 계층의 자제	15세	천자의 자제, 공·경· 대부·원사의 적자, 백성 중 준수한 자제

이는 현대적 의미의 학령(學齡)·학제(學制)와 동일하게 대비하기에는 여러 가지 한계가 있지만, 유사한 측면도 발견할 수 있다. 주시할 부분은 교육의 내용 차원이다.

『소학』의 내용은 크게 두 가지 부분으로 나누어 제시되었다. 하나는 앞에서 언급한 쇄소응대진퇴지절(灑掃應對進退之節)이고 다른 하나는 예악 사어서수지문(禮樂射御書數之文)이다. 『소학』의 「서제(書題)」에는 예악사어 서수지문(禮樂射御書數之文) 대신에 애친경장융사친우지도(愛親敬長隆師親友之道)로 되어 있다. 이는 일상의 예절과 삶의 기본 테크닉을 강조하는 『소학』 본래의 의지와 지적(知的) 측면을 고려한 『대학장구(大學章句)』「서문」사이의 변별점이다.

『예기(禮記)』에서는 『소학』의 쇄소(灑掃)·응대(應對)·진퇴(進退)를 매우 구체적으로 적시(摘示)하고 있다. 쇄소(灑掃)는 새벽에 닭이 처음 울면 방과 마루와 뜰에 물을 뿌리고 쓰는 일, 어른을 위하여 오물을 치울 때 비를 쓰레받기 위에 얹고 가서 소매로 가리고 물러나며 쓸되 쓰레받기를 돌려 자신의 앞쪽으로 쓸어 담는 일과 같은 것이다. 응대(應對)는 응낙과 대답이다. 부모가 계신 곳에서 명령하시면 즉시 공손하게 대답하는 일, 또는 어른이 귓가에 대고 말씀하시면 입을 가리고 대답하는 일 등을 말한다. 진퇴(進退)는 부모가 계신 곳에 있으면 나아가고 물러나고 돌아다니는 일을 신중하고 경건하게 하는 일, 또는 손님과 함께 들어올 때 먼저 들어가라고 손님에게 양보하는 행위와 같은 것이다.[12] 이를 현대적 개념으로 쉽게 풀어 쓰면, '청소하기, 인사하기, 인간관계 맺기' 등 사람의 삶에서 핵

---

12) 『禮記』「內則」, "凡內外, 鷄初鳴, … 灑掃室堂及庭 … 凡爲長者糞之禮, 必加帚於箕上, 以袂拘而退; 其塵不及長者, 以箕自鄕而扱之; 在父母(舅姑)之所, 有命之, 應唯敬對. 進退周旋愼齊, … "「曲禮」, "長者與之提攜, 則兩手奉長者之手. 負劍辟咡詔之, 則掩口而對."; "凡與客入者, 每門讓於客."

심이 되는 기본 생활 예절과 밀접하다.

　다음으로 예악(禮樂)·사어(射御)·서수(書數)이다. 예악에서 예(禮)는 법도와 품계의 절차와 모습을 익히는 작업으로 예의범절에 맞게 가르치는 일이고, 악(樂)은 소리의 높낮이에 밝도록 하는 것으로 조화를 가르치는 작업이다. 사어에서 사(射)는 활 쏘는 방법으로 예법의 여부를 보고 덕행을 살피는 것이고, 어(御)는 네 마리 말이 끄는 수레를 균형을 잃지 않고 몰 수 있도록 연습시키는 일이다. 서수에서 서(書)는 글을 쓰는 서체를 통해 마음의 획을 읽는 일이고, 수(數)는 계산하는 방법을 통해 물건의 변화를 알 수 있게 한다.[13]

　예악사어서수(禮樂射御書數)는 육예(六藝)라고도 하는 데, 『소학』「입교(立敎)」에서는 다음과 같이 기록하고 있다.

　예(禮)는 크게 다섯 가지로 나누어 볼 수 있다. 첫째, 나라에서 지내는 여러 가지 제사와 관련되는 길례(吉禮), 둘째, 나라의 우환을 걱정하는 일인 흉례(凶禮), 셋째, 다른 나라와 외교 친선 관계를 잘하는 빈례(殯禮), 넷째, 나라를 지키고 유지하는 일과 관련된 군례(軍禮), 다섯째, 사회 구성원 사이의 화목을 도모하는 가례(嘉禮)이다.

　악(樂)에는 여섯 가지가 있다. 황제의 음악인 운문(雲門), 요임금의 음악인 함지(咸池), 순임금의 음악인 대소(大韶), 우임금의 음악인 대하(大夏), 탕왕의 음악인 대호(大濩), 무왕의 음악인 대무(大武) 등이 그것이다.

　사(射)에는 다섯 가지가 있다. 첫째, 화살이 과녁을 뚫어 살촉의 흰 것

---

13)『大學章句大全』,“審易齊氏曰 … 禮, 習於度數之節文, 所以敎之中也, 樂, 明於聲音之高下, 所以敎之和也. 射法, 一弓挾四矢, 驗其中否, 以觀德行, 御法, 一車乘四馬, 御者, 執轡立於車上, 欲調習不失驅馳之正也. 書, 書字之體, 可以見心畫, 數, 算數之法, 可以盡物變.”

을 보는 백시(白矢), 둘째, 먼저 한 화살을 발사하고 뒤에 세 화살을 연속해서 쏘는 삼연(參然), 셋째, 깃머리는 높고 살촉은 낮게 나가 번쩍번쩍하는 염주(燄注), 넷째, 신하가 임금과 활을 쏠 적에 감히 나란히 서지 못하고 임금에게 한자 쯤 양보하여 물러나는 양척(讓尺), 다섯째, 네 화살이 과녁을 뚫어 마치 우물 모양과 같다는 의미의 정의(井儀)가 있다.

어(御)에도 다섯 가지가 있다. 첫째, 말이 움직이면서 멍에에 달려 있는 방울인 란(鑾)이 울리고 수레 앞에 가로대는 나무에 달려 있는 방울인 화(和)가 응하는 화란(和鑾)의 어울림, 둘째, 물이 흐르는 형세의 굴곡을 따라 떨어지지 않도록 수레를 잘 모는 축수곡(逐水曲), 셋째, 수레가 조금만 기울어도 수레의 축이 문의 말뚝에 부딪치므로 이를 잘 제어하는 과군표(過君表), 넷째, 교차로에서 수레를 몰 때에 회전하는 모습이 춤추는 가락에 응하는 것과 같은 무교구(舞交衢), 다섯째, 짐승을 거슬려 몰아 왼쪽으로 가게 하여 임금이 잡을 수 있도록 하는 축금좌(逐禽左)이다.

서(書)에는 이른바 '육서(六書)'라고 하는 여섯 가지가 있다. 첫째, 해[日]나 달[月]과 같이 형체를 모방하는 상형(象形), 둘째, 사람 인(人)과 말씀 언(言)이 합쳐져서 믿을 신(信)이 되고, 그칠 지(止)와 창 과(戈)가 합쳐져서 굳셀 무(武)가 되는 것과 같은 회의(會意), 셋째, 고(考)나 노(老)와 같이 글자의 뜻을 서로 받아 좌우로 전환하여 붙이는 전주(轉注), 넷째, 인(人)이 일(一) 위에 있으면 상(上)이 되고, 인(人)이 일(一) 아래에 있으면 하(下)가 되어 처함이 그 마땅함을 얻는 처사(處事), 이는 지사(指事)라고도 한다. 다섯째, '명령'이나 '우두머리'의 뜻이 있는 령(令)이나 '길다', '자라나다', '늘이다' 등의 뜻이 있는 장(長)처럼 한 글자를 두 가지 의미로 쓰는 가차(假借), 여섯째 강(江)이나 하(河)와 같이 물[氵]을 형체로 삼고 공(工)이나 가(可)를 소리로 하는 해성(諧聲), 형성(形聲)이라고도 한다.

수(數)에는 아홉 가지가 있다. 첫째, 밭두둑의 경계를 잴 때 쓰는 방전

(方田), 둘째, 교역을 할 때나 변역에 쓰는 율포(粟布), 귀천에 따른 봉급과 세금을 계산할 때 쓰는 쇠분(衰分), 넷째, 쌓아 덮는 것과 방원을 헤아릴 때 쓰는 소광(少廣), 다섯째, 공정과 적실을 할 때 쓰는 상공(商功), 여섯째, 원근의 수고비를 계산할 때 쓰는 균수(均輸), 일곱째, 나타나 보이지 않는 수로 서로 나타낼 경우에 쓰는 영뉵(盈朒), 여덟째, 어긋난 것이나 휜 것, 바르거나 구부러진 것을 잴 때 쓰는 방정(方程), 아홉째, 높고 깊은 것, 넓고 먼 것을 잴 때 쓰는 구고(句股)이다.

『소학』의 두 기둥으로서 '쇄소'와 '응대'는 시대에 맞게 현대화시킬 수 있다.[14] 쇄소는 일종의 절(節) 교육으로서 기본적인 생활 예절을 실천하는 것인 동시에 몸의 습관화를 목표로 했으며 이는 교육의 바탕이자 인간의 삶에서 필수적인 중심 공부가 된다. 이에 비해 '육예'는 '문(文)' 교육으로 2차적 특징을 가진다. 육예는 삶에 의미와 가치를 부여한 총체적 문화를 지칭하는 것으로 삶의 지혜와 기술을 습득하여 예술적 경지로 승화하는 공부를 말한다. 육예는 예의범절을 지키는 도덕과 정서함양, 몸과 마음의 훈련, 읽고 쓰고 셈하기 등 기초적인 앎의 추구와 관계된다. 쇄소와 육예는 이분법적으로 분리되는 것이 아니라 지식−실천의 합일과 선순환을 추구하는 몸과 마음의 실천적 교육내용을 담고 있었다.

나. 명륜(明倫)·경신(敬身)·입교(立敎)의 원칙과 재해석

이 절에서는 본 연구에서 특별한 의미가 있는 명륜(明倫)·경신(敬身)·입교(立敎)에 대해 좀 더 자세히 살펴보고 현재적 의의를 고찰하고자 한다. 『소학』의 구성은 내외 2편 386장으로 구성되어 있다. 내편은 입교, 명

---

14) 이와 관련하여 교육방식의 현대화에 대해서는 다음 장에서 자세하게 살펴볼 것이다.

륜, 경신, 계고(稽古)의 4편으로 이루어져 있으며, 외편은 가언(嘉言), 선행(善行)의 2편으로 구성되어 있다. 그러나 계고, 가언, 선행도 그 기본 구성이 명륜, 경신, 입교로 이루어져 있음을 감안할 때, 이 세 가지 강령은 『소학』의 주된 골격을 이루고 있음을 알 수 있다.

『소학』의 3강령인 명륜(明倫)·경신(敬身)·입교(立敎)의 원칙은 조선시대 모든 교재의 가장 중요한 골격으로 작용하였다. 명륜에서는 가르침의 근본 이유가 인간 사이의 윤리를 밝히는 것에 있음을 밝히고, 경신에서는 몸과 마음을 검속하고 다스리는 법도를 알려 주며, 입교에서는 사람을 가르치는 바른 법을 드러내고 있다는 점에서 학동들에 대한 교육의 지침으로는 짜임새 있는 구성체계라고 할 수 있다.[15] 무엇보다도 학, 효, 경, 충, 수신에 대한 추상적인 개념들 보다는 생활세계의 소재와 실천에 집중하고 있다. 『소학』의 핵심 내용을 담고 있는 명륜, 경신, 입교 각 권의 주제문구를 압축해서 정리하고 부연설명하면 다음과 같다.[16]

▶ 명륜

"모든 교육기관의 가르치는 목적은 인륜을 밝히기 위해서이다. 이는 인간관계 영역에 대한 교육이 도덕적 목표와의 연관 아래 진행됨을 의미한다. 특히 각각의 관계성에 대한 적합한 의무를 수행하는 것을 배우게 된다. 이를 전제로 몽사(蒙士)들을 가르쳐야 한다."

이러한 명륜은 인간관계에 수반되는 도덕적 의무를 특별히 강조하였는바, 이러한 의무는 관계에 대한 충실을 의미했으며 상호의존적인 사회

---

15) 정순우, 『서당의 사회사』, 태학사, 2012.
16) 『소학』의 정치사회적 함의와 특히 조선 전기의 사림파와 군주의 관계에 적용한 탁월한 논문으로는 윤인숙, 『조선 전기의 사림과 소학』, 역사비평사, 2015 참조. 아울러 이하의 내용은 이 책의 분석에 일차적으로 기반하고 있다.

적 관계를 전제로 하는 것이었다. 명륜에서 부자관계 항목이 많은 이유 역시 효를 상호호혜적 관계와 의무로 이해했기 때문이지만 단순히 사적이고 가족의 영역에 국한된 덕성과 윤리에 한정되지 않았다. 즉, 상호적인 관계와 충실에의 의무를 강조하는 가족관계의 '효'는 사회공동체 안에서는 '경', 나아가 국(國) 속에서는 '충'으로 외연을 확장하는 것이다.[17] 물론 사적인 영역과 공적인 영역에 걸친 이런 외연의 확장에서 관계와 의무, 실천의 기능과 성격과 효과는 다를 수 있지만 『소학』이 가족의 문제에서 일관되게 정치적, 사회적 문제까지 아우르는 교육내용과 효과를 의도했다는 것은 분명하다. 이런 주제들을 개인윤리에서 사회윤리, 정치윤리에 이르기까지 현대 민주사회의 원리와 규칙에 맞게 쟁점별로 현대화화여 재구성하는 교육내용의 구성을 추진해야 한다.

▶ 경신

"자기수양은 인간관계의 문맥에서 설명될 수 있다. 부모님에 대한 존경이 곧 자기수양이 되는 것이다. 이는 결국 공동체의 연결성에서 자기 자신으로 되돌아오는 순환성을 말하고 있다. 몸을 닦는 것은 거꾸로 인간관계에 올바르게 대처할 수 있는 것이다."

이러한 경신에서는 마음가짐뿐만 아니라 외형적인 몸가짐의 엄격한 생활습관을 통해 이러한 외재적인 단독이 내면적인 자발적 동기로 전환되는 도덕적 계기를 강조했다. 예컨대, '의관을 정제하라'는 말은 '마음의 공부'를 의미한다. '경'의 공부는 외적인 형태의 격식을 통해 달성될 수 있는 마음의 본연을 추구하는 것이며 마음은 표정, 안색, 목소리, 말투에 이

---

17) 이와 연관되어 충효에 대한 규범적 해석으로는 이 책의 제2장 3절의 '(3) 사회 변화와 전통적 가치의 재해석' 가운데 '나. 충효의 가치 지형도의 현대적 재해석'을 참조할 것.

르는 정미하고 미세한 감정의 전달매체를 통해 밖으로 드러난다. 따라서 마음의 본연의 성을 보하는 것은 외적인 태도의 훈련을 통해 가능하다. 의복이나 식사와 같은 일상의 예절이 경신의 근본이며 이런 가치와 의미에 대한 깨달음과 훈련이 일상의 질서에 뿌리는 내리도록 구성하는 것이 전통교육의 내용이다.[18] 현대적 관점에서, 정치적 주체로서 시민교육에 적용될 수 있는 경신은 내면적 훈육과 육체적 실천의 순환성을 강조하는 동시에 형이상학적이지도 않고 형이하학적이지 않은 실천을 매개로 몸과 마음의 수양을 통해 자기에 대한 통치능력을 끊임없이 함양하는 교육내용을 현대화할 수 있다. 이는 민주적 시민성의 자기성찰능력과 동시에 관용정신이나 배려 등으로 확장될 수 있다. 이것은 군주·군자·선비의 수신의 내용 및 방법과 본질적으로 다르지 않을 것이다.

▶ 입교

"도(道)와 교육과정은 둘 다 인간 본성과 관계된다. 우리 본성을 따르는 것을 '도'라 하고 그 도를 배양하는 것이 '교육'이다. 무엇을 가르치고 왜 배워야 하는지를 알게 하는 데 목적이 있다."

이러한 입교는 전통교육에서 공부의 목적은 입신양명에 우선적인 순위가 있는 것이 아니라 자신의 몸과 마음을 닦은 후에 미루어 남에게까지 미치게 하려는 공부의 목적을 교육에서 가장 강조했으며, 스승은 학생들의 도덕적 완성과 학문적 잠재력을 믿고 차별하지 않으며 스스로 공부의 뜻과 의의를 깨닫고 실천하는 주체적 각성을 강조했다. 또한 교학상장(敎學相長)의 맥락에서, 가르치는 것과 배우는 것이 하나로 통일된 현상이며, 서당식 교육에서 확인할 수 있듯이, 개별적인 학습자의 발달 상황에 따른 개별화 교육활동을

---

18) 윤인숙, 『조선 전기의 사림과 소학』, 역사비평사, 2015, p.119.

전개해 나간다는 것은 가르치는 것과 배우는 것이 하나임을 통찰하는 것으로부터 시작된다. 또한 입교는 형이상학적 사고나 관념적 유희가 아니라 실제적이고 형이하학적인 행위 공부를 중심으로 하며 생활세계 속에서 깨우침을 얻고 타인과 관계에 미치게 하는 현실적, 실천적 지향을 추구했다. 이를 현대적으로 해석한다면, 교육은 부와 명예 같은 출세의 수단이 아니라 공부 자체가 인격적 완성과 자신의 무한한 가능성을 실현시켜 나가는 자아발전 그 자체임을 깨닫고 스승과 제자가 상호협력 속에서 그런 잠재력과 가능성을 추구하는, 상호의존적인 동반자적 관계로 해석할 수 있다.

이러한 소학의 3강령은 "자신과의 관계", "타인과의 관계", "사회·공동체와의 관계", "자연·초월과의 관계" 등 4가지 영역을 중심으로 자신이 세운 목표에 성실하고, 타인의 입장을 배려하며, 사회·공동체에서 정의를 추구하며, 자연·초월적 존재에 대해 책임을 지는 인간을 육성하는 현대교육(교육부 2015.4)의 목표와 취지에 맞게 선택, 변용, 보완될 수 있을 것이다. 그리고 이는 자신과의 관계(義), 타인과의 관계(仁), 사회·공동체와의 관계(仁義)라는 전통교육 내용의 현대적 변용과 결합하여 적절하게 재구성될 수 있을 것이다.

(3) 현대화 및 혁신의 원칙과 전략

어느 한 학문이 학문으로서의 의미를 갖기 위해서는 그것이 어떠한 전통 관념을 자료로 이용했는가가 중요한 것이 아니고, 이용한 자료를 현실에 맞게 변화시키고 새롭게 해석하는 작업이 뒤따라야 한다. 다시 말하여, 학문의 발전이라는 측면에서 볼 때, 전통을 있는 그대로 계승하고 답습하는 것이 아니라 그러한 전통을 어떠한 방법을 통해 현대화시킬 것인가에 그 의미가 있다는 것이다.

한국 전통사회의 근대적 전환은 장기간에 걸쳐 점진적, 단계적으로 이루어지기보다는 단기간에 거쳐 급격하게 이루어졌다. 이에 따라 전통교육의 이념과 제도, 그리고 구체적 내용에 대한 평가와 계승 작업이 엄정하게 이루어지지 못하였다. 다만 과거의 문헌에 대한 심층적인 고찰에 머물거나 현재의 제도교육과의 연계 수준에서 활용 방안이 언급되어 왔기에 과거 교육내용 및 교육방식을 현대적으로 재구성하고 구체적인 활용 방안에 대한 구체적인 논의는 빈약했다.

그동안 교육계에서 서구적, 근대적 교육모형의 문제는 자주 제기되어 왔으며 그 한계를 넘어설 수 있는 교육과정의 필요성도 부단하게 주창되어 왔다. 그러나 현대사회의 병폐를 치유하고 한국적인 민주시민의 형성을 위해 구체적인 제도교육의 근본적인 혁신에 기여할 수 있는 전통교육의 현대화를 위한 노력은 미약한 것이 사실이다. 이러한 현상을 극복하기 위해 전통교육에 대한 충실한 이해를 통한 전통교육의 긍정적 토대 위에 근대교육의 밝은 미래를 설계하고 실현해 나가는 지혜와 노력이 요청된다 하겠다.

요즘 시대는 나눔과 배려, 융합과 포용 등 전통적인 가치들이 많이 훼손돼 양극화 현상이나 언어폭력 등이 발생하고 기본적인 인성 자체가 많이 거칠어졌다. 이런 부작용을 전통적인 가치로 치유할 것이 요구된다. 어릴 때부터 바른 심성을 키워주는 교육으로 사람의 격을 높일 필요가 있다. 교육기관을 중심으로 이런 가치를 정립시키고 관련교재를 만들고 이를 프로그램화해 직접 교육현장에서 적용시키고 확산시켜 나가야 한다. 또한 동일한 내용의 전통교육이라 하더라도 교육 대상자의 요구와 흥미, 교육 효과에 부합하도록 콘텐츠를 재해석하고 재구성할 필요가 있다. 신세대에게 막연히 전통교육을 강요하는 것이 아니라 오늘날에도 '통용될 수 있고, 마땅히 통용되어야 하는' 전통교육 내용을 발굴하고, 이를 현대적으로 재구성하는 작업이 요구된다 하겠다. 이러한 전통교육 내용의 현대화 작업을 통해 청소년 교육의 혁신을 위한 원칙과 방법을 도출해 내고, 활용 가능한 교수−학습 프로그램을 개발하고자 한다.

가. 전인교육과 인재시교(因材施敎)의 현대화

교육은 무엇보다도 한 인간의 발달을 다루는 일이다. 그러므로 교육내용은 인간의 전면적인 발달을 꾀하는 것이 가장 근본이 되어야 한다. 이는 완성된 결과로서의 전인을 추구하는 것이 아닌, 전인이라는 목표에 도달하고자 끊임없이 노력하고, 이를 통해 지속적으로 발달해가는 과정을 강조하는 전인교육이다. 이를 위해서는 인지·정의·신체적 측면에서 학습자에게 고르게 접근해야 하며, 다양한 교육활동을 통해 균형 있는 경험을 제공해야 한다. 특히 평생교육, 생애교육 차원에서 한 인간의 전체 발달과정을 염두에 두고 교육활동을 전개해야 한다. 이를 위해서는 전면적이지 못한 교육 현실을 냉철하게 딛고 일어서야 한다. 각종 조사를 통해 드러난 학생들의 사회성(협력) 부족과 학습자의 자발성 결여, 낮은 흥미도는 우리 공동체의 미래를 위해서 반드시 극복해야 하는 학교교육의 현실이다.[19] 학교에서 협력하는 것이 즐거운 경험이 될 때 사회성, 문제 해결 의지, 인지적 능력 및 정의적 태도도 지속적으로 발달한다.

아울러 인재시교(因材施敎)라 하여 개개인의 인생 역정은 다양할 수밖에 없다. 학생마다 자신이 처한 사회적 상황에 따라 교수−학습에 임하는 자세도 다르고, 긴급한 발달과제도 다를 수밖에 없다. 그래서 교사는 과학자의 날카로운 눈으로 학생을 지속적으로 분석하고 매 순간 예술가의 영

---

19) 초등교육과정연구모임, 『행복한 혁신학교 만들기』, 살림터, 2011.

감으로 학생을 만나야 된다.

나. 실천지향적 교육내용의 현대화

전통교육이 실천 중심의 덕성교육·예절교육을 지향했던 것처럼, 실천교육의 목표 및 마음과 몸의 습관화를 유도할 수 있는 교육내용을 구성해야 한다. 아울러 『소학』의 교육내용은 추상적이거나 형이상학적인 것이 아니라 생활세계와 인간 간의 만남에서 즉각적인 실천을 요구하는 것이었다. 보다 근본적으로 『소학』의 취지는 교육과 의례를 통해 사람들의 가치관과 행동을 개혁하고 당대의 중요한 문제에 대한 해결책을 추구하기 위함이었다.

현대사회의 교육에서도 책의 내용을 단순히 지식으로 여기지 않고 독서내용을 실생활에 적용하여 이론과 실천이 함께 조화를 이루는 교육이 강조되어야 할 것이다. 학교교육을 통해 학습대상자가 살고 있는 가정, 학교, 지역사회를 학습공간이자 학습 내용으로 삼고, 학습 결과를 실천할 수 있는 다양한 기회를 제공해야 한다. 교과학습 내용 자체가 실생활에서 출발했음을 수업 과정과 수업 결과를 통해 느낀다면 지식으로 소통하고 참여하는 경험은 긍정적 자아 형성에도 도움이 될 것이다. 아울러 현대를 살아가는 아동들에게도 굳건한 입지를 통해 학문적 지향점을 확립하고 내적 동기를 발현하는 것이 중요하다고 여겨진다. 오늘날 아동들이 많은 시간을 지식 습득에 쏟아 넣고 있지만 정작 교육에 대한 목표의식이 부족하며 자신에 대한 진지한 생각이 없이 수동적인 존재로 자라나고 있다.[20)]

그러므로 기존 전통교육 방식에 비해 보다 더 학생들이 주체적으로 만

----

20) 권영임, 「율곡과 다산의 교육사상이 현대아동교육에 주는 의미고찰」, 『교육연구논총』 34권 2호, 2013.

들고 참여하는 전통교육의 지식－실천을 전개해야 하며 학생들이 존재하는 구체적인 시공간적 특성, 심리적 특성이 반영되는 상황적 교육내용을 구성해야 한다(예: 구체적 사례와 전통적 지식의 결합: "이런 상황에서 나는 이렇게 할 것이다."라는 상황주의적 문제해결 과정에 전통적 지식과 논리의 결합을 추구 → 학생들 스스로가 제시한 이유와 논리를 인정하면서 전통교육의 원칙을 제시하고 이를 유연하게 적용하면서 핵심역량의 함양 모색).

다. 이슈와 주제의 다양화

'형이상자위지도, 형이하자위지기(形而上者謂之道, 形而下者謂之器)'[21]라는 말은 원래 유가의 학문이 상하 일관되어 있다는 뜻이다. 그러므로 시청언동(視聽言動)이나 옷과 음식, 놀이 등을 통해 현대화된 전통적 가치와 미덕이 체현될 수 있는 교육내용을 구성해야 한다. 이를 위해서는 전통적인 수업 내용을 재구성하여 학생들이 지식의 추상적이고 일반적인 체계를 이해함과 동시에 그 지식을 자신이 일상의 경험과 구체적으로 연결, 응용하여 〈체화〉할 수 있도록 섬세하게 편성한다(예: 남녀 애정관계 혹은 친구 간 우정관계에 적용될 수 있는 충서의 정신과 실천을 현대화하고 급진화할 수 있는 교육내용을 구성할 수 있을 것이다).

이런 전략에 맞게 모든 지식들은 자신의 개인적 삶의 문제와 연결해서 현실적인 문제로 전환하도록 해야 한다. 그러므로 가급적 일상적 문제와 생활세계의 영역에서 교육의 계기와 이슈를 마련하도록 한다. 예컨대, 청소나 친구관계, 남녀관계, 음식, 복장 등에서 소재를 발견하고 전통교육의 내용과 가치를 현대화해야 한다. 그 결과, 각급 학교 및 시민의 특성에 따라(대상·목적·내용·수준) 콘텐츠의 구성과 적용을 다양하게 만들 수 있을

---

21) 『易經(역경)』「繫辭傳(계사전)」.

것이다. 또한 전통적인 덕성이나 이슈뿐만 아니라 왕따·성적·사교육·출세·진로·취업·연애 및 이성문제·자살 등의 문제와 전통적 교육내용과의 연계를 적극 추진해야 한다.

한편으로는 가정·학교·사회라는 교육의 세 주체가 소통하고 통합적인 역할 수행을 위해 보다 다양한 영역을 포괄하는 교육이슈를 발굴하고 교육내용으로 재구성할 수 있어야 한다. 예컨대, 사교육과 관련하여 맹모삼천지교 화두에 대한 전통의 가르침을 변용하여 학생, 학부모, 교사의 차이들이 맞부딪치면서 상호적 협력교육이 진행될 수 있을 것이다(예: 맹모가 우리 엄마라면? 맹자의 어머니는 과연 현명한 혹은 올바른 분이었는가? 맹모가 대한민국에서 살아간다면 어떤 모습이고 어떤 모습이어야 하는가? 등과 같은 협력적 이슈의 발굴과 변용).

라. 콘텐츠와 텍스트의 다양화

전통교육 내용의 과감한 재구성과 유교 이외의 불교, 노장사상 등 전통적 자원의 재발견·재구성을 적극 추진해야 한다. 이를 위해서는 학생들의 요구와 흥미, 교육 효과에 부합하도록 전통교육 콘텐츠의 재해석과 재구성이 필수적이다(예: 성(sex) 문제에 대해 공자, 장자, 부처는 어떻게 가르치고 있는가? 리더십과 관련하여 옛날 임금과 우리 반의 반장, 대한민국 대통령의 차이는?). 아울러 기존 텍스트 외에 다양한 음악, 미술, 무용 등 비텍스트적 실천과의 결합을 적극적으로 고민해야 한다(예: 풍류 사상의 현대적 프로그램화 방안). 교실 밖 활동 방식도 적극적으로 고민할 필요가 있으며 상황에 따라 유교식 복식 및 민속놀이 등의 정기적인 체험 등도 제공한다. 또한 전통예절 교육 및 다양한 전통 관련 행사를 초등·중등 수준에 맞게 대폭 변형·응용하여 주기적으로 체험할 수 있게 만든다.

2. 전통교육 방식의 현대화*

(1) 전통 아동·청소년 교육의 방식

가. 목적: 일상 윤리도덕의 습관화

앞서 살펴보았듯이, 전통사회에서 아동·청소년 교육은 통칭하여 '소학'이라고 한다. 따라서 전통교육의 방식은 아동·청소년 교육의 내용을 담고 있는 『소학』을 비롯하여 그들을 교육하였던 가정과 서당의 교육 양식에서 그 원형을 추론할 수 있다. 소학은 '8~15세 정도의 아동 혹은 청소년이 입학하여 다니는 학교'와 '그 학교에서 아동 혹은 청소년이 배우는 내용[책]'이라는 두 가지 뜻으로 쓰인다. 학교를 지칭한다면, 지금의 초등이나 중등학교 수준에 해당할 것이다.

『소학』은 전편을 통하여 주로 효(孝)와 경(敬)을 언급하고 있다. 효는 가족의 차원에서는 부모-자식 사이, 사회에서는 어른-어린이 사이의 윤리 질서 체계이고, 경은 존중과 공경을 핵심으로 하는 삶의 실천 행위이다. 다시 말하면, 개인 윤리와 사회 윤리, 가정과 사회에서 요구되는 바람직한 인간상을 기르는 방법이다. 이와 더불어 『소학』은 몸을 닦고 사람을 다스리는 건전한 인격자-군자-를 육성하기 위한 계몽과 교훈을 주요 내용으로 담고 있다. 몸을 닦는다는 의미의 수기(修己)는 수신(修身)이나 수양(修養), 수련(修鍊), 단련(鍛鍊)과 동일한 의미이다.

중요한 점은 『소학』의 핵심이 일상생활에서 실천할 수 있는 구체적인 행위 지침을 제시하고 있다는 것이다. 그들이 인간으로서 문화를 배워가는 첫 단계는 이른바 "쇄소응대진퇴(灑掃應對進退)"-'쇄소'로 약칭- 라는

---

* 신창호 외, 「서당과 소학의 전통교육이 현대 인성교육에 주는 함의」, 『한국교육학연구』 23(1), 2017.3.

일상의 생활 윤리 행위에 관한 교육이었다. 쇄소는 물 뿌리고 쓰는 작업, 간단하게 말하면 청소하는 행위이다. 응대는 응낙하고 대답하는 일로 일종의 자극－반응의 관계로 사람과 사람 사이의 관계망이다. 진퇴는 나아가고 물러나는 일로 자기가 무엇을 해야 하는지 본분을 확인하는 작업이다. 이는 모두 삶에서 가장 기본이 되는, 개인적·사회적 윤리 행위이다. 아침에 일어나 집안 마당에 먼지가 나지 않도록 물 뿌리는 행위는 자기 수련인 동시에 가정에서 주어지는 역할과 기능에 따라 맡은 일의 실현이라는 가족 공동체 내의 사회성을 동시에 내포하고 있다. 쓰는 행위와 응낙하고 대답하는 행위도 마찬가지다. 특히, 응낙하고 대답하는 행위는 '부름－응답'이라는 의사소통 행위를 통해 서로를 확인하고 이해하는 거룩한 인간의 자기 발견이다.

여기에서 전통교육 방식의 현대화와 관련하여 주의해서 보는 것은 윤리도덕의 습관화(習慣化)이다. 왜 아동과 청소년들에게 쇄소로부터 출발하여 사랑과 공경, 존대 등에 대한 습관화를 강조했을까? 습관은 행위의 지속을 보장한다. 인간의 모든 행동은 사실 자기도 모르게 형성된 습관에 의해 행해진다. 그리고 습관은 어릴 때부터 하나씩 쌓여 형성된다. 어릴 때 잘못 형성된 습관이 일생에 폐를 끼치는 경우를 우리는 흔히 목격한다. 따라서 올바른 예절과 그것의 습관화는 벌써 인간됨을 결정하는 요소로 작용한다. 여기에는 다분히 어릴 때의 좋은 습관이 어른이 되어서도 훌륭한 인간이 될 것이라는 생각이 깔려있다. 물론 어른이 되어서도 습관화의 과정이 계속된다. 이처럼 습관화는 인간의 교육에서 매우 중요하다.

20세기에 전 세계적으로 교육에 많은 영향을 미친 미국의 프래그머티즘 교육철학자 존 듀이는 습관의 특성을 다음과 같이 정돈하였다. 첫째, 행동을 효율적으로 만드는 방법이다. 습관은 자연조건을 목적을 위한 수단으로 사용하는 능력이다. 행동의 기관을 통제하여 환경을 능동적으로 조절하는 것을 의미한다. 따라서 교육은 어떤 환경에 대해 개인의 적응을 가능케 하는 습관의 획득으로 정의되기도 한다. 여기서 적응은 목적을 달성하기 위한 수단을 통제한다는 적극적 의미로 이해되어야 한다. 우리가 습관을 단순히 신체상의 변화를 초래하는 것으로만 생각한다면, 그것은 습관이 아니라 '타성(惰性)'이다. 타성은 상대적으로 수동적인 의미만을 갖는다. 또한 그것은 적응의 능동적 측면과 비교해 볼 때 '안주'라고 부를 수도 있다.

둘째, 습관은 그 속에 들어 있는 '마음의 습관' 때문에 의의를 지니게 된다. 습관에 들어있는 지적 요소는 습관을 다양하고 탄력성 있는 용도에 연결시켜 줌으로써 지속적인 성장을 가능하게 한다. 생리학적으로 볼 때, 유기체의 가소성은 나이가 들수록 감소하는 경향이 있다. 아이들이 본능적으로 지니고 있는 발랄한 행동, 끊임없이 색다른 일을 시도해 보려는 행위, 새로운 자극과 발전을 추구하는 경향 등은 얼마 지나지 않아 누그러진다. 이는 다른 것을 의미하는 것이 아니다. 변화를 싫어하면서 지난날의 성취에 안주해 버린다는 뜻이다. 습관을 형성하는 데 지력의 사용을 최대한으로 보장하는 환경만이 이러한 경향을 극복할 수 있다. 사람은 나이가 들면 몸이 굳어지고 이것이 생리적 구조에 반영되어 사고에 영향을 미친다. 그러나 그만큼 지적 기능을 최대한 발휘할 수 있도록 끊임없이 주의를 기울여야 한다는 점을 환기시키기도 한다. 습관의 외적 효율성을 도모하기 위한 기계적인 반복 행동, 즉 사고를 수반하지 않고 신체적 기술에 의존하는 근시안적 방법은 성장에 도움이 되는 주위의 환경을 고의로 차단하는 것에 다름 아니다.

한국 전통교육도 이러한 맥락과 유사한 교육경험을 하였다. 그러기에 『소학』에서도 아동과 청소년들이 일상적으로 실천해야 할 덕목들, 구체적인 일을 우선적으로 제시하며 습관화를 강조한다. 따라서 우리는 『소학』

을 '일[事]에 관한 규범', 즉 일상의 윤리도덕을 습관화하는 교육의 방식으로 볼 수 있다. 물론 아이들은 이 규범들을 배우고 익혀 인간의 근본을 배양해야 하는 작업이 중요하다. 근본의 배양은 규범 자체의 지식이 아니라 규범의 실천이요, 몸에 배게 하는 습관화이다. 몸에 배게 하는 작업은 다름 아닌 '배움'이다. 아동 및 청소년들의 좋은 습관! 바로 '뱀―배움'에 심혈을 기울인 것이 우리 조상들의 전통적인 아동 및 청소년 교육이었다.

나. 과정: 일상에 필요한 기예(技藝)의 점진적 진행

앞서 언급한 쇄소응대진퇴(灑掃應對進退)는 '절(節)'이라는 교육으로 상징되었는바, 이는 교육과정과 관련하여 중요하다. 절(節)이라는 말은 '마디'를 나타내듯이 하나의 기본 단위이다. 그것은 모든 사물에 생명력을 불어 넣는 일종의 계기이다. 마디가 없는 사물은 사체(死體)가 뻣뻣해지듯이 활력을 잃는다. 따라서 절(節) 교육은 기본적인 생활 예절을 실천하는 의미에서, 삶에 활력을 불어넣어주는 최소한의 에너지다. 그것은 교육의 기본 단위이자 바탕을 이루는 근본 공부이며, 1차 교육에 해당한다. 그러기에 인간의 삶에서 필수적인 중심 공부가 된다. 이에 비해 예악사어서수(禮樂射御書數)는 '문(文)' 교육으로 상징된다. 그것은 '무늬'가 상징하듯이 꾸밈이나 세련화 작업, 응용과 적용의 2차적 특성을 지닌다. 그렇다고 문(文)이 단순히 '글' 공부만을 의미하는 것은 아니다. 삶에 의미와 가치를 부여한 총체적 문화를 지칭하는 것으로 삶의 지혜와 기술을 습득하여 예술적 경지로 승화하는 공부를 말한다. 따라서 절(節) 교육에 비해 2차적이다. 나무에 비유하면, '절' 공부는 뿌리, '문' 공부는 가지와 줄기, 잎에 해당한다.[22]

....

22) 신창호, 『대학, 유교의 지도자 교육철학』, 교육과학사, 2014, p.64.

표 4-2 | 절문(節文) 교육의 대비

灑掃應對進退의 節교육	禮樂射御書數의 文교육
바탕	무늬
기초	응용
根源	枝川
기본	적용

주자는 이런 공부의 핵심을 담고 있는 『소학』을 사람을 만드는 틀로 보았다.[23] 이런 의견은 『소학』이 기본적으로 사람을 만드는 틀, 즉 '사람 됨'을 넘어 '사람다움'으로 만드는 제도적 장치라는 말이다. 정자의 말을 확인하면 『소학』의 중요성을 확연히 살필 수 있다.

옛날 사람들은 아이가 밥을 먹을 수 있고 말을 할 수 있을 때부터 가르 쳤다. 왜냐하면 잘못된 길을 가지 않도록 미리 예방해야 하기 때문이 다. 사람이 어릴 때는 다양한 지식이나 사색을 통해 자기의 주장을 강 하게 펴지는 못한다. 그러므로 날마다 어린 아이가 보는 앞에서 올바른 말을 하고 모범적으로 논의하는 모습을 보여주어서, 그것이 어린 아이 의 귀에 쏙쏙 들어가고, 가슴에 가득 차게 해야 한다. 오랫동안 이렇게 하여 자연스럽게 편안해하고 익숙해져서 그것을 본래부터 지니고 있던 것처럼 행동하게 되면, 나중에 나쁜 말이 마음을 흔들고 유혹하더라도, 깊이 들어갈 수는 없게 된다. 미리 가르치지 않은 상태에서 아이가 점 점 자라면, 뜻과 생각이 한쪽으로 치우쳐 제 멋대로 재단하고, 여러 사 람들의 감언이설에 마음을 빼앗길 것이다. 이렇게 되면 사람답게 착하 게 될 수가 없다.[24]

....

23) 『小學集註』「總論」, "朱子曰, 後生初學, 且看小學書. 那箇是做人底樣子."

24) 『小學集註』「總論」, "程子曰, 古之人, 自能食能言而教之. 是故, 小學之法, 以豫爲先. 蓋人之幼也,

정자의 견해로 미루어 볼 때, 어릴 때부터 본격적으로 학교라는 제도를 만들어 공부하도록 하는 근본 이유는 의외로 간단하다. 현대적으로 의미를 부여하면, 아동이나 청소년이 엉뚱한 길로 빠져, 비행 소년이 되지 않도록 미리 예방하기 위해서이다. 이와 같이 삶의 예방적 차원에서 이루어진 것이 『소학』 공부의 핵심 내용이었다. 그것은 현대적 의미에서 인성교육의 핵심이 된다. 물론 『소학』이 예방적 차원의 교육만 있는 것은 아니다. 아동이나 청소년 교육의 차원이 아니라, 그것을 넘어서는 평생학습이나 삶의 공부 차원에서 볼 때, 『소학』 공부는 수양의 근본 문제를 제기하고 있으므로 도학(道學)의 핵심이 된다. 이때 『소학』 공부의 내용은 예방을 넘어 치료적 차원까지도 충실하게 반영한다.

다. 방법: 글방에서의 인재시교(因才施教)와 자율학습

▶ 교육공간으로서 전통 글방 개관: 서당

이러한 『소학』 차원의 교육은 조선의 전통교육에서 볼 때 주로 서당(書堂)에서 이루어졌다. 전통적으로 서당은 글방, 서재(書齋), 서방(書房), 책방(冊房) 등으로 불리었다. 우리는 이러한 서당의 연원이나 형태, 모습을 정확히 알 수 없다. 멀리는 그 연원을 삼국시대까지 거슬러 올라가 고구려의 민간 사설교육기관인 경당(扃堂)에서 찾기도 하고, 신라의 설총이 경서를 이두로 가르칠 때부터 있었다고도 하지만 확실하게 증명할 수 없다.[25] 그런데 12세기 전반 고려 인종 때, 송나라 사람인 서긍(徐兢)이 고려를 유학한 후 다음과 같이 기록한 것은 주목을 끈다.

知思未有所主, 則當以格言至論, 日陳於前, 使盈耳充腹, 久自安習, 若固有之者, 後雖有議說撓惑, 不能入也. 若爲之不豫, 及乎稍長, 意慮扁好生於內, 衆口辨言於外, 欲其純全, 不可得已."

25) 박래봉·김정일, 「서당교육을 중심으로 한 한국교육의 전통성에 관한 연구」, 『한국체대 논문집』 3집, 1980.

마을 거리에는 경관(經館)과 서사(書社)가 두 세 개씩 서로 마주 보고 있으며, 혼인하지 않은 아이들이 무리를 지어 스승에게 경서를 배우고 조금 더 장성한 청년이 되어서는 각각 저희들끼리 벗을 택하여 절간에 가서 공부한다. 아래의 일반 백성이나 아주 어린아이들까지도 역시 동네 선생을 찾아가 배웠는데, 매우 번성하였다.[26]

여기에서 '경관'이나 '서사' 등 서당과 비슷한 글방들이 보인다. 이는 불교가 성행하던 고려시대, 낙향한 유교 지성인들이 고향의 서재에 머물며 인근의 자제를 가르치면서 서재학당을 출현시킨 것과 관련되는 듯하다. 이들의 서재에 붙여진 이름이 우리에게 익숙한 ○○헌(軒), ○○재(齋), ○○당(堂)이라고 했는데, 이것이 일종의 서당으로 생각된다.[27]

그런데 우리 의식에 보다 친근하게 다가와 있는 서당은 유교 문화, 특히 신유학(新儒學; Neo-Confucianism)을 찬란히 꽃피운 조선조에서 융성하였다고 여겨진다. 왜냐하면 기록상 '서당'이라는 명칭이 조선 성종 때 구체적으로 드러나기 때문이다.

왕이 경기 관찰사 이철견에게 명하기를 "이제 들으니, 전 서부령 유인달이 광주에 살면서 별도로 〈서당〉을 세우고, 열심히 가르치자 마을 중의 자제가 서로 모여 배워서 생원·진사가 그 문하에서 많이 나왔다고 하는 데, 그것이 사실인가? 그대는 그 사실 여부를 직접 물어보고 아뢰어라."하였다.[28]

---

26) 『고려도경(高麗圖經)』 권40, 유학조.

27) 한동일, 「조선시대 향교와 서당」, 『한국교육학의 탐색』, 고려원, 1985.

28) 『조선왕조실록』 「성종실록」 권15, 성종 3년 2월 15일.

이에 대해 경기 관찰사는 그 사실을 다음과 같이 조사하여 아뢰었다.

지난번의 명을 받들어 자세히 조사하고 물어 보았습니다. 광주 사람 유인달이 지난 경진년부터 서부령을 그만두게 된 뒤에 집 옆에 〈서당〉을 짓고 가르침을 시작하였는데, 서생 최수담과 한문창 등 34인이 와서 배웠고, 최수담은 과거에 합격하고 한문창 등 10인은 생원·진사에 합격하였다고 합니다.[29]

이로 미루어 볼 때, 서당교육은 성종 이전부터 시작되어 이 시기에는 이미 많은 지성인들이 관심을 가지고 있었던 것으로 판단된다. 그리고 이런 교육은 계속 성쇠를 거듭하다 효종 10년에 오면 「서당학규(書堂學規)」까지 제정하여 정부에서까지 장려할 정도였다. 송준길이 정한 학규의 본문을 분석하면 다음과 같다.

첫째, 지방 향촌이 각각 서당을 세우고 각각 훈장을 정하여 그 효과가 상당하다.

둘째, 근래에는 그 법이 폐지되었으니 이제 마땅히 예전의 법을 따라서 단단히 일러서 거행하게 하라.

셋째, 훈장은 그 고을에서 고르도록 하되 대학장의 예에 의거한다.

넷째, 수령은 때때로 직접 가서 그 학동을 시험하고 감사와 도사와 교양관도 또한 시험하고 혹은 제술을 시켜라.

다섯째, 만일 실제로 효과가 드러나는 자가 있으면 대전에 따라 훈장에게는 조세를 면제하고 학생에게는 상을 주며 그 가운데 가장 드러난 자

---

29) 『조선왕조실록』 「성종실록」 권18, 성종 3년 4월 28일.

는 임금에게 아뢰어 훈장에게는 동몽교관을 주든지 혹 다른 관직을 주어 권장의도를 보이라.[30]

그 후 조선조가 쇠락하고 일제 식민지로 바뀌면서 서당도 변화를 겪게 된다. 가장 중요한 것은 서구식 국민교육의 형태가 수입되면서 근대 국가에서 비롯된 의무교육 형식의 학교 체제가 들어서면서 겪는 충돌이었다. 서당도 예외는 아니었다. 일제 식민시대의 서당은 전통적인 유학교육을 바탕으로 하는 재래 서당도 있었지만 신문명을 일부 흡수한 '개량 서당'의 형식을 띤 것도 성행하였다.[31] 이 시기 서당은 사숙(舍塾), 혹은 의숙(義塾)·서숙(書塾)·학숙(學塾) 등으로 불리었다. 이와 같은 서당의 전통은 해방 후에도 미미하나마 명맥을 유지해왔으나, 6.25를 거치면서 학교교육의 발달과 의무－강제 교육 정책으로 거의 단절되고 말았다.

서당의 교육방법은 어떻게 보면 의외로 단순하다. 즉, 강독(講讀: 글을 읽고 그 뜻을 밝혀 주며 이해하기)과 제술(製述: 시문이나 글을 지음), 그리고 습자(習字: 글자를 익히는 일)가 주로 행해졌기 때문이다. 다시 말하면, 읽고 이해하고 쓰고 익히기가 주요 공부였다.

강독은 『천자문(千字文)』, 『동몽선습(童蒙先習)』, 『통감(通鑑)』, 『소학(小學)』, 사서삼경(四書三經), 『사기(史記)』 등으로 수준을 높여서 교육했고, 제술은 오언절구(五言絶句), 칠언절구(七言絶句), 사율(四律), 십팔구시(十八句詩), 작문(作文)까지 했다고 하는데, 조그만 동네나 산골의 서당에서는 제술을 하지 않은 곳도 있었다고 한다. 그리고 습자 연습은 바른 글씨체인 해서(楷書)를 연습시켜 일정 수준에 도달하면 흘림체인 행서(行書)를 쓰

30) 이만규, 『조선교육사』 상, 을유문화사, 1947, pp.252-253.
31) 차석기, 『한국 민족주의 교육의 생성과 전개』, 태학사, 1999.

게 했다고 전한다. 이들 교육내용을 학습하는 데 구체적으로 어떤 교육방법을 활용했던가?

▶ 교학 방법의 원칙

서당의 교육방법에 대한 구체적인 기록은 찾아보기 힘들다. 따라서 일제 식민지 시대에 서당교육을 받은 어른이나 최근까지 남아있던 서당교육 출신자들의 증언 등을 미루어 짐작할 수밖에 없다. 서당에서 가르치는 방법은 대개가 비슷했다. 그 큰 줄가리는 아래와 같다.

먼저, 천자문이나 동몽선습 같은 교재를 골라, 한 자씩 한 자씩 가르쳤다. 예컨대, 천자문의 경우, '하늘 천(天), 따 지(地), 가믈 현(玄), 누루 황(黃)……'. 즉, 천·지·현·황이라는 글자를 하나씩 하나씩 훈과 음을 구체적으로 일러 주었다.

그 다음은 음독하는 법을 가르쳤다. 즉, '천·지·현·황'으로 소리 내는 법, 읽는 법을 가르쳤던 것이다. 이런 방법의 끊임없는 반복 암송이 가장 기본적인 교육방법이었다. 이때 학동들은 자기 혼자서 읽고 그 의미를 저절로 이해하는 단계까지 나아가야 했다.

이것이 바로 구독(句讀)의 문리(文理), 즉 그 구절의 의미가 무엇인지 구체적으로 이해하게 되는 상황이다. '천지현황'의 경우, '하늘은 가물거리고 땅은 누르스름하다.' 이는 읽은 구절의 뜻과 음을 터득한 후에 생기는 글의 온전한 이해이다. 문리는 바로 글의 이치를 파악하는 글의 개략적이고 전반적인 이해이다.

이러한 문리가 생긴 후에 그 구절이나 한 문장의 대의(大義)인 큰 뜻을 좀 더 풀어서 응용하고 확장하여 의미해석을 하면서 가르친다. 즉, '천지현황'이라고 했을 때, '하늘은 가물가믈 거리고 땅은 누르스름하다.'로 끝나는 것이 아니라, 하늘은 왜 가물거리는가? 가물거린다의 의미는 도대체 무엇인가? 하늘을 보라. 아지랑이가 아롱아롱대듯 끝없이 푸른듯한 창공에 무언가 알 수 없는 것이 아롱대지 않는가? 아래에서 보면 파란 하늘이, 위에 올라가면 아무런 색도 아닌 허공인 것, 그런 상태가 하늘의 가물거림이다. 땅은 왜 누르스름한가? 흙이란 우리에게 무엇인가? 흙은 우리 모두를 살아있게 하는 원천이다. 거기에서 곡식이 나고 만물이 자란다. 뿐만 아니라 우리가 발 딛고 있는 땅이다.

이런 대의 파악이 이루어지면 가르침은 일단락된다. 그 후에는 가르치는 스승없이 스스로 풀이하여 읽는다. 이것이 서당교육에서 가르침의 대강이다.

다시 정리하면, ① 낱글자 익히기 ② 소리 내어 읽기(음독) ③ 문장 해석(구독의 문리) ④ 문장의 의미 확장(대의) ⑤ 스스로 풀이(자습)의 순서로 단계적 학습을 진행해 나갔다.

▶ 학습 방식

강독은 서당교육의 가장 기본이 되는 방법이다. 훈장이 먼저 읽고 뜻을 풀이하면 학동은 따라서 읽는다. 이는 구체적인 읽기와 뜻풀이 과정을 말한다. 오늘날 교육에서 일반적으로 통용되는 교수 방법과도 비슷하다. 훈장은 먼저 강(講)을 하여 글자의 의미를 해석해 주고 읽는 방법 등을 일러준다. 그리고 학동들에게 따라 읽게 하였다. 초보자들에게는 분판 또는 종이의 왼쪽에 모범 글씨를 쓴 후, 그 모범 글씨를 따라 쓰게 하였다. 이 과정은 매일 아이의 실력에 맞춰 배울 범위를 정하고, 하루 종일 숙독시키면서 진행되었다. 그리고 다음날 전부 외워 통달한 후에야 다음 진도를 나갈 수 있었다. 즉, 철저한 암송(暗誦)의 과정이었다. 매일 외우고 노래 부르듯 읽어야 했다. 만약 외우지 못하면 회초리로 종아리를 맞고 다 외울 때까지 읽히었다. 이 엄격한 과정이 하루에 5시간 정도 행해졌다.

이런 강독 과정은 단순히 보면 철저한 지식 주입의 교육으로 오해할 수 있다. 그러나 주입이 아니다. 자득(自得)이다. 스스로 외우고 스스로 읽고 스스로 터득하는 과정이다. 어떤 학동들은 암송 과정에서 산 가지를 놓고 외웠는지 못 외웠는지 셈을 해가면서 숙독 훈련을 했다. 사실 훈장이 가르치는 것은 가장 기본적인 것으로 아직 잘 모르기 때문에, 어두운 동몽(童蒙)의 상태에 있기 때문에 한번 일깨워주는 것일 뿐이다. 그 후에 알고 모르는 것은 학동 자신의 책임이다. 그래서 다음에는 다시 지식을 주입하는 글의 가르침이 아니라 회초리라는 깨우침의 도구를 써서 학동을 깨칠 뿐이다. 이 어찌 주입식 지식 교육인가? 강독은 가르침과 배움의 교학상장(敎學相長)인 자기수양, 즉 깨달음의 과정일 뿐이다. 이는 끝이 없어서 밤에 글 읽는 것을 장려했고, 열 두 시가 넘도록 암송하며 글 읽는 소리가 그치지 않는 경우도 많았다고 한다.

또 중요한 것 중에 하나가 계절에 따라 글 읽는 내용이 달랐다는 점이다. 봄, 여름, 가을, 겨울, 사계절의 변화는 인간의 사상 감정을 다르게 조절하는 자연의 혜택이다. 아무래도 여름에는 더위에 지치는 것이 인간이다. 그래서 가능한 한 인간의 머리를 덜 쓰는 시(詩)나 율(律) 같은 흥취를 끄는 것을 장려하였다. 요즘으로 말하면 음악 같은 흥취를 돋우는 과목을 주로 교육했다. 그리고 봄과 가을에는 『사기』와 같은 역사서나 옛 이야기를 읽었고, 겨울에는 좀 까다로운 경서를 읽혔다. 이 또한 계절과 인간의 사상 감정을 조화시키려는 과학적인 교수 방법이었다.

제술과 습자는 강독 중간 중간에 혹은 강독이 끝난 후 이루어졌다. 제술은 새로 나온 한자음을 익힌다든가, 4율, 오언절구, 칠언절구 등의 시를 짓게 하거나 고학년에게는 운(韻)을 주고 글을 짓게 하였다. 즉, 구체적인 시나 문장을 쓰게 했다. 그 처음에 주로 짧은 글인 시를 짓게 했던 것이다. 이는 요즘의 짧은 글짓기나 동시를 쓰게 하는 교육과 비슷하다.

습자 교육은 글자를 바르게 쓰는 것을 위주로 하였다. 이는 마음을 바르게 한다는 의미와도 통한다. 그래서 정자인 해서(楷書)를 원칙으로 하여 행서나 초서로 나아갔다. 습자는 한 점 한 획에 힘을 주어 일일이 연습시킨다. 특히 오랜 시간 동안 점과 획을 충분히 익히고 난 후 글씨를 쓸 수 있게 되었을 때, 훈장이 글을 종이에 써서 준다. 그러면 그것을 받아 어린 아이는 그 위에 모방하여 굵게 쓰기 연습을 하고, 조금 나이가 있는 학동은 자기가 써와서 수정을 받았다.

제술과 습자는 각각 하루 1~2시간 정도 이루어졌다. 이렇게 볼 때 서당은 강독과 제술, 습자교육에만도 하루 7~9시간 이상 교육하는 그야말로 학업에 여념 없는 배움의 집이었다.

이런 과정은 철저하게 개인의 능력에 따른 학습이 이루어졌다. 재질에 따라 빠른 아이도 있고 늦은 아이도 있었다. 따라서 익히는 과정에 따라 진도도 달랐고, 배우는 책도 달랐다. 그래서 훈장이 먼저 한 번 가르치고 난 후, 단계에 따라 좀 우수한 학동이 보조로 지도하기도 하고, 한 명씩 훈장 앞에 가서 훈장이 글자를 가르쳐 주면 제자리에 와서 읽어보고 외우고 붓으로 써 보이기도 했다. 그 후 익힌 것을 훈장 앞에서 읽어보고, 외우고, 써보고 해서 확실하게 하지 못하면 그 다음 진도를 나가지 않았다. 또 큰 소리로 읽고 쓰기도 하는데, 비슷한 능력을 가진 학동 1, 2명을 동시에 지도하기도 하였다. 이때 암송하는 방법은 가부좌 자세로 앉아 상체를 앞뒤로 혹은 좌우로 흔들면서 소리 내어 읽었다. 이런 과정은 다음 날 확인 학습으로 이어지고, 완전히 암송하여 익혔으면, 다음 진도를, 그렇지 않으면 익힐 때까지 암송에 들어갔다. 이 방법은 한문을 읽을 때, 묵독보다는 강약을 넣어서 소리 내어 읽는 것이 좋다는 것을 의미한다. 왜냐하면 문장의 문맥을 잡기에 좋고 장시간 읽기에서 오는 졸음을 방지하는 데도 좋기 때문이다.

그 외 중요한 교육방법으로 유희를 학습과 연관시켜 지식과 삶의 지혜를 터득하게 한 것이 있다. 예컨대. 골모듬이라든가 비슷한 글자 맞추기, 수가지 놀이, 제기차기, 얼음지치기, 자치기, 씨름, 여름끌, 땅뺏기 놀이 등, 방과 후나 쉬는 시간을 이용해 행해졌다. 그뿐만 아니라 강독에도 일상적인 것과 정기적인 것으로 나누어졌다. 즉, 서당의 일상생활에서 일정한 진도가 끝났을 때의 괘책례(掛冊禮: 책걸이), 서당의 학동 중 성적이 가장 우수한 자를 선발하여 베푸는 장원례, 그리고 백일장 등 정기 행사도 있었다. 또 예법 지도가 구체적으로 이루어졌는데, 그 중심은 효제충신(孝悌忠信)이었고, 그 기본은 겸손하며 부끄러워 할 줄 아는 도리에 있었다. 그 외에도 배움을 시작하기 전에 행하는 개접례(開接禮: 개강 의식)도 행하였고, 가끔씩 '마음을 씻는다'는 의미로 심산 계곡이나 약수터에 가서 목욕을 하기도 했다. 이러한 서당의 행사는 대개 학습과 밀착되어 있었으며, 형식적인 의식과 같은 형태는 적었다.

▶ 교수 방식

위에서 이루어진 교학 방법은 사실 다음과 같은 교육방법의 원리적인 측면을 담고 있다. 전체적으로 보면 '아동의 재질에 맞도록 학습 진도와 분량을 정하고 충분히 암송하여 뜻을 알도록 하였으며, 알기 쉽게 설명하고 인내성을 가지고 가르친다.'는 것이다.[32) 이를 이덕무는 다음과 같이 설명했다.[33)

먼저, 많은 분량을 한꺼번에 가르쳐서는 안 된다. 많은 글보다는 자세하게 익히는 것이 필요하다. 실제로 200자를 익힐 능력이 있는 학동도

---

32) 이만규, 『조선교육사(상)』, 을유문화사, 1947, pp.280-282.
33) 이덕무, 「동규(童規)」, 『사소절(士小節)』 하.

100자만 가르쳐서 정신적으로 여유가 있게 하였다. 이렇게 하면 글공부를 싫어하거나 괴로워하지 않고 스스로 터득하는 묘한 이치가 있다고 한다.

두 번째, 글을 가르칠 때는 수다스럽게 말을 많아 하지 말아야 한다. 수다스런 말은 절대 금기이다. 재주가 높고 낮음에 따라 자세하고 간략하게 해설할 것이니 어린아이가 어찌 진득하게 앉아 있겠는가? 마음 약한 녀석은 초조하고 번민할 것이다.

세 번째, 글 뜻이 아주 묘한 것은 말하지 않아야 한다. 일상 세계와 동떨어진 잘 알아듣지 못하는 지나치게 심오한 말을 하면 학동은 하품을 하거나 기지개를 켜고, 오직 '예예'하면서 복종하는 척하며 벌떡 일어설 마음만 생긴다.

네 번째, 멍청한 학동일수록 참고 용서해야 한다. 즉, 인내심을 가지고 끝까지 하나하나 학동의 수준과 능력에 맞게 가르쳐 주어야 한다.

다섯째, 방언이나 글 뜻을 풀이한, 혹은 사물의 이름을 잘 알게 해주는 『훈몽자회』 같은 책을 가르쳐라. 이런 교재를 통해 풍부한 상식을 얻고 식견을 넓힐 수 있다.

여섯째, 습자서를 가르쳐서 글자를 구체적이고 확실하게 익히게 한다. 그렇게 하여야 모든 경서와 사서에 막힘없이 통하게 되는 것이다.

그리고 학동의 심리를 잘 살펴서 효과 있는 교수법도 고민하였는데, 엄하게 단속하지 말고, 너무 너그럽게 놓아두어서도 안 되며, 적절하게 조종하고, 재주가 있더라도 지나치게 칭찬하지 말고, 실없이 함부로 농담하지 말며, 좋고 그른 것을 분명히 하여 나쁜 것에 물들지 않게 했다.

(2) 전통교육 방식에 대한 재조명

전통교육의 방식은 당시 세계관 속에서는 상당히 과학적인 듯하다. 특히, 교육방법적인 측면에서만 본다면, ① 학습량을 적당하게 하여 암송하는 방법, ② 배운 내용에 대한 완전 학습 ③ 수준별 개별 교육, ④ 적절한 상벌 제도, ⑤ 암송에서의 몸동작, ⑥ 강독을 통한 평가, ⑦ 도덕과 예법 지도 등으로 요약할 수 있다. 이를 다시 정리하면 교재의 수준은 학동의 능력을 감안하여 쉽고 알만한 것을 제공하며, 훈장은 강독을 통해 문제를 다 풀어주지 않고 학동이 스스로 사고하여 풀게 하고, 풀이한 것이 맞지 않으면 두 번 세 번 거듭 풀게 하고, 학동의 능력을 고려하여 많은 양을 가르치지 말며, 능력보다 적은 양을 가르쳐 부담감과 싫증을 내지 않게 하고, 공부하기를 싫어하고 스스로 생각하지 않으면 다양한 벌칙을 통해 마음을 다잡게 해주었다. 주요 벌칙으로는 당번 근무를 서게 하거나 실외에 서게 하기, 청소, 나머지 공부, 달초(撻楚: 회초리) 등이 있다.

이는 현대교육의 측면에서 다음과 같은 의의와 가치를 담고 있다.[34]

첫째, 학문 전수의 기능이다. 서당에서 학동들은 암송을 통해, 그리고 서당의 전반적인 생활을 통해 배움의 의미를 구체적으로 인식하고 그것을 후세에 전하는 토대를 닦았다.

둘째, 조기 교육의 실행이다. 서당은 아주 어린아이에서부터 20세, 심지어는 40세가 넘은 어른에 이르기까지 다양한 구성인자가 있었다. 무학년제 학급이랄까? 더구나 학동들에게 부과되는 대부분의 문장학습은 언어 교육을 겸하고 있었다. 이는 서당교육이 글과 말을 어릴 때부터 익히는 조기 교육의 한 사례임을 보여준다.

셋째, 전인 교육의 실천이다. 전인 교육은 지·덕·체육을 총괄하는 단순한 지식의 전달만이 아니라 인간의 바탕을 이루는 인격의 함양을 위한 교육이다. 앞에서 살펴본 것처럼 서당교육은 암송을 비롯하여 서당의 전

─────────────────────

34) 김경수, 「서당교육의 가치에 대한 일고찰」, 성신여대 교육문제연구소, 1988.

생활이 인간의 온전한 삶을 위해 조직되어 있다. 이는 유학의 최종 목표인 천인합일(天人合一)의 경지, 즉 성인으로 가는 길과도 통하며, 서당의 생활 자체가 하나의 수양과정으로서 전인 교육을 실천하고 있음을 알 수 있다.

넷째, 개인별 수준 교육이다. 서당은 철저한 개인교육이었다. 능력에 따라 진도를 달리하고 익히지 못하면 진도를 나가지 않았다. 훈장−접장−생도로 이어지는 계통을 통해 개인별로 능력에 맞게, 즉 제각기 다른 진도에 따라 서로 다른 글 읽는 소리로 서당은 항상 시끄러웠다.

다섯째, 깨달음의 교육이다. 즉, 훈장은 모든 것을 가르쳐 주지 않는다. 강독은 한 두 번으로 족하다. 그 이후 학동은 스스로 암송을 통해 문리를 터득하며 대의를 깨우쳐 가야 한다. 그것이 서당 학습의 기본 원칙이었다.

여섯째, 평생 교육의 훈련 기능을 지니고 있다. 암송은 서당의 주요한 학습의 원천이었다. 이는 자신을 수양하는 도구로써 선비들이 평생동안 사용한 공부방법이다. 그래서『맹자』를 삼천 번 읽었다느니『주역』을 몇 천 번 읽었다는 얘기가 나온다. 이런 평생 교육은 서당에서의 수련의 결과일 것이다.

(3) 현대화 및 혁신의 원칙과 전략

현대사회는 전통교육이 이루어지던 서당이 학교로서 기능하던 시대에는 상상도 못하던 일들이 벌어진다. 제4차 산업혁명의 시대를 살아가는 아동이나 청소년들은 자기 존재의 파멸을 너무나 뼈저리게 경험하고 있다. 제도교육은 근대 국가가 교육을 의무적으로, 혹은 강제적으로 담당하면서부터 급격히 발전했다. 제도교육, 공교육은 지금 우리 교육의 대부분이다. 우리는 그것을 부정할 수 없다. 공교육은 그만큼 우리의 삶에 기여했다. 한편 그만큼 부정적인 측면도 많이 낳았다. 여기에서 전통교육의 방식을 새롭게 고민하고 시대정신에 맞게 혁신할 필요가 있다. 여기에서는 향후 우리가 보다 구체적으로 분석하고 재구성할 교육방식의 현대화를 위한 원칙과 방향을 제시하고자 한다.

가. 쇄소(灑掃)와 육예(六藝)의 현대화

▶ 윤리도덕의 습관화와 성찰적 능력의 강화

"쇄소응대진퇴(灑掃應對進退)"가 근본적으로 추구했던 교육방식의 목표는 윤리도덕의 습관화(習慣化)였다. 이러한 수양(修養), 수련(修鍊), 단련(鍛鍊)은 타성적이고 수동적인 것이 아니라 적응의 능동적 측면을 강조하고 함양하는 것이었다. 신체적 타성에만 의존하는 도덕의 습관화를 오히려 지적, 도덕적 발전 가능성을 위축하고 차단하는 역효과를 가져올 수 있다. 응대와 진퇴, 몸 단련과 정신집중은 마음의 습관을 동시에 의미하기 때문에 마음의 지적 요소는 습관의 다양성과 탄력성을 가능하게 만들어 지속적인 성장을 추구하게 만들 수 있다. 그러므로 이러한 지력(智力)을 자극하고 격려하는 방식으로 전통교육을 현대화 시켜야 한다. 그러므로 일에 관한 규범, 일상의 윤리도덕을 구체적인 실천을 통해 습관화하는 동시에 성찰하는 교육방식을 추구해야 한다.

그러므로 '절(節)'과 '문(文)', 뿌리와 가지, 줄기와 잎의 관계처럼 교육방식이 근본을 굳건히 하면서도 다양한 역량을 풍부하게 할 수 있는 교육방식을 정교하게 만들어야 한다. 이런 원칙은 강독의 현대화에도 적용될 수 있다. 강독은 훈장의 일방적 가르침이 아니라 깨달음의 교육이었으며 대의를 스스로 깨우쳐 가는 주체적이고 자발적인 동기와 실천으로 나아가는 계기였다. 넓은 의미에서 강독의 공부를 주입이 아닌 자득(自得)의 원리로 현대화시켜야 한다는 것이다. 자신의 무지를 깨닫고 스스로 깨우치기 위해, 보다 더 성찰적인 인간이 되기 위해 스스로 채찍질하고 끊임없이 知를 사랑하고 탐구하여 더 발전해 나가는 존재가 되는 방안으로 강독의 교육방식을 세련되게 만들어야 한다. 강독의 원리를 현대화한다면, 가르침과 배움의 교학상장(敎學相長)인 자기수양을 더욱 촉진, 격려하고 강화할 수 있을 것이다. 배움이 곧 깨달음이며 자신에 대한 사랑의 실천임을 각성하는 내면적 습관이야말로 지속성과 일관성을 가능하게 만드는 교육방식이다. 이는 반복을 통한 내면화, 습관화이면서도 스스로 사고하고 주체적으로 심화시켜 실천적 응용을 체계화시킬 수 있는 상황맥락적, 성찰적 교육방식을 의미한다. 이러한 교육방식과 효과가 생애주기에 걸쳐진 윤리적 인성과 정치적 능력을 가진 존재가 될 수 있는 방식을 모색해야 할 것이다. 아울러 편견이나 단견, 근시안적인 판단이나 욕망에 치우친 사고와 행동의 습관을 반성하고 고칠 수 있는 훈육 방식을 개발해야 하며 나아가 저마다의 상황에서 힘들고 상처받은 영혼의 치유까지 가능한 내용과 방식을 개발해야 한다.

▶ 지식-실천의 선순환 강화

전통교육 방식의 현대화를 위해서는 지성의 선순환을 모색하고 지식과 실천이 괴리되지 않는 교육방식과 과정을 모색해야 한다. 주지하듯이, 앎은 자신의 정신세계를 발전시키는 것을 의미할 뿐만 아니라 삶과 사회를 개선하는 데 필요한 가치들을 실현해 나가는 노력과 결합해야 한다. 앎은 대상(세계)에 대한 인식이면서 대상(세계)에 변화를 주는 실천인 동시에 나 자신을 변화시키는 동시적인 실천이며 이를 통해 앎 자체가 다시 변화·심화하는 회귀적 효과로서 선순환의 매개로 작동할 수 있는 것이다. 결국 교육은 나-주체와 너-주체, 우리-공동체가 공존하는 생활세계를 좀 더 좋은 상태로 만들어 가는 지행합일의 방식으로 수행되어야 한다. 이러한 지행합일의 실천은 단순히 깨달음에 그치지 않는다. 교육적 실천 자체가 진실(眞), 좋음(善), 아름다움(美), 조화(和), 사랑(愛) 등의 전통적 가치를 자극하고 격려하며 창출하는 것이다. "지는 행의 공부이고 행은 지의 완성이다"의 양명의 가르침은 여전히 빛을 발한다. 양명이『대학』을 통해 궁극적으로 강조한 바는, 격물치지를 논하고 격물치지 후에 성의정 심하므로 성의정심은 자연히 行(행)이라고 볼 수 있다는 것이다.

그러므로 전통교육 방식의 현대화 전략은 즉지즉행으로서, 비록 지와 행을 동시에 추구하는 것은 아니지만 궁극적으로 합일의 실현으로 나아가 야 한다. 치양지설에 따르면 '안에서부터 밖으로 이르는' 교육과 '밖에서부 터 안으로 이르는' 교육의 쌍방향적인 의미에서 도덕과 지식의 결합 방식 및 효과를 성취할 수 있는 보다 정교하고 체계적인 교육프로그램이 모색되 어야 한다. 현재의 교육제도가 실질적으로 지나치게 지식만을 강조한다면, 현대화된 전통교육은 개인의 내면적·실천적 역량의 근본적인 중요성을 인 식하고 함양하는 데 집중해야 한다.『중용』에서 "하늘이 명한 것을 성이라 하고, 성을 따르는 것을 도라고 하며, 도를 닦는 것을 교라고 한다"면, 성 에 대한 공부와 도에 대한 공부와 수행은 내적으로 연관되어 있으며 이런 특징을 현대화시켜 교육의 내용과 방식이 유기적이고 총체적으로 결합된 잠정적으로 완결된 지식－실천 합일의 교육방식을 추구해야 한다.

나. 실천적 협력교육방식의 현대화

주지하듯이, 접장(接長)은 자신이 학생이면서 수준이 낮은 학생들을 가 르치기도 하여, 일종의 조교구실을 하였다. 훈장－접장－생도로 이어지는 개인별, 능력별 교육과 동시에 우수한 학생의 보조 및 상호작용에 기반한 협력학습, 협동교육을 활성화시켜야 한다. 예를 들어, 교육 대상의 개인적인 차이를 차별로 받아들이지 않고 협력 수업을 유도하기 위해 일부러 두 개 학년을 한 반으로 묶는 혼합반 구성을 할 수도 있다. 다양한 연령이 같이 배우면서 서로 협력하는 풍토는 우리 전통교육의 특징이기도 하다. 서당에서는 개인별 학습 속도를 존중하면서도 접장(소담임제) 제도를 통해 자연스럽게 먼저 배운 사람이 후속 학습을 도와주었으며 그 관계가 일방적이지도 않았다.[35]

총체적인 실천으로서 협력교육은, 단순화시켜 보자면, "세 사람이 가면 거기에는 반드시 나의 스승이 있다"는 가르침과 다르지 않다. 모두가 서로 배우고 조직적으로 학습하며 사회적으로 학습하면서 '성찰-주장-토론(논쟁)-변화-(잠정적) 합의-성찰'로 이어지는 발전적 회귀와 선순환의 구도를 구현할 수 있어야 한다는 것이다. 그러나 현재 우리의 교육은 오직 개인 수준에서의 학습능력과 성과를 배타적으로 강조하고 오직 경쟁에서 자신의 우월성을 입증하는 시스템에 익숙해져 있고 그런 제도적 배경에서 공부를 하고 있다. 이러한 지적 능력은 본질적으로 기술-기계적인 능력과 크게 다르지 않다. 알파고가 대신할 수 있는 지적, 기술적 능력이 인간적인 덕성과 역량 교육의 내용과 목표가 되지 않도록 교육방식을 혁신해야 한다는 것이다. 이를 위해서는 면대면 대화와 소통, 상호교감을 끌어낼 수 있는 협동교육을 활성화시켜야 한다.

보다 적극적으로 적용을 해보자. 먼저 협력은 단순히 연령이나 학년, 성별, 신분과 지위 등 사회적 공통분모나 사회적 연결망 의미를 넘어서서 협력하는 주체들이 서로 일정한 자율성을 지님과 아울러 함께 일하고 노력한다는 의미를 동시에 지닌다. 협력은 구체적으로는 두 사람 이상이 함께 노력하면서 동시에 서로가 발전할 수 있어야 한다는 점을 내포하며 차

---

35) 송순재, 「국내 프레네 교육학 연구와 실천」, 『프레네 교육 실천을 위한 네트워크』, 전교조, 2008.

이들의 공존 속에서 함께 노력하고 상부상조할 수 있어야 한다는 의미를 부각시킬 수 있다. 아울러 학교교육에서 가장 중요하게 다루어져야 하는 것은 인간관계이다. 협력적인 인간관계가 형성되어야 협력적인 교육활동을 통해 협력적인 태도를 내재화하는 학생이 출현할 수 있는 것이다. 주지하다시피 교실 환경, 학교 환경도 존재에 영향을 미치기는 하지만, 최우선적인 것은 인간관계, 즉 교사들 간의 관계, 교사와 학생의 관계, 학생과 학생의 관계에 있다.

이런 의미에서 '협력교육'은 학생, 동료 관계에서 뿐만 아니라 학생, 교사, 학부모 등 모두가 서로의 차이와 역할을 긍정하면서도 상호구성과 영향 속에서 서로를 발전적으로 변화시키는 길 찾기를 모색한다. 예컨대, 학생들의 질문에 대한 응답을 통해 교사들은 교수 내용과 교수법에 대해 새로운 문제의식을 획득하고 배우면서 가르칠 수 있어야 한다. 학생들은 교육자료를 기반으로 배운 지식을 토대로 자신이 응용한 내용을 협력하여 발표하면서 상호교육을 체험할 수 있으며 여기에는 주제와 상황에 따라 학년간 통합과 학교 단위를 넘어서는 이웃 주민이나 학부모의 적극적인 연루도 모색할 수 있다. 일차적으로, 학생들의 토론과 잠정적 결론에 기반하여 교사 및 학부모는 자신의 교육관, 인간관을 수정하면서 보다 풍부한 논의들을 도출해낼 수 있을 것이다.

다. 전통적 융합교육의 현대화

전통교육의 중요한 특징 중 하나로서 전통교육이 계절에 따라 글 읽는 내용이 달랐으며 봄, 여름, 가을, 겨울, 사계절의 변화에 조화를 이루는 인간의 사상 감정을 조절했던 방식을 현대화해야 한다. 즉, 정신과 신체의 리듬에 조화를 이룰 수 있는 방식으로 교육해야 하며 자연과 더불어 살아가는 존재의 깨달음과 노력을 극대화시킬 수 있는 방안을 개발해야 한다.

여기서 우리가 중요한 모델로 참고할 수 있는 것이 앞서 언급했던 대표적인 교육서인『천자문』이다. 천자문은 현대학문의 독립적이고 괴리된 분과체계와 달리 인문, 윤리, 사회, 역사, 우주, 자연 등을 두루 살피면서 융합과 통섭의 교육 효과를 의도한 것을 알 수 있다. '천지현황(天地玄黃), 우주홍황(宇宙洪荒)'으로 시작하는 천자문은 우주론에서 시작하여 정신과 몸에 대한 수양과 함께 '먹고 사는 문제', 즉 경제적 문제로서 농사와 관련된 해와 달의 변화, 구름과 비의 형성 등 자연현상을 심도 있게 고찰하는 내용으로 구성되어 있다. 인간의 삶의 터전으로서의 자연환경을 거쳐 인간이 이룩한 문화, 문명을 설명하기 위하여 인문과 수양, 도덕, 정치의 내용을 제시하고 있는 것이다.

이를 현대적으로 재해석한다면, 개인의 내면세계와 생활세계, 정치세계, 경제세계 등의 영역을 넘나들면서 실천적 지식과 덕성의 함양이 최우선의 원리이자 목표였던 것이다. 거시 담론에서 시작하여 미시 담론으로 추이가 옮겨가면서 학습자의 지식은 유기적 연결망 속에서 조직화되고, 유기적 세계관을 수용하게 되는 교육원리였던 것이다.[36] 조선에서도 어린 학생들에게 가르쳤던 『천자문』의 난해함을 보완하기 위해 최세진(1468 ~1542)이 편찬한『훈몽자회(訓蒙字會)』역시 천자문을 조선의 맥락에 맞게 쉽게 재구성하고 있는바 천문·지리와 정신과 신체의 문제, 인륜도덕, 음식의복 등 다양한 삶의 영역을 넘나들면서 통섭적인 교육방식을 구현하려 했다.

---

36) 한예원, 「동아시아 세계의 '知'의 지형도 : 유교적 '교육' 체계론과 근대적 '실천지'」, 『인문연구』 69집, 영남대학교 인문과학연구소, 2013, pp.53-55.

3. 전통교육 체계의 현대화*

이 장에서는 앞에서 고찰한 전통교육 내용과 방식의 현대화 방안에 대한 결과물을 기반으로 총체적인 관점에서 내용과 방식이 결합된 완결된 구성물로서 이념적 목표와 교육운영의 원리, 핵심역량, 수업모형 등을 종합한 전통교육체계의 현대화 및 혁신의 원칙과 전략을 살펴볼 것이다. 특히, 우리 연구의 최종목표인 민주적 시민성 교육과 정치교육 프로그램의 취지에 부합하는 전통교육의 현대화 방안에 집중했는바, 연구 초반에 시행했던 민주적 시민성 설문조사 결과 및 앞의 연구 결과를 종합하여 전통교육 현대화의 정치적 목표와 시민성 교육의 현대화를 적극 모색하였으며 이와 연관된 전통적 핵심역량과 교육운영 원리의 현대화를 집중적으로 탐색하였다.

(1) 전통교육의 현대화의 이념적 목표와 현대화

정치학과 유학(전통), 교육학의 통섭을 통해 전통교육의 현대화를 추구하는 우리에게 가장 중요한 과제 중 하나는 전통적 자료와 문헌에서 정치공동체의 발전과 민주주의를 더욱 풍부하게 하는 데 기여할 수 있는 가치와 덕목을 발굴, 변용하여 교육내용으로 재구성하는 것이다. 본질적으로,

---

* 심승우 외,「민주적 시민성에 대한 동서양 교육철학의 통섭 모색」,『한국교육학연구』23(1) 2017.3.
   본 연구에서 교육체계는 공교육·사교육, 초중등·고등교육체계 등 제도적 수준에서 학제의 구분과 기관·조직 구성 및 기능, 업무분장이라기 보다는 우리 연구의 궁극적인 과제인 온고지신 교육프로그램 구성을 위한 교육목표, 교육내용 및 교육방식 및 이의 원활한 수행을 위한 수업모형 등을 의미하는 바, 전통교육의 현대화의 이념적 목표, 교육과정의 원리와 운영, 교육이 육성하려는 핵심역량, 수업모형설계 등의 방향과 원칙, 전략을 제시하고자 한다. 우리 연구의 궁극적인 목적 역시 학교제도의 총체적 개혁이라기 보다는 단위수업에 적용될 수 있는 수업프로그램을 구성하는 것임을 밝혀둔다.

전일적 세계관을 배경으로 항상 – 언제나 관계망을 중심으로 생각하는 전통교육에 있어 자아 발전이란 존재론적으로 공동체 및 인간관계와 불가분의 관계를 맺고 있으며, 근대자유주의 정치철학의 공리로서 자아 중심적인 권리 담론과 계산적 이익에 기반하지 않는 의사소통을 통한 합의의 산출을 중시한다. 이런 과정은 삶과 사회, 정치의 영역에서 도덕적 통찰력의 발전, 윤리적 삶과 정의로운 공동체에 대한 비판적으로 사고할 수 있는 능력의 고양과 동시에 다양성의 시대에 도덕적 가치와 방식의 보편화를 필수적인 내용으로 포함할 것이다.

이러한 전통교육의 혁신과 현대화의 원칙과 전략을 위해 다른 자료 못지않게 중요하게 참고해야 할 자료는 『대학』이다. 주희는 사물의 이치를 깨닫고 궁구하기 전에 실천할 것을 강조했으며 실천을 통해 몸의 훈련을 이룬 다음에 사물의 이치가 더 잘 궁구될 수 있을 것으로 간주했기 때문에 『대학』에 앞서 『소학』의 도를 실천하도록 권면했으며,[37] 이는 궁극적으로 『대학』에 담긴 목표와 군자적 능력의 완성을 위한 것이었다. 전통교육에서 『소학』의 공부를 강조한 것도 궁극적으로는 『대학』의 진정한 뜻을 깨닫고 올바른 실천을 위한 것이다.[38] 예컨대, 선조 즉위년에 이황은 "옛날 사람들은 먼저 『소학』을 읽어서 본바탕을 함양했기 때문에 대학에서 격물치지를 말한 것입니다. 후세 사람들은 『소학』을 읽지 않기 때문에 근본이 없어 격물치지의 공효(功效)를 알지 못합니다. 『소학』은 비단 연소한 사람들뿐만 아니라 장성한 사람들도 읽어야 할 책입니다."[39]

주희는 공부의 목적이 입신양명에 우선적인 순위가 있는 것이 아니라

---

37) 윤인숙, 『조선 전기의 사림과 소학』, 역사비평사, 2015, p.98.
38) 우리는 향후에 소학과 대학의 유기적이고 순환적인 성격에 주목하여 큰 틀에서의 온고지신 전통교육 내용과 방식을 도출하고 현대화할 것이다.
39) 『선조실록』 2권, 선조 1년, 3월.

자신의 몸과 마음을 닦은 후에 미루어 남에게까지 미치게 하려는 것임을, 달리말해 자기 삶의 구체적인 현장에서 오륜의 보편적인 인간관계를 정당하기 실현하기 위함이며 그 관계 맺음을 사회적인 영역에서 바르게 실현하기 위한 배움의 체계를 설파했다. 이런 맥락에서, 『소학』은 사물의 일 처리를 가르쳐 자신의 마음을 스스로 함양하여 자연스럽고 자발적으로 드러나도록 내면적 덕성과 실천을 훈육하는 것이었으며 자신과 타인의 관계성에서 구체적, 현실적, 실천적 지향을 추구했다. 이런 덕성과 실천의 원리가 공적이고 공동체적 차원의 치국으로 나아가는 기반이 되었던 것이다. 정치적 주체로서 유교적 정체성과 공동체의식, 실천적 참여의 강조 등 이상적인 선비의 전형이 이를 상징한다. 그러므로 전통교육의 현대화는, 생명의 존엄성과 인간다운 삶이 영위되는 가정에서부터 학교 및 사회에서의 교육내용과 방식, 과정은 그 교화력이 전인격적이 범위에 미치도록 구성되어야 하며 민주적 시민성 함양이라는 일관된 목표 하에서 유기적으로 연결되게 교육체계를 수립해야 할 것이다. 달리 말한다면, 현대적 의미에서 생활세계와 사회세계, 정치세계에서의 교육과 실천이 유기적으로 잘 연동되어 덕스러운 민주적 시민성을 가진 현대적 선비의 윤리적, 정치적 기반을 마련해야 한다는 것이다.

한편, 전통교육의 심화단계로서 대학은 전통시대 유교적 교육·교화론의 핵심적, 궁극적 근거로 사용되었으며 『대학』에는 교육과 교화에 대한 명확한 이론적 체계가 정리되어 있다. 주자는 『대학』은 천자나 제후만의 학문이 아니라 모든 일반인도 배우고 실천할 수 있는 선현의 학문으로 해석했기에,[40] 일반 학생－교사－시민을 대상으로 정치교육·시민성 교육프

---

40) 지준호, 「공자의 도덕교육론 - 인격과 정치의 문제를 중심으로」, 『한국철학논집』 40집, 한국철학사연구회, 2014, p.212.

로그램을 구성하려는 우리의 연구취지에도 부합한다.

『대학』의 핵심이라 일컬어지는 삼강령과 팔조목은 유교적 교육체계를 최소한으로 진술한 핵심개념이라고 말할 수 있다. 삼강령의 "明明德, 親民(新民), 至於至善"은 전체를 총괄하는 총강령이며 유교교육의 목표라고 한다면, 그 목표를 실현하기 위한 실천 방안, 즉 구체적 프로세스가 "格物, 致知, 誠意, 正心, 修身, 齊家, 治國, 平天下"의 8조목이며 팔조목 중 전반부의 格物~正心의 4조목은, 그 다음에 오는 '修身'에 포함되는 기초 항목이라고 말할 수 있다.[41] 다시 정리하면, 『대학』의 교육체계는 삼강령의 기반 위에, '格物-致知-誠意-正心-修身'을 기초로 삼고, 그 위에 '齊家-治國-平天下'로 완성되어 가는 과정이라고 해석할 수 있다. 이것은 다시 총강령-개인적 실천 분야인 '修己'-사회적 실천분야인 '治人'의 순으로 나아간다고도 말할 수 있다. 물론 다음에서 자세히 논하겠지만 이러한 수신-제가-치국-평천하를 직선적이고 불가역적으로 진행되는 지식-인성 교육의 단계론으로 이해해서는 안 될 것이다. 각 단계는 상호 연동되고 침투하고 교차하면서 진행하는 것이 적절하다.

여기서는 먼저 전통교육 현대화의 정치이념적 목표를 분명히 하기 위해서 동서양의 전통적 세계관과 인간관의 통섭적 분석을 통해 온고지신 교육프로그램의 정치적 목표를 보다 명료하게 제시해볼 것이다.

가. 유교적 통치성의 현대화

전통교육의 현대화를 이끄는 이념적 목표와 방향은 교육 주체들이 교육적 실천을 통해 삶의 주체이자 사회의 주체로 성장할 수 있는 주체성을

---

41) 교육철학으로서 대학의 현대적 함의에 대해서는 한예원, 「동아시아 세계의 '知'의 지형도 : 유교적 '교육' 체계론과 근대적 '실천지'」, 『인문연구』 69집, 영남대학교 인문과학연구소, 2013.

함양하는 것이고 이것은 단순히 내재적 주체의 수양이나 앎, 도덕적 실천에 머무르는 것이 아니라 실천 동력을 생활세계에서 실현하고 나아가 사회영역과 접속시켜야 한다는 것이다. 때문에 개인－집단－사회－국가와 상호구성적으로 연동시킬 수 있는 통치성의 문제를 적극 모색해야 한다. 그런 교육적, 실천적 계기를 찾고 프로그램을 모색하는 것이 본 연구의 2년차 핵심과제가 될 것이다.

여기서는 정치적 주체의 형성과 밀접하게 연동되어 있는 통치성(governmentality)을 동서양 통섭의 맥락에서 좀 더 자세하게 살펴볼 것이다. 이 글에서 활용하는 통치성은 후기 푸코가 윤리적 주체의 형성 및 주체화 과정과 밀접한 관련을 맺고 있는 권력의 작용을 개념화한 것이다. 통치성은 상대적으로 비서구적, 비근대적, 비자유주의적인 성격과 특징을 갖는 주체화 방식이다.[42] 푸코에게 통치는 '행위에 대한 행위(conduct of conduct: 행위에 대한 지도)'로 명료하게 정의된다.[43] 통치성은 실천의 총체성(totality of practices)으로서 자유로운 개인들이 자발적인 가르침과 총체적인 실천 체계를 통해 새로운 주체성을 형성해 나가는 것을 의미한다. 서구의 비근대적·비자유주의적인 그리스－로마의 윤리적 주체화를 분석하면서 푸코는 교육의 영역에서 자기에의 배려와 쾌락의 활용을 통해 스스로 주체로 구성해 나가는 전략을 분석했으며 이를 위해 당시의 어른－

---

42) 푸코가 통치성 논의를 본격적으로 언급하던 때는 푸코가 동양사상에 심취했을 때이다. 푸코는 『성의 역사』 1권을 출판한 이후에 8년 동안 휴식기를 가지면서 불교를 포함한 동양 사상에 심취했으며 일본 강연을 마치고 귀국한 후에 동료 교수들에게 서구적 이성과 합리주의의 한계를 강조하면서 이를 극복하기 위한 방법으로 제3의 사상의 유입의 필요성을 강조하기도 했다. 박승규, 『푸코의 정치윤리』, 철학과현실사, 2002, pp. 278-280. 오랜 침묵을 깨고 출판된 후기저작으로서 『성의 역사 2 : 쾌락의 활용』과 『성의 역사 3 : 자기에의 배려』가 통치성을 논하고 있는 대표작이다.

43) Foucault, M., "Governmentality", in Burchell et el. (eds), *The Foucault Effect: Studies in Governmentality*, Chicago: The University of Chicago Press, 1991; 정일준 편역, 「통치성」, 『미셸푸코의 권력이론』, 새물결, 1996.

권력(사목)이 긍정적이고 생산적인 역할을 수행했음을 확인했다. 이러한 통치성의 대표적인 유형이 사목권력(pastoral power)이며 이는 현대적 의미에서 교육의 역할을 포함한다. 현대사회에서 이러한 통치성은 국가와 시민사회 그리고 시민들 사이에서 순환하면서 라이프 스타일 등 지극히 사적이고 개별적인 영역부터 시민윤리와 노동, 제도, 정치적 실천에 이르기까지 특정한 주체를 생산해내고 그 주체가 스스로를 통치하는데 활용된다. 대표적으로, 서구의 중요한 시민적 덕목으로서 관용(tolerance) 조차도 담론적 실천이자 교육의 효과로서 통치성으로 이해할 수 있다.

이처럼, 주체화의 원리와 연관되어 통치성은 개인으로 하여금 자신의 삶과 행위를 지속적으로 성찰하게 만드는 교육시스템을 강조하고 있으며 생활세계의 윤리적 주체로서 무엇이 도덕적인 행위이고 아닌지를 능동적·적극적으로 해석하고 변형하며 때로는 새로운 윤리적 기준을 창안하는 능동적 행위자로 간주된다. 즉, 기존의 도덕적 권위에 대한 맹목적 복종이 아니라 도덕 자체를 비판적으로 검토하면서 자신에게 맞는 새로운 기준을 세워 나간다는 것이다. 예컨대, 양성애로 표상되는 획일적인 성 도덕을 선·악의 이분법에서 바라보는 것이 아니라 주체가 자신의 신체와 욕망을 적절하게 조정·통제하면서 자신에게 부합하는 성 도덕을 따르고 변형시켜 나갈 수 있는 교육적, 제도적 시스템을 제공한다. 동성애를 자연스럽게 묘사하는 플라톤의 〈향연〉이나 소크라테스의 일화에서 나오는 것처럼, 고대 그리스의 성 도덕에서는 기독교가 금기한 획일적인 성 도덕이 없었으며 오직 자신을 가다듬고 자신의 욕망을 순화하고 올바른 방향으로 이끄는 성 윤리가 교육적·사회적으로 제공되었을 뿐이다. 강조할 것은, 이러한 자기 통치성은 권력의 정치적 프로그램 혹은 통치성의 전략에 의해 형성되는 성격이 강하다는 점이다. 즉, 자기 통치기술을 가진 윤리적 주체를 구성해 내기 위해서는 세계 내적 존재로서 개인이 결코 벗어날 수 없는

(국가·사회)권력의 통치성과 조우하면서 스스로를 주체로 구성해 나가야 하기 때문이다. 그러므로 적극적으로 해석한다면, 통치성은 주체를 윤리적 주체로 만들어 가는 교육적 힘이자 원리이며 이를 가능하게 만드는 섬세한 (교육)권력의 작동을 의미한 것으로 이해할 수 있다.

이처럼, 현대의 포스트모던 사회 속에서 국가와 시민사회 그리고 시민들 사이에서 순환하면서 주체를 생산해내고 그 주체가 스스로를 통치하는 데 활용되는 통치성 개념은 전통교육의 현대화 전략에 시사하는 바가 크다. 우리가 자신의 내면과 실천을 가다듬고 성찰하며 자유롭고 책임 있는 주체로 만들어 가는 일상적인 윤리적, 문화적 실천을 제공하는 국가의 통치성은 시민 생활에 섬세하게 개입하여 그것을 조절하고 통제하는 과정과 방식을 의미한다고 볼 수 있다. 실제로 푸코는 그리스 통치원리를 설명하면서 다음과 같은 특징을 강조한다.

"상향적 연속성이란 국가를 통치하고자 하는 사람은 먼저 자기 자신, 자신의 재화, 그리고 가산을 어떻게 다스릴 것인지를 배워야 하며, 그런 연후에야 국가를 제대로 통치할 수 있다는 의미입니다. … 하향적 연속성이란 국가가 잘 운영될 때는 가장이 어떻게 자신의 가족과 재화, 가산을 보살필 것인가를 알고 있으며, 순차적으로 개인들은 그들이 마땅히 해야 할 바대로 행동한다는 의미입니다. 이러한 하향성은 개인의 행동과 가정의 운영에 국가에 대한 선한 통치원칙을 그대로 옮겨 오는 것이며, 그 시대에 폴리스라고 불리기 시작했습니다. 교육을 통한 군주의 형성은 통치 형식의 상향적 연속성을 보장하며, 폴리스는 하향적 연속성을 보장합니다."[44]

----

44) 푸코, 앞의 책, pp.32-33.

푸코에게 통치성은 자기통치, 가족의 통치, 국가의 통치라는 세 수준에 모두 걸쳐 있는 것이며, 통치 테크닉의 수립이란 바로 이 세 가지 영역 간에 상향과 하향의 양 방향으로 연속적 흐름을 형성하는 것이다.[45]

이는 개인과 동료, 가족, 타인, 사회, 국가 수준에서 상호 밀접하게 연동되어 있는 주체 생산 방식을 보다 체계적으로 정교하게 구성할 것을 요구한다. 즉, 개인의 내면적 자아와 직접적으로 연관되어 있는 생활세계와 접속되어 있는 정치적, 사회적 세계를 횡단할 수 있는 실천적 계기의 순환과 확산을 통해 개인의 내면이 사회를 구성하고 사회적 구성이 개인의 내면을 구성하는 교육적 실천의 지점을 모색하는 것이 중요하다는 것이다.

이러한 통치성의 체계는 무엇보다도 수신과 치기(修己)를 통해 자신의 내면을 성찰하고 고귀한 존재방식을 훈련함으로써 형성된 성찰적, 실천적 능력을 타인과 동료, 사회적 영역으로 확장해 나가는 토대로 삼는 유가적·전통적 교육과 실천의 원리와 통섭될 수 있다. 주지하듯이, 유교는 수기치인을 기본 이념으로 하면서 수신(修身), 제가(齊家), 치국(治國)으로 확장되어 나아간다. 즉, 유교에서는 언제나 궁극적으로 홀로 수양에 머무르거나 도덕적 자존에 만족하는 고립적 개인과 교육은 큰 의미가 없다. 개개인의 덕성 함양은 개인—집단—국가로 이어지는 상호작용의 관점에서 통치성의 순환 원리를 '항상 이미' 전제하고 있다.[46] 유교의 정치윤리는 권력에의 종속·복종을 무조건 거부하거나 권력으로부터의 자유를 추구한다기 보다는 윤리적, 성찰적 주체성을 완성시키는 지난한 도정의 관점에서

---

45) 심승우, 『다문화 시대의 도전과 정치통합의 전략』, 이담북스, 2013.
46) 푸코의 통치성과 마찬가지로 이러한 순서는 단선구조가 아니라 서로 상호 쌍방통행하거나 세 단계가 동시다발적으로 일어난다고 보아야 하며 당연히 현대사회에서는 일정한 시간의 단면에서만 구분할 수 있을 것이다.

이해되며 나—중심적이지 않고 항상 타인—관계적 관점에서 더불어 살아가는 윤리적 주체성을 충실하게 완성시키고자 한다.[47]

그런데 "누구나 군자·선비가 될 수 있다"는 명제로 해석될 수 있는 맹자의 인개가이위요순(人皆可以爲堯舜)에서 명료하게 드러나듯이, 인간의 윤리적 완성을 위한 잠재력과 가능성을 긍정하는 유교적 교육목표를 현대화시킨다면, 유교에서 민을 도덕적 주체로 형성할 수 있는 덕치(德治)의 프로그램을 교육현장에서 적용할 수 있어야 한다. 민(民)이 도리(道理)의 주체라면 시민을 덕성의 주체로 구성해 나가는 교육프로그램의 모색이 중요하며 이런 덕스러운 시민의 주체화는 권력·국가가 일일이 개입해서 획일적인 내용·방식으로 주조한다는 것을 의미하는 것이 아니다. 유가적 이상세계는 세상의 모든 사람들이 자신의 명덕(明德)을 밝혀 스스로 군자가 되도록 교화하는 것이다. 덕치는 일방적 개입·강제나 억압적 훈육이 아니라 민이 자신의 덕(가능성과 잠재력)을 스스로 깨닫고 그것을 실현해 나가는 수기치인의 현대화를 요구한다. 그러므로 유교적 통치성의 현대화는 자율적이고 주체적인 윤리 형성을 위한 교육의 내용과 조건을 마련하는 것이다. 예컨대, 교사—학교가 일일이 학생—주체의 내면에 간섭하여 윤리를 강제하는 것이 아니라 그러한 윤리가 활성화될 수 있고, 나아가 학생 스스로가 자발적으로 시민—도덕적인 주체로서 형성될 수 있는 조건과 계기를 제공하는 프로그램이 중요하다는 것이다. 그러므로 유교적 통치성의 현대화는 인간의 주체성과 자기통치능력을 증가시킬 수 있는 조건과 전략을 목표로 해야 하며, 우리 연구에서는 현대화된 전통적 시민역량을 증강할 수 있는 교육체계의 구성이 중요한 과제가 될 것이다.

---

47) 그러므로 하느님 앞에 홀로 선 기독교적 개인이나 해탈을 통해 윤회의 억겁에서 해방되는 불교적 개인과 근본적인 차이점을 갖는다.

궁극적으로 이런 전통교육의 현대화가 목표로 하는 덕스러운 시민상은 서구적·근대적 자아처럼 개인의 권리를 최우선시하기 보다는 공동선을 지향하며, 경제적 이익과 많은 재산에 대한 추구 못지않게 도덕적 완성까지 추구하고, 무한한 욕망을 추구하는 대신 욕망을 성찰할 수 있으며, 계산적 이익에 집착하는 도구적 인간관계 대신에 지속적이고 안정적인 유대감을 목표로 하고, 자유라는 미명으로 행해지는 온갖 무절제와 방종함 대신 자아를 수양해 인격을 완성할 수 있는 인간형임을 강조한다.

나. 유교적 공론장의 현대화와 공화주의적 덕성

적극적인 현실 참여 및 사회적 역할을 강조하는 입세(入世) 사상으로서 유가는 공적 영역에 대한 참여와 의사소통을 통한 민심의 반영으로서 공론장을 강조한 것으로 해석할 수 있다. 『설문해자(說文解字)』의 해설에 의하면, 성인의 성(聖) 글자는 귀(耳)자에서 의미를 따온 것으로서 성인은 잘 듣는 능력과 연결되어 있으며 입(口)을 고려한다면 성인의 소통능력, 즉 잘 듣고 잘 말하는 능력의 중요성을 강조한 것으로 해석할 수 있다. 귀(耳)에서 성인의 뜻을 따온 것은 성인이 이순(耳順)하다는 것을 의미하며 성인을 통해 백성들의 일상생활이 모두 소통된다는 것을 의미한다.

이 외에도 유학의 경전에서 의사소통능력 및 참여(말하기로 상징되는)의 중요성은 입(口)에 대한 고찰을 통해 다양하게 확인할 수 있다. 군자(君子) 역시 구(口)와 연관된 말하는 능력을 기본적으로 포함하고 있으며 유가 전통의 많은 핵심적인 용어들, 즉 알다(知), 믿다(信), 길하다(吉), 선하다(善), 참여하다(合), 환경(命), 역할(名), 조화(和) 등 역시 공통적으로 입(口)을 포함하고 있다. 이는 공론의 중요성과 연관지어 생각해 볼 때, 구성원 개개인의 발언 능력과 참여를 강조한 것으로 이해할 수 있다. 특히, '말하는 능력'을 근본적으로 함축하고 있는 입(口)자가 원래 피리구멍을 의미했다는 것에 주목한다. 즉, 피리가 다양한 구멍을 통해 소리를 내어 화음을 만들어 내듯이, 말하기는 하나의 획일적이고 지배적인 소통이 아니라 다양한 발언의 존재를 전제로 하고 있다고 해석할 수 있는 것이다. 또한 '만나 하나가 되다, 합하다'라는 合에 입(口)이 그 기반으로 깔려져 있다는 것, 아울러 합(合)에는 '참여하다'라는 의미가 있다는 것에도 주목한다.

그러므로 전통사상 역시 참여자들 사이의 상호존중과 관용을 요구하는 공적 영역의 중요성과 나아가 공적 논쟁에서 발휘되는 독특한 자질과 능력, 자아발전을 강조하고 있다고 해석할 수 있다. 즉, 공적 영역에서 참여의 중요성, 의사소통의 관련 규범 및 대화 능력을 강조하는 것으로 이해할 수 있다.

이런 논의는 아렌트의 발언(speech)과 행위(praxis: action) 및 표상(representation)과 현상(appearance)에 대한 논의에서 더욱 발전적으로 고찰할 수 있으며 보다 현대적인 함의를 가지게 된다. 세계의 공공성을 논하면서 아렌트는 표상(representation)과 현상(appearance)을 구별한다. 신분과 지위, 재산, 성별, 인종, 민족, 종교 등 어떤 사람의 외적인 특징으로 환원되는 표상의 공간(the space of representation)과 달리, '현상의 공간(the space of appearance)'은 사람들이 서로 관계하는 시점에서 창출되는 공간이다. 그것은 내가 타자와 대면해서 나타나고 타자가 나와 대면해서 나타나는, 행위주체가 누구인지(who he is?)를 드러내는, 덕성과 윤리적 주체성 등 나의 정체성이 순수하게 드러나는 현시성 속성(identity revealing quality)을 가진다. 이런 현상의 공간이 반드시 정치적·사회적 공간에 국한될 필요는 없다. 이런 현상의 공간은 사람들이 함께 모이고 관계맺는 그 어떤 공간에서도 잠재적으로 존재하며 중요한 것은 내가 가진 지성·덕성·인성을 포함하여 나의 정체성을 드러내고 소통하고 변화해 나가는 것이다.

사람들은 행위하고 말하는 것 안에서 자신이 누구인가를 내보이고 세상에서 하나밖에 없는 그 사람의 정체성을 능동적으로 드러내며 인간 세계에 현상한다. (…) 아무개가 어떤 사람인가 하는 그의 속성, 즉 그가 드러내거나 감출 수 있는 그의 특성, 재능, 능력, 결점과는 달리 아무개가 도대체 누구인가 하는 그의 인격은 그가 말하고 행위하는 모든 것을 통해 드러난다.[48]

그러나 사적 소유가 일반화되고 사적 이익과 공간이 확산될수록 공개적인 행위와 발언을 통해 자신을 현시하는 공적 영역, 달리말해, 넓은 의미의 정치가 위축되거나 사라지고 있다. 문제는, 이러한 사이 공간(the worldly in-between space)에서 비로소 우리는 공개적인 행위와 발언을 수행할 수 있는 능력으로서 정치적 능력을 함양할 수 있지만 점점 이러한 공동의 세계가 위축되거나 사라지고 있다는 것이다.

'누구'라고 하는 정체성은 그 사람의 행위나 말과 별도로 존재하는 것이 아니다. 이러한 '현상'의 공간은 타자를 하나의 시작으로 여기는 공간, 다른 조건을 전혀 상관하지 않고 타자를 자유로운 존재자로 처우하는 공간이다. 흔히 말해, 타인에 대한 배려와 공존의 기술을 배울 수 있는 살아 있는 생생한 정치의 공간인 것이다. 행위의 핵심으로서 발언을 통해 사람들은 그/그들이 누구(who)인가를 보여주고 독특한 개인적 정체를 적극적으로 드러냄으로써 인간적 세계에 출현하게 되며 이런 실천의 과정이자 결과물이 바로 폴리스이다.

---

48) Arendt, H., 이진우 외 옮김, 『인간의 조건』, 한길사, 1996, pp.239-240.

정확하게 말한다면, 폴리스는 지리적으로 자리잡은 도시국가가 아니며 폴리스는 사들이 함께 행위하고 말함으로써 발생하는 사람들의 조직체이다. 그리고 폴리스의 참된 공간은, 그들이 어디에 있든지 간에, 이 목적을 위해 함께 살아가는 사람들 사이에 존재한다. "네가 어디로 가든지 간에 너는 폴리스가 될 것이다." 이 유명한 말은 그리스의 식민지화의 모토가 아니다. 행위와 말은 사람들 사이의 공간, 즉 언제 어디서든지 자신의 적당한 위치를 발견할 수 있는 공간을 창조할 수 있다는 확신을 표현하고 있다. 폴리스는 가장 폭넓은 의미에서 현상의 공간이다. (…) 현상의 공간은 말과 행위의 방식으로 사람들이 함께 사는 곳이면 어디서나 존재한다.[49]

그리고 이런 아렌트의 공적 세계와 현상의 공간, 발언과 행위에 의한 정체성의 교환 등은 공화주의적 민주적 시민교육과 무리 없이 연결될 수 있다. 주지하듯이, 공화라는 개념은 정치·사회철학적 측면에서 공동세계(res publica), 공공성(publicity), 공익(public interest)을 의미하며 기본적으로 사적인 것보다 공적인 것과 연관된 용어이다. 이념으로서 공화주의는 참된 인간성 실현의 계기를 찾는 정치이념으로서 기본적으로 국가의 모든 구성원이 자의적인 지배에 예속되지 않고 동등하고 자유로운 주체들로서 공통의 공간을 구성해나가는 것을 뜻한다.[50] 때문에 공화주의는 삶·사회를 살아가는 개인의 자율성과 도덕적 숭고함을 존중·격려하는 동시에 타자·공동체에 대한 시민의 의무와 책임을 동시에 강조한다. 개인은 정치공동체의 시민으로서 공동활동에의 적극적인 참여를 통해 자신의 진정한 도

---

49) Arendt, 앞의 책, pp.260-261.
50) Sandel, M., *Democracy's Discontent*, Cambridge: Harvard University Press, 1996.

덕적 자유를 완성시킬 수 있으며 공화주의적 시민은 동료시민들과 함께 사회의 공동선에 대해 토의하고 공동체에 대한 책임을 공유해야 한다. 특히, 강한 공화주의적 입장은 공공활동에의 적극적인 참여, 공동체에 대한 헌신과 동료애, 정치적 토론에의 활발한 참여, 시민적 에너지의 활성화 등을 강조하고 있다.[51] 이처럼, 전체적으로 공화주의는 타인·국가의 간섭으로부터의 자유를 의미하는 소극적 자유 보다는 나의 삶을 가치 있는 내용으로 만들어가는 적극적 자유를 강조하며, 시장·화폐의 이익으로 상징되는 사적 이해보다는 공적 이해를 우선시한다.

이러한 타인과의 소통과 토론, 배려, 경청, 참여, 획일적 지배에 대한 반대, 권력의 타락에 대한 강한 혐오 등을 핵심적 원리로 삼는 공화주의적 가치와 시민적 덕성(virtue)은 공론장의 전통에 기반한 교육의 현대화의 목표와 다르지 않다. 사실, 공화주의는 반드시 공화주의라는 이름을 내걸지 않더라도 오랜 정치철학 전통에 내재되어 있는 규범적 지향이라고 볼 수 있다.

다. 화이부동의 현대화와 사회통합[52]

전통교육의 핵심적 목표는 차이와 다양성에 대한 존중과 감수성을 함양하는 것이며 이는 상생과 공존을 의미하는 화이부동의 원리와 통섭될 수 있다. 기본적으로 '화이부동'은 다양성과 차이의 공존 속에서 조화를 추구하는 것으로 해석할 수 있다. 유가의 사회철학에서 기본적으로 화(和)란 공동체의 조화라고 볼 수 있다. 설문해자에 의하면, 화는 소리 또는 말로 응대한다는 어울림의 의미를 가진다.[53] 정치의 세계는 언어와

---

51) Sandel, M., *Democracy's Discontent*, Cambridge: Harvard University Press, 1996, p.7, pp.9-26.

52) 심승우, 다문화 시대의 도전과 정치통합의 전략, 이담북스, 2013을 참조할 것.

53) 장현근, 「화이부동과 공존의 정치 : 중국고대의 화(和)·동(同)론」, 『타협과 공존의 정치 협의 : 민주주의의 한국적 수용』, 한국정치사상학회, 2009, pp.19-20.

담론의 세계라는 점을 고려한다면 입과 말의 사회적 질서를 뜻하는 화(和)는 정치적으로 대단히 중요한 원리이자 미덕이라고 볼 수 있다. 공자도 칭송했던 제나라의 저명한 정치가인 안영은 화에 대해 다음과 같이 설명한다.

> "화(和)는 고깃국을 끓이는 것과 같습니다. 물, 불, 젓갈, 식초, 소금, 매실을 사용하여 생선과 고기를 삼고 장작불로 가열하며, 요리사는 그 것을 和합니다. 고르게 맛을 일치시키며 모자란 것은 더 넣고 남는 것은 덜어냅니다. 군자를 이를 먹고 그 마음이 화평해지는 것입니다."[54]

이처럼, 안영의 화동(和同)론을 고려할 때, 전통적 교육에서 군자의 덕성과 역량은 여러 가지 요소들의 각기 다른 기능의 발휘와 적절한 비율의 혼합으로 맛을 창조해내는 요리의 기술에 비유되고 있으며 이는 공동체의 조화를 도출해 내는 능력을 의미할 것이다. 공자가 이상적으로 생각하는 정치에서 화(和)란 획일성을 의미하는 것이 아니라 사람들과 올바름으로 친하되 다름을 수용하며 다양성을 추구하는 것이고, 반면에 불화(不和)란 세력을 쫓아 친밀히 하며 자기와 같은 유이기 때문에 무비판적이며 다름을 수용하거나 허용하지 않기 때문에 그 친밀함은 폐쇄적이고 교만하게 된다(論語).[55] 부연하자면, 군자는 타인과의 관계에 있어 타인의 의견이나 주장이 자기와 일치하지 않더라도 옳음을 기준으로 이를 받아들여 화해를 도모할 수 있지만, 소인은 이와 반대로 이익만을 추구하기 때문에 자신과 같은 의견이나 주장만 받아들이고 자신의 이익과 상반된 것은 무조건 배

---

54) 『左傳』「昭公二十年」.
55) 『論語』「子路」, "子曰: 君子泰而不驕, 小人驕而不泰."

척한다.56) 때문에 조화를 추구하는 군자에 비해 소인은 조화가 아니라 개인 혹은 집단의 이익을 맹목적으로 추구하고 같음, 획일성을 추구하면서 끊임없이 소모적인 분란을 일으킨다(同而不和).57) 나아가 공자는 편당을 지어 다수의 강제를 행사하는 것을 소인의 모습이라 비판한다. 요컨대, 획일성과 절대 다수에 휘둘리는 것은 군자가 아니라 소인이다. 군자는 조화를 이루되 획일적이지 않고, 소인은 획일적이되 조화를 이루지 못한다는 것이다. 전통사상에서 이상적인 조화에 기반한 통합은 같음(同) 혹은 획일성을 추구하는데 있지 않고 다양한 의견의 표출과 그러한 다양성의 공존과 공명과 통합으로서 사회적 조화를 추구하고 있는 것이었다.

이러한 화이부동의 원리와 연관된 덕목이 충서의 미덕이다. 충서(忠恕)는 기본적으로 인간관계의 부조화가 발생할 때 자기반성을 통해 자아를 재구성하고 관계를 끊임없이 반추하는 동시에 재설정하려는 태도를 강조하는 것이다. 충서는 자기를 다하여 마음을 수양하고 수양된 자신의 마음에 비추어 타인에게 행한다는 미덕이자 역량으로 자아에 대한 몰입을 의미하는 것이 아니라, 성실한 성찰을 통해 자아가 타인과의 관계를 재정립하는 공동체적 내적 관계를 전제로 하는 것이다. 이러한 충서의 미덕을 적극적으로 해석한다면, 자기 성찰을 통해 자신을 객관화시키고 동시에 타인을 자기를 미루어 이해하고 배려함으로써 극단을 벗어난 일의 적절한 합의점을 추구해 나가는 능력으로 이해할 수 있다. 단순히 의견의 절충이

---

56) 지준호, 「공자의 도덕교육론 -인격과 정치의 문제를 중심으로」, 『한국철학논집』 40집, 한국철학사연구회, 2014, p.211.

57) 『論語』 「子路」, "子曰: 君子和而不同, 小人同而不和." 간쟁(諫爭)의 존재와 역할은 유가의 전통 속에서 대단히 중요한 것으로 인식되었다. 맹자 역시 간쟁의 효과는 널리 백성을 이롭게 한다고 주장했으며 공자 역시 의견의 불일치를 정치의 필수적인 것으로 간주했다. 그것은 공동체 내부의 의견의 불일치를 긍정적으로 인식하는 것이다.

나 이익의 타협이 아니라 질적인 배려와 화합을 의미하는 충서의 미덕은 차이와 갈등의 단순한 용인을 의미하는 서구식 관용의 미덕보다 차이 사이에 훨씬 심도 깊은 '대화'로서의 정치를 가능하게 만드는 담론적 자원이 될 수 있다. 이러한 충서의 미덕과 보다 사회적인 규범인 중용의 원리는 개인의 자기실현의 원리인 동시에 집단과 국가 수준에서는 갈등을 조절하고 통합하는 정치적 수단의 방법으로 평가할 수 있다. 때문에 다양한 집단들 사이의 상호이해와 배려를 촉진하고 사회통합에도 기여할 수 있다.58)

이처럼, 차이와 이견에 대한 포용, 풍부하고 다채로운 사상과 문화를 융합하여 화해(和諧)에 도달하게 하는 것이 화동(和同)의 본질이라면, 한 가지 악기만을 고집하는 것이 아니라 수십 종의 악기가 연출하는 대규모 오케스트라의 화음이야말로 현대정치와 시민사회에 많은 시사점을 제시한다. 그 의의를 적극적으로 현대화 시킨다면, 화이부동의 원리는 성과 인종, 지역, 계급 등의 분열과 갈등을 넘어서 그러므로 다양한 소수자 집단을 포용하고 차이와 다양성이 조화를 이루는 통합의 원리 창출에 기여할 수 있을 것이다. 나아가 이러한 화이부동의 원리는 유가의 정치적 이상으로 추구하였던 평천하(平天下)에도 무리 없이 적용된다. 평천하의 가장 큰 특징 중 하나는 다양한 구성원의 화합이다. 그것은 적대조차도 공존의 대상으로 만드는 진정한 상생과 공존의 잠재력을 가지고 있다.

---

58) 이러한 충서의 원리는 정치는 언제나 타자의 존재를 전제로 하며 인간의 사유 역시 내면에서 타자와의 대화라는 아렌트의 주장과도 접속되는 지점이 있다. 나아가 본 논문이 앞에서 살펴본 푸코의 '자기에의 배려' 등의 실천과도 무관하지 않다.

(2) 전통교육 핵심역량의 현대화

가. 전통적 역량 개념의 재구성

지금까지 분석한 유교에 근거한 전통적·동양적 주체성은 타자와 독립되어 절대화된 그래서 인간 간의 단절을 초래하는 원자화된 자아가 아니며 공적 생활의 소멸을 가져오는 개인주의적, 쾌락적, 비정치적 자아가 아니고, 공론장에서 자신의 말할 권리뿐만 아니라 '타자를 주체로 인정하고 말할 권리를 부여하는' 주체이며 '관계 속에서 구성되는 자아'이자, 차이와 공존의 조화와 통합을 추구하는 존재이며, 궁극적으로 공적 생활에의 참여를 통해 인간성의 완성과 자아실현을 추구하는 덕스러운 시민의 모습이다.

전통교육에서 강조하는 덕성은 현재 자유주의－자본주의 문명에서 피폐해지고 위축된 시민·주체의 역량으로 재구성될 수 있기에 전통교육의 현대화는 이미 전통에 내장되어 있었다는 점에서 '오래된 미래를 위한 기획'으로 평가할 수 있을 것이다. 전통적인 덕성과 마찬가지로 전통교육의 현대화가 지향하는 핵심역량은 기능주의적 지식이나 기술로 환원시키거나 개인의 능력 같은 개인주의적 속성으로 바라보는 서구적·주류적인 관점과 접근을 극복해야 한다. 또한 전통적 역량 개념에는 한 개인의 정체성·덕성·인성의 형성과 발달과 밀접히 관련되어 있기에 자신이 속한 집단과의 관계나 구성원들간의 상호작용이 항상－이미 중요한 구성요소가 된다. 이런 맥락에서 전통교육의 현대화가 목표로 하는 역량 개념에는 사회적 속성이 함축되어 있기 때문에 능력(ability)과 같은 개인적 속성으로 파악할 수 없다.

본 연구의 맥락에서 역량이란 특정한 행위를 할 수 있는 능력이나 특정 기술, 혹은 정보의 축적과 동일한 개념으로 볼 수 없다. 예컨대, 엄청

난 정보처리능력과 합산능력을 가진 컴퓨터를 "역량 있는 컴퓨터"라고 하지 않는 것처럼, 단순히 기계적인 용량을 의미하는 능력은 전통적인 덕성이나 우리가 강조하는 핵심역량과 전혀 다른 것이다. 전통적인 덕성·역량은 신체적 기능 뿐만 아니라 정서·태도·윤리·정체성·잠재력 등 인격적이고 총체적인 특징을 갖는다. 인생관·가치관·직업관·정치관 등 생활세계와 공적세계를 아우르고 총망라하는 개념으로서 역량은 앞서 살펴보았던 통치성·공적 미덕·화이부동의 미덕·테크닉 등을 상황주의적 관점에서 적절하게 적용하고 변형하여 창안하는 역량을 의미한다. 상황주의적 관점은 개인의 사고나 행위, 개인 간 상호작용, 기호나 도구와 같은 환경 등을 분리하지 않고 이해하고자 하는 방법론적 접근을 취함으로써 앎의 총체적 속성을 드러낼 수 있다.[59] 예컨대, 무엇을 할 줄 안다는 것은 그와 관련된 지식을 익히고 그러한 지식이 상황적 맥락 속에서 자신의 사고나 행위에 대해 규칙으로 작용하여 이를 따르는 것으로 이해해 볼 수 있다. 이는 "삶을 위해 추구해야 하는 궁극적인 도리로서의 도(道)와 그것을 삶 속에서 구현하는 과정에서 요청되는 총체적 능력으로서의 덕(德)을 스스로의 삶 속에서 인식하고 실천하고자 하는 역동적인 과정"[60]이라는 현대 교육의 취지에도 정확하게 부합한다.

중요한 것은, 이런 규칙의 적용을 단순히 규칙에 대한 앎과 준수만으로 설명할 수 없다는 것이다. 마치 노련한 연기자가 대본(규칙)을 활용하여 탁월하고 독창적인 연기를 수행하는 것처럼, 규칙의 상황적, 맥락적 적용은 기계적인 앎이나 기술적인 역량이 아니며, 규칙에 대한 순응이나 종

59) 손민호, 「역량중심교육과정의 가능성과 한계 : 역량 개념을 중심으로」, 『한국교육논단』 10(1), 한국교육포럼(아시아태평양교육학회), 2011, pp.111-115.
60) 교육부, 『2015 교육과정』, 2015, p.4.

속이 아니라, 규칙의 변화와 창조적 재구성을 적극적으로 사고할 수 있는 주체성 역량을 함양하는 것으로 이해해야 한다. 그러므로 전통적 덕성의 현대적 역량으로 전환하는 데에 있어 절대적 원칙은 형이상학적인 원리나 추상적 지식의 획득, 개인적 수양과 깨달음에 대한 단선적 추구가 아니어야 하며 지식·기준이나 기술의 일방적인 전달이나 주입이 될 수 없다는 것이다. 때문에 전통교육의 현대화는 학생들이 스스로 성찰하여 자신의 주체성을 더욱 함양하며 주체적인 사고능력을 더욱 발전시키는 방향으로 나아가야 한다. 지식의 획득이 아니라 지식을 비판적으로 검토하여 사고와 판단능력을 발전시키는 전략이 중요하다는 것이다. 이런 맥락에서 전통적인 역량이 내포하고 있는 함의를 현대사회에 맞게 확장하고 체계화시키는 작업이 필수적이다.

나. 전통적 덕성의 범주별 역량과 세부 내용

전통교육 현대화의 궁극적인 목표인 핵심역량은 일차적으로 학생 및 시민의 지적−정서적−인성적 역량을 증진하는 동시에 공동체적이며 협동적 인성과 능력, 민주적 품성을 가진 덕스러운 시민의 주체성 형성에 기여해야 한다는 것이다. 보통, 전통적인 유교교육의 체계에 따르면, '교육(敎育)'과 '교화(敎化)'를 크게 구분하여 사용하지 않는 것처럼, 개인의 지적, 도덕적, 인격적 함양과 성장으로서 교육과 시민으로서 공동체 의식 및 공동선에 대한 공유와 참여적 실천과 관련된 역량은 도식적으로 구분할 수 없다는 것이다. 그럼에도 불구하고 전통교육의 체계화를 위해서는 핵심역량의 기본적 준거에 따라 수기·치인·치국으로 구분하여 설명이 가능하다.

▶ 유덕한 시민의 개인역량

유덕한 시민의 개인역량으로서 修己·明明德은 "누구나 성인이 될 수 있다"는 공자의 언설은 도덕적 주체로서 인간의 무한한 가능성을 긍정한 것으로 해석할 수 있지만, 성인이 되기 위해서는 스스로의 인간 존엄성을 자각하고, 자기 존중을 바탕으로 지속적으로 수행하며, 궁극에는 초월적인 자아를 일상에서 발견하려는 마음공부가 필요하다고 한다.[61] 그런데 성찰과 자존은 유기적으로 연결된다. 자신의 존엄성을 자각한 개인은 지속적인 공부와 수행을 통해서 자신의 삶을 충실하게 살피면서 내면에 관심을 기울이고 인(仁)한 본성이 발현되고 있는지, 사사로운 욕심의 지배를 받지 않는지를 끊임없이 성찰할 때, 자기기만이 아니라 진정으로 자신에 대한 긍지와 자부심을 유지할 수 있을 것이다.[62]

> "공자께서 말씀하셨다. 군자는 아홉 가지 생각이 있으니, 볼 때는 분명하게 볼 것을 생각하고, 들을 때는 분명하게 들을 것을 생각하고, 얼굴빛은 온화함을 생각하고, 용모는 공손함을 생각하고, 말은 충실함을 생각하고, 일은 경건함을 생각하고, 의심스러울 때는 물을 것을 생각하고, 분할 때는 어려움을 당할 것을 생각하고, 얻을 것을 보면 의로움을 생각한다."[63]

보는 것, 듣는 것, 온화함과 공손함, 충실한 언어, 경건함, 진실에 대한 추구, 감정에 대한 순화와 의로움 등을 끊임없이 훈련하고 유지할 때 비

---

61) 박균섭, 「유교의 인격 규정 : 공자의 입론, 그리고 안연과 재아」, 『동양철학연구』 50집, 2007, p.230.

62) 이현지, 「공자 마음공부의 탈현대적 함의」, 『철학논총』 82, 새한철학회, 2015.

63) 『論語』 「季氏」, "孔子曰 君子有九思 視思明 聽思聰 色思溫 貌思恭 言思忠 事思敬 疑思問 忿思難 見得思義."

로소 군자·선비가 될 수 있다는 것이다. 그만큼 일상적이고 세속적인 생활에서도 극단적인 감정·욕망·탐욕의 지배를 벗어날 때 진정으로 인(仁)한 본성을 발현하고 다른 사람에게까지 확산시키는 선비·성인의 역량을 가질 수 있게 된다는 것이다.

한편, 명명덕(明明德)은 친민(親民), 지어지선(止於至善)과 함께 『대학』의 3강령 중의 하나이다. 주희에 따르면, "명덕(明德)은 … 그 자체로 밝은 것이다. 다만 기품에 의해 얽매이고 물욕에 의해 가려져 있기 때문에 어두워져 빛을 내지 못하고 있는 것이다. 그런데 이제 돌이켜 나쁜 점을 찾아내고 닦아내 원래 하늘로부터 받았던 것을 회복한다면 그것이 '명명덕(明明德)'이다"라고 해석했다. 주희는 "거울은 본래 밝은 것이지만 먼지에 의해 어둡게 되어 있어서 올바로 비추지 못하고 있는 만큼 모름지기 먼지를 닦아낸 연후에야 다시 밝아진다"고 설명하면서 명명덕의 실천적 역량을 강조했다. 명덕은 모든 사람이 차별 없이 선천적으로 타고난 인의예지와 같은 밝은 덕성을 지칭하고, 명명덕은 그런 본래적 덕성을 하늘로부터 처음 받은 그대로의 모습으로 회복하는 것을 말한다. 달리 말해, 수신과 명명덕은 인간이 자신의 수양을 위해 공명정대한 원칙과 올바른 상황판단을 지녀야 할 것을 강조하는 윤리적 역량과 자세로 전환될 수 있다.

이러한 수신과 명명덕에 대해서는 현대적 의미에서 보다 적극적인 정치적 해석이 가능하다. 수신의 기본적인 토대로서 성찰과 자존은 우리들의 일상적·사회적 삶 속에서 직접 실천하는 역량·덕성으로 간주되어야 한다. 우리 모두는 각자 자신의 삶의 방식과 내용을 신중하게 주체적으로 결정하는 것이 가치 있고 바람직하다고 생각한다. 존엄성과 주체성에 대한 믿음은 나·우리 스스로가 삶의 문제를 주체적으로 고민, 판단하고 해결할 수 있는 덕성과 역량을 지녔다는 긍정이나 믿음을 의미하며 이것이야말로 성찰과 자존의 핵심적 실천이라고 볼 수 있다. 성찰과 자존은 인간의 주체성에 대한 믿음에 기반하며 민주주의 실천과 밀접한 관련을 가진다. 그리스 아테네의 민주주의를 부흥시킨 원동력은 모든 자유로운 시민은 전문적인 재능에 있어서는 개인적인 다양성을 보여줌에도 불구하고, 공공의 영역에 대해서는 공동의 결정을 할 수 있을 정도로 이성적으로 숙고하고 행동할 수 있는 능력을 소유하고 있으며 공공정신을 발전시킬 수 있다는 신념이었다.[64]

단순화시켜 생각하자면, 학생·시민들이 자신의 삶과 운명을 결정하는 데 있어 잘못된 정보와 즉각적인 충동과 근시안적인 욕망에 기반한다면, 개인의 삶은 불행한 결과를 초래할 가능성이 높다. 객관적인 사실과 정보를 구분하고 삶의 문제를 즉각적인 선호와 욕망에 기반하지 않고 지속적인 회의와 성찰에 기반하여 판단할 때 학생·시민의 지적, 도덕적 능력이 향상되고 더욱더 삶과 사회에 대한 책임과 의무감을 향상시킬 수 있으며 나아가 이기주의를 완화하며 공동체의식을 함양하는 토대가 될 것이다. 성찰과 자존은 자기통치성의 핵심역량인 동시에 자아실현을 넘어서 정치공동체에 대한 소속감과 참여를 위한 필수적인 덕목이다. 자신에 대한 긍지와 자부심을 갖지 않은 시민은 공동체·동료를 사랑하거나 공동체의 정의·부정의에 관심을 가질 가능성이 낮고, 자신의 삶을 성찰하지 않는 시민이 자신과 다르거나 적대적인 사람과의 차이를 이해하고 수용할 가능성도 그만큼 낮아질 것이기 때문이다. 성찰과 자존의 실천적 역량은 개인-사회-국가를 순환하는 통치성의 토대가 된다.

이는 우리의 앞의 연구와 결합시켜보자면, 본질적 역량으로서 '성실'을 의미하는 동시에 개인관계의 기반이 되는 인(人)의 효(孝), 제(弟), 자(慈)의 현대화를 의미한다.

....

64) Mill, J. S. 서병훈 역, 『대의정부론』, 아카넷, 2012.

▶ 유덕한 시민의 대인관계역량

주지하듯이, 유교교육은 실천적 성격이 강하며 인격 수양과 경전 공부 역시 삶과 사회의 토대가 되는 인간관계에 적용하기 위함이었다. 그것은 '인륜(人倫)' 혹은 '예(禮)'로 일컬어졌던 것이다. '오륜(五倫)' 역시 유교적 인성교육의 토대로서 실천해야 할 내용이었다. 현대적 맥락에서 해석하자면, 이것은 대면적 인간관계로 특징되는 사회적 관계에서 요구되는 삶과 사회의 간주관성(inter-subjectivity)이 지식과 실천의 상호구성적 관계의 중심으로 자리잡는 것을 의미한다. 주지하듯이, 유교에서는 고립된 자기완성이나 자기만족이 윤리의 목적이 되지 못하며 이익추구나 쾌락이 인간관계나 공동체의 구성원리가 될 수 없다. 유덕한 시민의 대인관계역량으로서 치인(治人) · 친민(親民)은 인간과 인간의 관계를 전제로 하여 인간의 존엄성을 존중하고, 도덕성과 그에 따른 책임감과 의무감을 동시에 요구하는 관계론적 미덕 · 역량이라고 볼 수 있다. 수기치인과 관련하여 도식적으로 구분하자면, 수기 · 명덕이 수기(修己)를 위한 주체의 자율적 능력이라면 친민은 치인(治人)을 위한 공동체의 사회적 역량이라고 할 수 있으며 이는 타자와의 유대적 관계 속에서 살아가는 인간이면 누구나 지니고 있는 능력 중의 하나이며 사회성을 발휘할 수 있는 역량이다.[65] 친민은 차별하지 않고 타인과 모든 존재와 교화적 관계를 맺는 것이다. 물론 두 개념 및 역량은 통일성 속에서 파악되어야 한다.

무릇 성인의 마음은 천지와 만물을 하나의 몸으로 삼으니 천하의 사람들이 보는 데 안과 밖, 멀고 가까움이 없다. 혈기가 있는 것은 모두 그

---

65) 김연재, 「經權說에서 본 왕양명의 리더십과 經世觀 : 明德과 親民의 통일성을 중심으로」, 『양명학』 36집, 한국양명학회, 2013.

의 형제나 자식의 친속이므로 그들을 안정하게 가르치고 길러서 만물
이 한 몸이 되는 염원을 완수하고자 하는 것이 아닌 것이 없다.[66]

친민은 수신 차원에서 밝아진 덕을 타인에게까지 미쳐, 자신뿐만 아니
라 다른 사람도 새롭게 함을 의미하는 동시에 근원적인 의미에서 '부자유
친(父子有親)'의 관계처럼 자애와 효의 상호적, 호혜적 관계에 기반한 정서
적, 성찰적 유대와 연대로 확장될 수 있다. 즉, 현대적 의미에서 친민은
개인적인 수준의 성찰과 자존에 터하면서 호혜적 관계를 유지 발전시킬
수 있는 능력으로서, 다른 구성원들과 관계를 유지하고 상호작용하고 서
로 영향력을 미치면서 이를 바탕으로 각자의 정체성을 유지·형성·발전해
나갈 수 있는 능력을 말한다. 대인관계역량의 공감과 배려는 우리의 문제
·관심사에 대한 책무성을 느끼고 협상해 나가는 능력으로서, 공동의 자산
을 활용할 수 있고 이를 바탕으로 일을 이해하고 추진하면서 해당 실천을
새롭게 발전시켜 나갈 수 있는 능력을 말한다.
　이러한 공감과 배려는 개인적 수준의 자기통치성의 확장으로서 민주
적 역량에 중요한 함의를 가진다. 즉, 자신의 삶의 문제를 주체적으로·적
극적으로 심의하는 개인(성찰과 자존)은 공동체의 문제·공동의 일을 집단
스스로 결정하는 것이 바람직하며, 자신뿐만 아니라 다른 구성원들의 자
율성과 평등을 존중해주는 심리적 정향을 갖게 될 것이다. 내가 타인이
만든 규칙에 일방적으로 복종하며 살아야 하는 것을 억압이나 불평등이라
고 간주하듯이, 공동의 일이나 의제 역시 다른 사람이나 집단의 결정에
맡기는 것이 아니라 집단 스스로 결정해야 한다는 입장이다. 이런 자치의
원리는 모든 사람을 존엄성을 가진 평등한 존재로 대우하는 동시에, 나와

---

66) 『王陽明全集』 卷2, 語錄二·傳習錄中.

마찬가지로 스스로 결정할 능력과 책임을 가진 합리적 존재로 간주한다는 것을 의미한다. 이는 공감과 배려의 정치적, 실천적 역량으로 확장되며 낯선 이방인·타인조차도 시민 동료로서 유대감을 느끼게 만드는 성찰적 연대의 기반이 되고, 나아가 정치공동체의 공동의 문제와 미래의 운명에 대해 성찰하고 토론하며 상호간 규칙을 만들어 내는 공존과 상생 역량으로 나아가는 통치성의 순환으로 작동한다.

이는 앞의 우리 연구와 결합해서 보자면, 본질적인 역량인 '배려'로 상징될 수 있으며 자신을 둘러싸고 있는 "사회적 관계"에 주의를 기울이는 "습관"인 동시에 '타인과의 관계'의 기반이 되는 의(義)로서 직(直), 근(勤), 검(儉)의 현대화를 의미한다.

▶ 유덕한 시민의 공동체역량

유덕한 시민의 공동체역량 지어지선(止於至善)은 명명덕(明明德), 친민(親民)과 함께 『대학』의 3강령 중의 하나이다. 그것은 말 그대로 '지극한 선에 머문다'는 것을 의미하며 선의 도덕적 상태에 몸과 마음이 머물러 있는 상태를 가리키는 데, 이는 생각과 행동이 항상 언제나 선을 지향하고 있음을 의미한다. 이는 선하고 어진 생각을 늘 지니고 있다는 것을 넘어서 그런 생각을 언제라도 즉각 행동으로 옮길 수 있는 상태에 있다는 의미로 해석되어야 한다. 유학의 다른 모든 덕목도 행위와 분리된 마음의 어떤 상태를 일컫는 것은 아니지만, 특히 '선'(善) 개념은 행위와 마음이 일체가 된 개념이다.[67] 상생과 공존으로서 지어지선(止於至善)에 대해서는

---

[67] '선' 개념을 설명하면서 맹자는 "가령 막 우물에 빠지려는 아기를 보면, 누구라도 깜짝 놀라 측은지심(惻隱之心)이 발동할 것이다"고 하였다. 이때의 측은지심(즉 하나의 善)은 아이를 구하는 행위와 분리되어 있지 않다. 즉, 측은지심은 있으나 아이를 구하는 행위를 하지 않는 경우는 상상할 수 없다. 이에 대해서는 서울대 철학사상연구소의 용어해설을 참조하라.

보다 적극적인 정치적 해석이 가능하다.

원래 『대학』의 '치국'교육은 왕세자 및 왕의 통치윤리 및 통치기술 교육을 한 축으로 하고 치자가 피치자를 교육시키는 내용으로 구성된다. 그러나 현대사회에서 통치엘리트에 대한 교육과 일반 백성에 대한 통치교육을 분리시킬 수는 없을 것이다. 그러므로 대학의 '치국'교육은 넓은 의미에서 시민윤리, 정치적 주체로서 학생·시민들이 함양하고 체화시켜야 할 정치적 의식과 실천교육으로 전환될 수 있다. 이를 위해 학습되고 공유되며 비판적으로 성찰되어 실천적 지식·덕성·역량을 교육프로그램으로 구성해야 한다.

'치국'과 관련하여 시민적 덕성은 사적 이익을 넘어서 공공적 합의에 도달하기 위해 타협, 설득 등의 과정을 거쳐 자신의 판단, 선호, 관점을 기꺼이 변화시킬 수 있는 정치적 역량이다. 이러한 덕성과 역량을 함양하기 위해서는 학생·시민들이 공동의 세계에 관한 일에 더 많이, 더 자주 함께 참여하여 할 수 있는 기회를 제도적으로 최대한 보장해야 할 것이다. 심의의 훈련이 개인을 진정한 정치적 주체로 변화시킬 수 있기 때문이다. 그러므로 학생·시민들에게 공적인 의제 및 사안에 대해 충분히 숙고하고 토론할 기회를 세련되게 디자인하고 의안에 대한 영향력을 실질화시킬 수 있는 방안을 강구해야 한다.

고대 그리스에서 민주주의가 꽃 피웠던 원리는 공적인 사안에 대해 차이와 다양성이 분출되고 경청과 자유로운 논쟁, 정치적인 결정에 참여하는 것, 도덕적인 확신을 갖고 또 그러한 확신을 효과적으로 이룩하는 데 책임을 지는 것은 정신적으로 성숙한 인간을 형성하는 유력한 방법이었기 때문이었다. 고대 아테네에서 일반시민들의 지적, 도덕적 수준이 높아진 것은 그들이 일상적으로 민회와 법정에 참여했기 때문이었다. 공동의 의제에 대한 참여와 훈련의 공간은 공공정신을 기를 수 있는 민주주의의 학교이며[68] 이것이야말로 공존과 상생의 정치적·실천적 역량이다.

아울러 현대 과학기술문명의 시대에 공존과 상생의 역량은 더욱 확장될 필요가 있다. 즉, 모든 존재를 유기체적 세계관에 입각하여 교육–교화를 시행하는 전통적·동양적 교육관은 현대의 과학기술시대에 어떤 역량으로 전환될 수 있을 것인가? 흔히 뇌–인지 공학으로 불리우는 '알파고'가 인간의 앎의 힘과 존재 이유마저 근본적으로 의문에 부치고 있는 상황에서 '치국–공존과 상생'의 또다른 중요한 역량은 인간의 삶과 사회, 국가와 모든 존재자들의 세계에서 더불어 살아간다는 것 이상을 탐구하는 능력이다. 그러므로 인간이란 무엇인가라는 근원적인 질문에서 시작하여 타인·타민족과 어떻게 더불어 삶을 살 것인가, 지구 위의 삶을 어떻게 살아가야 할 것인가를 고민하는 성찰적 능력의 함양은 역량 수준을 넘어서 차라리 현대인의 윤리적 의무라고 볼 수 있다.

이는 앞의 우리 연구와 결합해서 보자면, 인과 의가 결합되어 확장된 본질적 역량으로서 자덕(慈德)을 의미하는 동시에 목민(牧民)으로서 '선비를 일으킨다'는 의미의 흥사(興士)의 역량으로 발전할 수 있으며 보다 근본적으로는 극기복례(克己復禮)의 완성을 추구하는 것을 의미할 것이다.

(3) 전통교육 운영원리의 현대화

앞에서 강조한 것처럼, 전통적인 미덕과 통섭될 수 있는 현대적 역량 개념은 편협한 의미의 지식·기술·능력으로 환원될 수 없는 것이다. 아울러 인격적·신체적·통합적·총체적 개념으로서 전통적 미덕을 역량으로

---

68) Mill, 앞의 책, p.74.

이해한다면, 이런 역량을 구성하고 촉진·함양할 수 있는 학습운영의 원리에 대한 총체적인 이론적 모색이 필요하다. 이런 점에서 전통적 가치·지식·미덕이 제대로 교육·교화·체화되고 구체적인 현실 속에서 그런 토대적 역량을 함양·훈련·체화·작동하기 위한 교육운영원리와 실천방안을 모색해 본다.

가. 지행합일의 운영원리 현대화

전통적인 전인교육이 덕성, 지성, 실천능력, 신체와 정신교육이 합일된 방식을 추구했다면, 과거 경전 중심, 정신수양 중심의 교육을 지양하는 동시에 지식과 기술의 습득이라는 서구적인 근대교육관을 지양하면서 지덕체 합일교육의 현대화 방안을 모색할 수 있다. 그리고 지행합일의 현대화 원칙은 상황주의적 문제해결역량으로 확장될 수 있으며 이는 지식과 경험, 지식과 실천, 지식과 생활, 앎과 삶의 융합으로서 전통교육의 혁신원칙으로 나아갈 수 있다.[69]

이런 지행합일의 교육관을 더욱 적극적으로 해석하고 적용한다면, 지식의 현실적 함의에 대한 주류적·서구적 시각, 즉 '알고 있는 지식을 활용해서 문제를 해결해 나가는 선형적인 절차를 상정하는 기획'으로서 지식 – 합리주의 교육모델은 극복의 대상이 된다. 앎과 삶의 유기적인 결합으로서 지식의 일상성을 심화시키는 교육운영의 전략이 필요하다는 것이다. 지식의 현장적 실천을 관찰해보면, '상황 내 발생하는 변수에 대응해 뭐든지 처리해나가는' 대단히 몸과 마음의 습관과 실천적인 성격을 가진다. 이러한 실제적 추론은 '닥치는 무엇이든지 지금 – 현재의 의도에 맞게 처리하고자 하는 실제적 관심의 추론('anything goes' inference)'으로 부를

---

69) 이는 현상주의적 교육관을 배경으로 한다.

수 있을 것이다.[70] 지식과 상황을 이분법적으로 구분하지 않고 이미 지식과 상황(실제)이 특정한 시간과 공간에서 결합하여 하나의 총체성을 이루고 있다면, 지식을 상황에 적용해 문제를 해결해 나간다는 생각은 '우리들의 살아 있는 경험적 진실'과 부합하지 않으며 제한적으로 적용될 수 있을 뿐이다.

그렇다면 전통교육의 현대화는 바로 지금 여기 구체적인 시공간적 특성(현장성)에서 제기되는 요구와 문제해결과 전망 등 실제적 추론의 심화와 발전에 기여할 수 있는 운영원리에 입각해 구성되어야 한다. 달리말해, 정신과 육체, 이성과 감성, 지식과 실천 등을 이분법적으로 나누는 것이 아니라 도덕과 지식의 화육신(化育身)을 격려할 수 있는 교육운영이 필요하다는 것이다.

이런 맥락에서 고려해야 할 전통적 교육체계의 한 예는, 종교적 성격을 배제한 배향(配享) 공간으로서의 기능을 현대화시키는 방안을 모색하는 것이다. 즉, 전통시대의 제향의식의 변용과 혁신을 통해 언어와 문자 위주의 지식의 관념화와 지식의 적용 결과로서의 성과주의를 넘어서 지식과 덕목의 화육신(化育身), 정서적 감응과 깨달음, 상호관계적 실천과 생활세계의 변화를 동시에 이끌어내는 교육방식을 모색할 수 있다. 이는 고대 그리스의 플라톤이 『국가』에서 주창한 공동체적 인성교육시스템과 유사한 측면이 있는 바, 일종의 사회화 과정을 통해 좋은 성품을 습관화하는 동시에 이성의 계발도 동시에 추구하는 실천지향적 교육을 의미한다.

---

70) Feyerabend, P., *Against method: Outline of an anarchistic theory of knowledge*, London: New Left Books, 1975; 손민호(2013) 위 논문에서 재인용.

나. 실천공동체 교육의 운영원리

'실천공동체'란 상호작용하고, 같이 배우며, 인간관계를 쌓아가고, 그 과정에서 소속감과 상호헌신의 다짐을 개발해가는 사람들의 모임으로 이는 효과적 지식구조에 없어서는 안 되는 중요한 요소이다. 그들에 의하면 공동체 구성원들은 공동문제에 관한 문제를 해결하기 위하여 만남을 통하여 상호작용을 하고 이 같은 상호작용을 통하여 존경과 신뢰에 기반한 인간관계가 형성되고 시간이 지남에 따라 구성원들은 공동의 역사의식과 정체성을 형성한다.[71] 실천공동체의 중요한 구성요소인 호혜적 관여는 상호 이질적 참여자들이 상호작용을 통하여 인간적 친밀감과 신뢰를 형성하고, 학습·과제 수행에 있어서 상호역량의 상보적 관계를 통하여 관행적 실천을 개선해 나가는 복잡한 양상의 상호작용을 말한다. 그리고 이같은 구성원들의 신뢰에 기반한 상호작용을 통하여 공동체의 유대와 정체성이 형성된다.

실천공동체의 학습은 개인적이면서 동시에 공동체적이다. 실천공동체는 공동업무, 혹은 공동의 주제를 지향하면서 '공동자산' 혹은 '공동의 실천'을 매개로 하여 호혜적 관여라는 상호작용이 이루어지는 공간이다. 실천공동체의 학습은 사실상 참여를 의미하며 참여는 '공동체'와 참여자인 '나'가 '우리'와 함께 공동의 역사를 함께 만들어가는 과정이다. 여기서 '나'의 정체성은 우리가 하는 일에 의해서 규정될 뿐만 아니라 함께 참여하는 타자에 의해서도 결정된다. 이러한 실천공동체는 교실과 교과서를 벗어나는 교육 공간과 범위, 강학 중심을 넘어서는 시와 음악 등 예술의 적극적인 활용 등 내용과 방법을 최대한 다각화하는 방안을 모색해야 한다.

---

71) 박동섭, 「문화적 실천으로서의 학습탐구」, 『교육인류학연구』 14권 2호, 한국교육인류학회, 2011.

실천공동체는 공통의 관심영역을 공유한 구성원들이 지속적인 자원과 정보의 교류를 통해 서로의 전문성과 지식을 심화시키는 사회적 연대로 학교, 기업체, 지역사회기관 등 실천의 목표가 분명한 집단이 갖는 이념이자 특성이다.[72] 교육적 관점에서 실천공동체는 학습을 학습자가 독립적으로 지식을 내면화하는 것이 아니라 실천공동체에 참여하는 것으로 재개념화되며 학습을 실천공동체의 참가로 보는 것은 세계 안에서 행위하고 있는 전인격(whole person)에 초점을 맞추는 것이다. 학습을 고독한 책읽기가 아니라 교육활동에의 참가로 정의하는 것은 참여적 실천을 통해 지적인 능력의 개발뿐만 아니라 동료에 대한 애정과 유대감, 공동체에 대한 주체의식과 소속감을 강화시킨다는 것을 의미한다. 이는 인간과 사회를 관계론적인 시각에서 바라보는 유가적 인간관, 사회관과 정확히 일치한다.[73] 이러한 실천공동체의 교육체계는 다음의 협력교육체계와 유기적이고 내적으로 연동된다.

다. 협력(Collaboration) 교육의 운영원리

지금까지 살펴본 것처럼, 전통적 가치와 덕목의 현대화는 현대적 생태문화적 환경 속에서 학생－주체, 선생－주체, 시민－주체가 처한 상황과 지식이 이미－결합되어 있는 구체적인 현실에 충실하게 교육프로그램을 운영해야 한다.

이와 연관된 협력교육에서는 두 가지 원칙을 적용하는 것이 중요하다. 먼저 수평적인 언어적, 비언어적 소통의 참여를 활성화하는 것이다. 수평

---

72) Wenger, E., McDermott, R. A., & Snyder, W., *Cultivating communities of practice: A guide to managing knowledge*, Boston, MA: Harvard Business Press, 2002.

73) 김진희, 「Self-study를 통한 실천공동체의 학습문화」, 『교육문화연구』 17(3), 인하대학교 교육연구소, 2011, pp.49-50.

적 구조에서는 공동체의 공통 주제와 과제해결, 목적을 위해 참여하고, 동료사이의 의견과 정보교환으로 상호성을 확인한다.[74] 참여를 통해 인간적인 친밀함과 커뮤니티로서의 연대가 강해질 수 있다. 이를 위해 다양한 온·오프 통로와 접속을 통해 공감·소통으로 나아가고 '학교 밖'에서도 학습 소통과 실천공동체의 협력이 가능하도록 교육방식을 설계할 필요가 있다.

두 번째는 정체성의 확인과 변화를 추진해야 한다. 협력교육에서는 처음에는 나(I)로 수업에 참여하지만 학습과 실천 속에서 우리(we)로 확대해서 참여하는 교육적 실천을 통해 자기 자신을 확인·수정하는 행위가 가능해진다. 주어진 과제해결이라는 맥락 속에서 개인별 역할 수행을 통해 자신을 표현하지만 개인의 참여는 공동의 목적에 자신이 함께한다는 의사표명이며 지식—실천의 합이 삶으로 작동하는 동시에 나와 우리를 동일시하는 정체성을 경험하도록 한다.

(4) 전통교육 학습과정과 수업모형의 현대화

가. 학습과정의 현대화

앞에서 살펴본 쇄소와 예악, 절과 문 등의 교육과정의 현대화를 위해 현재 잠정적으로 검토한 학습단계 및 절차는 "기초 → 일반화 → 심화 → 체화"로 나아가는 과정으로 정리될 수 있다.

① 기초과정은 생활적인 앎과 지식의 중요성을 강조하며 해당 지식의 공부가 나의 삶과 사회적 삶에 어떤 실질적인 변화가 일어날지를

---

74) 김진희, 「Self-study를 통한 실천공동체의 학습문화」, 『교육문화연구』 17(3), 인하대학교 교육연구소, 2011.

예시하여 공부할 필요성과 해당 지식에 대한 호기심과 매력을 알려주는 과정이다.

② 일반화 과정은 나무가 아닌 숲을 바라보듯이 개별 지식의 공부가 다른 지식과 갖는 관계를 인식하고 공통점을 찾으면서 자신(지식)의 위치와 역할을 성찰하는 내용으로 구성된다.

③ 심화 단계는 지식과 원칙의 적극적인 응용을 훈련하는 단계로서 당면한 문제에 부딪혔을 때 필요한 사려와 적절한 행동으로 대처하는 준비라고 볼 수 있다.

④ 체화 단계는 자신의 지식이나 경험을 재성찰하고 타인의 그것과 비교하면서 기존의 지식과 경험을 수정하거나 교정해 나가면서 실제로 자신의 지식과 역량, 덕성으로 내면화하고 실천하는 단계이다. 이는 비교적 오랜 시간을 필요로 할 것이다.

한편, 각 단계는 단계별 교육목표와 효과를 위해 원칙적으로 "이론 공부 → 문제 발견 → 상호 질문과 토론 → 공동의 해법(실천) 모색" 같은 절차로 구성될 수 있다.

이런 학습절차는 이론－실천 중심 수업에 모두 적용되지만 지식 중심의 학습의 경우에는 앞의 세 단계에 더욱 기반하며, 실천 중심 학습의 경우에는 일상적이고 다양한 지식－경험들을 연계하여 실천적 순환을 촉진하는 세 번째와 네 번째 단계에 더욱 기반한다.

나. 전통교육 수업설계의 현대화

현대의 아동·청소년의 수준에 맞추어서 전통교육의 방식을 다음과 같은 새로운 프로그램으로 예시해 볼 수 있다. 이는 2년차에서 구체적인 교육내용에 부합하고 효과적인 수업모형의 구성을 위해 다양한 검토와 풍부한 논의를 통해 보다 정교하고 체계적으로 구성될 것이다.

다음은 『소학』을 활용한 4주차 전통교육 수업모형 구성으로 '전통교육 수업모형의 현대화'에 관한 초보적인 예시이다.

(예시)『소학』을 활용한 전통교육 수업모형의 현대화

1. 개괄

> - 주제: 나의 삶을 설계하는 시간
> - 대상: 대한민국 아동·청소년
>   (초·중·고등학생, 탈학교 청소년 포함)
> - 주최: 각급 학교 및 교육기관
> - 주관: ○○대학교 ○○연구소
> - 협찬: 각 지역 도서관 등 유관기관
> - 일시: 201○. ○○. ○○ - 201○. ○○. ○○(4주간)
>   - 학교 정규교육과정 이외의 방과 후 혹은 방학
>   - 자유학기제 기간 활용
> - 장소: 각 지역 도서관 혹은 ○○대학교 등 유관기관

2. 목적

동양의 고전인 『소학』를 통해 아동·청소년의 건전한 인성 함양과 진학 및 진로를 모색하고 아동·청소년 시기 인생에서의 다양한 교육방법을 고안하여 자율적인 삶을 설계할 수 있도록 돕는다.

3. 내용

주별	내용
1주차 '입지(立志)' 주간	『소학』에서 '입지'와 관련되는 부분을 발췌하여 공부하고, 나의 삶을 설계하고 삶의 전망을 설정함
2주차 '사랑(愛人)' 주간	『소학』에서 '사랑'과 관련되는 부분을 발췌하여 공부하고, 사람을 사랑하고 열린 마음으로 의사소통하는 인간관계의 근원을 모색함
3주차 '정의(正義)' 주간	『소학』에서 '정의'와 관련되는 부분을 발췌하여 공부하고, 인간의 본성을 이해하고 삶에 정의가 구현되는 원리를 성찰함
4주차 '화합(和合)' 주간	『소학』에서 '화합'과 관련되는 부분을 발췌하여 공부하고, 인생의 전체 면모를 이해하고 모든 것들의 화합을 다짐함

4. 방법

가. 『소학』의 기본 정신에 바탕

나. 각 지역 대학교 및 공공도서관, 유관기관의 다양한 교육인프라 활용

다. 대학생 멘토와 멘토링

라. 모듬 활동

마. 프로그램 기간 중 카페 개설 활동

5. 학생 활동

가. 인생 진로 설계

나. 인간관계에 관한 사고

다. 사회 정의와 화합에 대한 이해

라. 과제물 제출(활동작품집 수록용)

6. 추후 결과물: 학생활동 작품집 발간

7. 세부일정(일정 및 시간은 상황에 따라 조절)

가. 1주차: 입지 — 나의 꿈 나의 비전

일정	출석활동 세부내용		비고
자율활동 (0월 0일~0일) 출석활동 (0월 0일)	10:00~10:10	개강 인사말	강사진 초중고교 교사 대학교수 대학생 멘토 각 분야 전문가 (재능기부)
	10:10~10:50	〈소학〉 읽기	
	10:50~11:00	휴식	
	11:00~11:50	입지 1: 어떤 삶을 살 것인가?	
		(교사와의 대화: 사제동행 – 네 뜻을 세워라!)	
	11:50~13:30	점심식사	
		(식사 후 대학캠퍼스 혹은 도서관 등 유관 투어)	
	13:30~14:20	입지 2: 나의 고민 나누기	
		(멘토와의 대화: 나의 아동 · 청소년 시기)	
	14:20~14:30	휴식	
	14:30~15:20	입지 3: 진로 및 진학	
		(나의 재능, 꿈, 그리고 진학과 진로)	
	15:20~15:30	마무리	

나. 2주차: 사랑 — 열린 마음의 대화

일정	출석활동 세부내용		비고
자율활동 (0월 0일~0일) 출석활동 (0월 0일)	10:00~10:50	〈소학〉 읽기	강사진 초중고교 교사 대학교수 대학생 멘토 각 분야 전문가 (재능기부)
	10:50~11:00	휴식	
	11:00~11:50	사랑 1: 인간을 사랑하는 아동 · 청소년의 삶	
	11:50~13:30	점심식사 및 교육기관 주변 체험	
	13:30~14:20	사랑 2: 배려를 통해 다지는 사랑법	
	14:20~14:30	휴식	
	14:30~15:20	사랑 3: 음악을 통해 배우는 사랑의 정신	
	15:20~15:30	마무리	

다. 3주차: 정의―올바른 삶의 길

일정	출석활동 세부내용		비고
자율활동 (0월 0일~0일) 출석활동 (0월 0일)	10:00~10:50 10:50~11:00 11:00~11:50 11:50~13:30 13:30~14:20 14:20~14:30 14:30~15:20 15:20~15:30	〈소학〉 읽기 휴식 정의 1: 인류를 향한 정의 점심식사 및 각종 동아리와의 만남 정의 2: 영화로 이해하는 정의 휴식 정의 3: 다시 꾸며보는 나의 진학 진로 마무리	강사진 초중고교 교사 대학교수 대학생 멘토 각 분야 전문가 (재능기부)

라. 4주차: 화합―세상과 어울리기

일정	출석활동 세부내용		비고
자율활동 (0월 0일~0일) 출석활동 (0월 0일)	10:00~10:50 10:50~11:00 11:00~11:50 11:50~13:30 13:30~15:20 15:20~15:30	〈소학〉 읽기 휴식 화합 1: 우리가 꿈꾸는 삶의 비전 점심식사 및 전체 활동 정돈 화합 2: 화합의 마당 - 모두가 참여하는 공연 　　　　청소년 오케스트라 연주회 마무리	강사진 초중고교 교사 대학교수 대학생 멘토 각 분야 전문가 (재능기부)

제5장

결어 :
전통교육의 현대화와 시사점

제5장

결어:
전통교육의 현대화와 시사점

1. 전통적 규범의 재해석과 가능성

앞에서 제시했듯이, 전통적 가치에 관한 선행적 설문조사 연구들은 우리 현대 한국사회가 근대화와 서구화의 과정을 빠르게 겪으면서 전통적 가치의 위상도 매우 낮을 것이라는 예상과 달리, 한국인의 시민의식 속에서 전통이 차지하는 비중이 적지 않다는 것을 보여주고 있다. 관련 연구에 의하면[1] 익숙하고 구체적인 개념들에 대한 응답률이 높은 반면 신비적으로 느껴지거나 낯선 개념들에 대해서는 선호도가 낮으며, 유교적 가치·불교적 가치·도교적 가치에 대한 선호도가 응답자의 종교적 배경과는 거의 상관이 없고, 일상생활에의 영향력이 크고 고유성이 큰 것을 중시하고 있음을 보여준다. 한편, 본 연구진의 설문조사 결과는 전통교육의 필요

---

1) 박병기·지준호·김철호, 「전통적 가치와 시민의식」, 한국윤리학회, 『윤리연구』 93호, 2013.

성과 기대심에 비해 학교현장에서의 활용성 및 효과가 상대적으로 소극적인 반응을 보인 이유가 역으로 변화된 시대상을 반영하고 학생들의 개성과 흥미, 지적 수준 등을 고려하여 전통교육을 해야만 효과를 거둘 수 있다는 점을 보여준다.

앞서 논의한 전통의 일상적·학문적 의미, 전통적 가치의 연원과 변화, 현재적 의미로서의 전통 가치의 위상 등은 결국 전통을 어떻게 재해석함으로써 '현대 전통'을 만들어 낼 것인가? 전통의 규범적·실천적(실용적) 의미를 어떻게 재해석하고 현대적 맥락에서 범주화할 수 있는가?의 문제를 풀기 위한 기초적인 단계에 해당한다. 따라서 본 연구가 궁극적으로 지향하는 교육모델 개발에 있어서 연계성(連繫性), 통합성(統合性), 현장성(現場性), 실효성(實效性), 용이성(容易性), 완정성(完整性), 목표성(目標性) 등을 고려하여야 하며, 우리 사회의 문화적 신념과 규범을 반영하고, 아울러 강사진 연수 등 행정적인 지원이 더하여만 그 실효성을 높일 수 있다. 전통을 기반으로 하는 청소년과 시민 대상 교육프로그램 구성에 있어서 전통 개념을 명확하게 제시하고, 기르고자 하는 전통적 가치관의 요소들을 구체화 하고, 학습자의 지식과 행동이 연결될 수 있도록 구조화 하며, 교육과정 또는 학교전체의 맥락 속에서 그리고 가정·사회와 연계된 실천프로그램으로 거듭나야 할 것이다.[2]

전통과 전통교육은 필요성을 공감하는 목소리와 부정하는 목소리가 똑같이 크다. 동양-한국의 근대화 과정이 비주체적이고 이중적으로 이루어진 결과라고 할 수 있다. 그러나 현대 한국사회와 교육의 실상이 결코 이상적이지 못하다는 점, 갈수록 폭주하는 물질주의와 무한경쟁 속에서

---

2) 한성구·이인재·지준호·손경원, 「학교폭력 예방을 위한 초등학교 인성교육 프로그램 개발 연구」, 『한국철학논집』 28집, 2010.

청소년을 비롯한 사회구성원 모두의 삶이 지쳐가고 있다는 점, 삶의 의의나 도덕성의 근본적 가치에 대한 확신이 줄어들면서 사회 전반적으로 도덕적 억제력과 공동체 의식이 약화되고 있다는 점 등을 볼 때, '본질 교육'으로서의 전통사상·문화교육, 그리고 전통교육적 방법을 응용한 교육은 필요하다. '전통'은 '당대'의 삶과 사회와 문화에서 결코 완전히 동떨어진 것이 아니며, 도외시되고 있는 전통 가치와 사상, 문화에는 현대의 문제점을 극복하는 과정에 긴요한 요소가 포함되어 있기 때문이다.

또한, 이 주제는 필요성을 절감하는 사람들 가운데서도 그 구체적 실천방안에 대해서는 엇갈리거나 막연한 목소리가 많은 것이 특징이다. 현대의 생활환경과 교육환경이 전통사회의 그것과는 크게 동떨어져 있기 때문이다. 여기서는 이 문제에 대처하고자 먼저 현행 교육과정에 비추어 전통과 전통교육의 의의와 기본 틀을 현대적으로 재구성·재해석해 보았으며, 이에 따른 구체적인 실천 방안을 미흡하게나마 제시해 보았다. 향후 진행될 연구에서 이러한 시각과 처방이 한결 체계화되기를, 그리하여 주체적이지 못했으며 아쉬움이 많이 남았던 근대화 과정을 전통의 자리매김을 통해 보완하고 긍정적으로 완성하는 과제에 보탬이 되기를 희망한다.

'전통을 계승한다'라고 말할 때, "계승되는 것은 전통적인 요소이며, 전통은 창조되는 것"이라고 할 수 있다. 그러므로 "과거의 전통적 요소는 새로운 시대감각과 결부되어 부단히 변용되고 계승된다"고 할 수 있다.[3] 우리는 전통과 전통문화 속에서 삶을 살아가고 있으며 동시에 한편으로는 전통과 전통문화를 창조해가고 있다. 이러한 측면은 우리가 전통을 해석하고 이를 계승하는 한편, 현대 또는 현재라는 우리의 삶을 통하여 재창조하고 있음을 말하는 것이다. 이는 전통의 본래적 가치를 인식하는 것을

---

3) 조연현, 「전통과 전통적 요소」, 『국어국문학』, 34·35권, 1967 참조.

출발점으로 삼아 현시대의 합리성과 효율성을 추구하는 미래지향적인 이상을 추구하는 것이기도 하다. 우리가 전통에 관하여 다시금 물음을 던지고 분석을 진행하는 것은 현재의 우리가 미래를 향한 새로운 전망을 도출하기 위한 것이다. 열린 시대를 살아가는 성숙한 지성인으로서 요구되는 주체성과 개방성은 바로 전통의 계승과 발전이라는 측면과 그 궤도를 같이하고 있다.[4]

2. 전통과 근대화 과정, 민주주의, 교육현실

한국의 근대화와 민주주의, 교육현실은 전통과 밀접하다. 하지만 근대화 과정에서 다양한 문제점을 드러냈다. 이에 먼저 근대화와 전통의 관계에서 전통 가치를 긍정적으로 바라보고 보편적 가치로 여겼던 근대 지식인들의 관념을 적극적으로 조명할 필요가 있으며, 전통 가치를 내용적 측면에서뿐만 아니라 그것이 전승되는데 필수적인 의례와 의식, 형식의 측면도 함께 고려해야만 새로운 교육모델을 만들어 낼 수 있다.

한국은 개항 이후 물밀 듯이 밀려들어오는 서양문화에 대해 기본적으로 동도서기(東道西器)적 입장에서 접근했다. 그러나 동도서기론은 '서기'에만 편향되어 전통을 도외시하였을 뿐만 아니라 '동도'에 대한 새로운 의미해석을 통해 근대적 가치를 창출하고 이를 교육에 반영하는 등의 노력이 부재하였다. 특히, '동도'에 대해 고민하더라도 교육적 내용의 측면에만 치중해 접근했을 뿐, 의례와 의식을 포함하는 제도와의 구체적인 연관 속에서 이해하려는 시도는 많지 않았다. 이런 환경에서 서구 교육 체제의

---

4) 지준호·정숭진 「대만 예비교사들의 전통관 연구」, 『한국초등교육』 19권 2호, 2009.

이식은 전통교육의 내용과 형식 일체를 해체시키고 한국의 교육 생태와 맞지 서구식 교육구조를 창출하였다. 강력한 반전통주의를 핵심으로 하는 서구식 교육은 전통교육이 갖고 있던 봉건적 요소를 타파했다는 점에서는 나름 의미가 있지만, 검증되지 않은 서구식 체제에 교육의 주도권을 넘겨 줌으로써 일방적인 예속화의 길로 접어들게 되었다. 특히, 강학과 배향이라는 전통적 학교 기능 가운데 제향의식의 소멸은 결정적으로 교육내용의 지식화, 관념화를 초래함으로써 전통 가치가 전승되지 못할 뿐만 아니라 더 이상 생명력을 발휘할 수 없도록 만들었다.

지금까지 많은 사람들이 전통의 부정과 서구 교육체제의 도입을 근대교육으로 생각하는 단선적인 관점을 견지해 왔다. 그러나 이상에서 보았듯이, 현대사회와 교육의 문제점을 진단하고 치유하기 위해서는 '근대'에 대한 서구중심적 이해 태도를 지양하고 전통과의 연계 속에서 '근대'를 바라보는 새로운 성찰과 접근이 필요하다.

다음으로는, 민주주의와 전통의 관계에 대한 고찰로 '신성한 지도자 대망론', 충효사상의 강조, 민본주의적 정치관, 선비의 역할과 민란의 허용 가능성 등 전통정치 사상－정치문화적 유산이 오늘날의 한국 민주주의의 패턴에 긍정적, 부정적 영향을 미치고 있는 것으로 추정하였다. 전통사상과 문화의 패턴과 현대 정치현상의 패턴 사이에 어떤 유사성이 있다고 해서 반드시 양자간에 인과관계가 있다고 결론지을 수는 없다. 그러나 오늘날의 세대가 전통사상과 문화에 영향을 받아온 점은 틀림없다. 그들은 가정과 학교, 사회에서 부모, 친지, 교사, 선배, 상사 등을 통해 전통사상과 의식을 의식적·무의식적으로 전수받았으며, 학교교육과 '사극'을 비롯한 대중문화 상품을 통해서도 그런 전수가 이루어졌다. 여기에 한국정치사에서 형성된 레드 콤플렉스와 현대 경제환경과 교육환경이 강요하는 '바쁜 개인적 삶'이 그런 전수된 전통의 정치적 영향을 강화하고 있다. 따라서 현대 민주주의 사회의 유권자들과 정치인들이 전근대 전통사회의 행위자들과 유사한 정치 행동의 패턴을 보인다면, 양자간에 최소한의 인과관계가 개재되었음을 추정한다고 해서 무리는 아닐 것이다. 향후의 연구를 통해, 이 인과성의 유무를 확정하고 그 강도를 측정할 수 있기를 기대한다. 또한 향후 연구에서, 일단 시험적으로 제시된 '전통의 온고지신적 선용을 통한 현대 한국 민주주의의 발전' 방안들을 더 체계화, 내실화하고 구체적인 실천 과제로 발전시키기로 계획한다.

마지막으로 교육현실과 전통의 관계를 자체 설문결과를 기초로 고찰해 보았다. 설문결과에 따르면 한국사회의 초·중·고·대학생의 전통문화에 대한 관심 및 선호도는 보통 수준이었고, 전통문화에 대한 경험은 낮았으며, 실제적인 체험 수준은 상대적으로 낮았다. 그러나 놀라운 것은 전통에 대한 자부심이 상당히 높았다는 점이다. 한국사회의 학생들이 전통문화보다는 서구문화에 친숙하고 경도되어 있을지라도 전통에 대한 강한 자부심이 표현된 대목은 전통문화 내지 사상을 현대적으로 재해석하여 교육할 필요가 강하게 요구되는 지점이다.

특히, 전통교육의 내용 중 가장 필요한 교육내용으로 도덕과 인성, 예술활동 및 놀이문화, 의사소통 및 대인관계 능력의 비중이 압도적으로 높게 나타났다. 반면에 전통교육의 상징으로 볼 수 있는 공자와 맹자의 사상이나 저서 등 고전에 대한 이해는 낮은 수치에 불과했다. 따라서 효과적인 인성교육을 위한 전통적 접근은 지식 중심으로는 큰 한계를 가져올 수밖에 없고, 도덕과 인성을 제고하거나 예술활동 및 놀이문화를 체험하며, 더 나아가 의사소통 및 대인관계 능력을 제고할 수 있는 교수·학습방법의 개발이 요청된다고 할 수 있다.

3. 전통교육의 혁신 전략

우리의 현행 교육제도, 교육목표, 교육내용 등이 서구적인 제도와 가치의 영향을 받은 것이라면 새롭게 구성해야 할 전통교육의 내용, 방식, 체계 역시 서구적인 교육에 대한 비판적 성찰과 혁신을 통해 재구성할 필요가 있다. 이를 위해 앞에서 전통교육 현대화를 위한 체계적인 연구를 위해 먼저 전통교육 내용 및 방식을 재조명하고 재해석하면서 현대화의 원칙과 방향을 도출했다.

먼저, 전통교육 내용의 현대화 원칙과 전략에서는 전인교육과 인재시교(因材施敎)의 현대화를 통해 상황적, 생활세계적 측면에서 인지·정의·신체적 교육의 완결성 높은 교육내용을 구성해야 한다는 점, 전통교육의 고유한 특징인 실천지향적 교육내용의 현대화를 위해 기존 전통교육 방식에 비해 보다 더욱 학생들이 주체적으로 만들고 참여하는 동시에 학생들의 구체적인 시공간적 특성, 심리적 특성이 반영되는 상황적 교육내용을 구성할 것을 제안했다. 아울러 형이상학과 형이하학의 이분법을 넘어서 지식의 추상적이고 일반적인 체계를 이해함과 동시에 그 지식을 자신이 일상의 경험과 구체적으로 연결, 응용하여 전통적 가치와 미덕을 체화할 수 있는 교육내용을 구성할 것을 제안했다. 이를 위해서는 실질적인 구체적인 이슈와 주제를 다양화하고 콘텐츠와 텍스트를 발굴, 창조적으로 재구성하는 노력이 필요하다.

둘째, 전통교육 방식의 현대화 원칙과 전략에서는 쇄소(灑掃)와 육예(六藝)의 현대화를 통해 윤리도덕의 습관화와 성찰적 능력을 강화하는 동시에 강독의 현대화를 통해 가르침과 배움의 교학상장(敎學相長)인 자기수양과 자발적이고 주체적인 통치능력을 더욱 촉진, 격려하고 강화할 수 있는 교육방식의 원칙을 제안했다. 또한 지성의 선순환을 모색하고 지식과 실천이 괴리되지 않는 지행합일의 교육방식을 적극적이고 창조적으로 모색할 것을 제안했다. 아울러 훈장－접장－생도로 이어지는 개인별, 능력별 교육과 동시에 우수한 학생의 보조 및 상호작용에 기반한 협력학습, 협동교육을 활성화시키는 교육방식의 원칙을 제시했다. 이를 위해서는 면대면 대화와 소통, 상호교감을 끌어낼 수 있는 교육방식을 활성화시켜야 할 것이다. 여기에는 학생 동료 관계에서 뿐만 아니라 학생, 교사, 학부모 등 모두가 서로의 차이와 역할을 긍정하면서도 상호구성과 영향 속에서 함께하는 협력교육도 개발할 필요가 있을 것이다. 마지막으로, 모든 존재를 긍정하고 계절의 변화 및 자연과의 조화를 강조하는 전통교육 방식을 현대화하여 정신과 신체의 리듬에 조화를 이룰 수 있는 교육방식, 더불어 살아가는 존재의 깨달음과 노력을 극대화시킬 수 있는 교육방식을 개발할 것을 제시했다.

셋째, 전통교육 체계의 현대화 및 혁신의 원칙과 전략에서는 앞에서 고찰한 전통교육 내용과 방식의 현대화 방안에 대한 결과물을 기반으로 고대 동서양의 통섭적 고찰을 통해 전통교육의 현대화의 이념적 목표, 전통적 핵심역량의 재구성, 전통교육의 운영원리의 현대화, 수업모형 및 교육과정의 설계와 혁신 방향을 총체적이고 포괄적으로 제시했다. 먼저, 동서양 고전의 통섭 속에서 온고지신 프로그램의 정치적 목표로서 유교적 통치성 및 공론장, 화이부동의 현대적 재구성과 맹자의 인개가이위요순(人皆可以爲堯舜)에 입각한 만인의 선비화, 공화주의적 덕성을 전통적 맥락에서 중요한 교육목표로 제시했다.

나아가, 수신－제가－치국－평천하로 이어지는 유기적, 통일적 연속성 속에서 유덕한 시민의 개인역량[修己·明明德]으로서 성찰과 자존의 함양, 유덕한 시민의 대인관계역량[治人·親民]으로서 공감과 배려의 함양,

유덕한 시민의 공동체역량[止於至善]으로 상생과 공존의 함양을 핵심역량으로 제시했다. 앞의 연구와의 연관성 속에서, 이런 이념적 목표와 핵심역량을 지지하고, 격려할 수 있는 교육운영 원리로서는 지행합일의 현대화, 협력교육의 현대화, 실천공동체 교육의 현대화를 교육내용과 방식을 결합한 총체적이고 포괄적인 운영원리로 제시했다. 마지막으로 이런 운영원리에 부합하는 학습과정과 수업모형을 예시했다. 종합한다면, 이런 기획의 현대적·정치적 함의는 학생·시민 주체의 내면적 수양이나 고립적 실천에 머무는 것이 아니라 교육 주체들이 실천적 지식과 지식의 실천을 통해 생활세계로 나아가야 한다는 점, 지속적이고 성찰적인 지행합일의 교육적 동력을 생활세계에서 발견하고 실현하면서 사회영역과 접속되고 공적 세계로 확장되어야 함을 강조했다. 이는 궁극적으로 자유주의적 대의정치를 극복할 수 있는 정치적 주체화의 역량으로 전환하여 민주적 시민성을 격려, 함양시키는 전통교육의 현대화 프로그램을 구성해야 한다는 점이다.

한편, 우리 연구가 궁극적으로 함양하고자 하는 전통교육의 현대화 목표에 부합하는 덕성과 역량은 〈표 5-1〉과 같이 정리해 볼 수 있을 것이다. 이는 덕스러운 학생과 시민 역량의 토대를 구성하는 요소로서 그 의미와 내용은 확장될 수 있고 중첩될 수 있다. 아울러 지금까지 살펴본 전통교육 현대화의 이념적 목표와 상응하는 역량의 세부내용과 교육운영원리의 유형을 〈표 5-1〉로 나타낼 수 있다.[5]

----

5) 물론 세 영역과 내용들은 원리상으로, 실천적으로 중첩될 수 있으며 상황과 맥락에 따라 얼마든지 교차·상용·교환될 수 있다. 한편, 이러한 우리의 핵심역량은 교육부의 『2015 도덕과 교육과정』의 정치적 확장으로 이해할 수 있을 것이다.

표 5-1 | 전통교육 현대화의 목표와 역량의 세부내용과 교육운영원리의 유형

전통교육 내용	핵심 가치	핵심 역량	핵심 목표	세부내용	중심영역	수업 운영원리
유덕한 시민의 개인역량 [修己/ 明明德]	人 : 孝, 弟, 慈	성찰 자존	통치성	• 윤리적 주체성, 덕스러운 시민성 • 자기성찰능력, 신중한 판단과 행동 • 관계적 자아의 추구 • 긍지와 자부심 • 긍정적 생각과 적극적 태도 • 목표에 대한 성취력	생활세계	지행합일
유덕한 시민의 대인관계 역량 [治人/ 親民]	義 : 直, 勤, 儉	공감 배려	공론장 共和	• 타인과 공감, 소통, 경청, 논쟁, 호혜적·상호구성적 관계 • 공적인 문제에 대한 적극적인 참여, 사회의 주인의식, 정치적 평등성	사회세계	협력교육
유덕한 시민의 공동체 역량 [止於 至善]	仁+義 : 慈德 克己復 禮	상생 공존	화이 부동	• 차이와 다양성, 갈등에 대한 긍정 • 공동체의 조화와 통합의 성취 • 공동선의 인식과 수용 • 유대와 연대, 정치적 실천 • 갈등, 분쟁의 협상과 잠정적 합의	공동세계	실천 공동체

4. 전통교육의 시대적 함의와 구성조건

주지하듯이, 전통이란 '과거로부터 현재에 이르기까지 축적되고 계승되어온 문화적 유형의 총체'를 의미하는 것으로, 이는 또한 과거로부터 전해진 문물뿐 아니라 생활방식이나 가치관 등을 포괄하는 일종의 가치체계라 할 수 있다. 우리 사회가 근대화 과정을 겪는 과정에서 전통은 과거의 것, 낡은 것으로 인식되어 사회발전의 장애물처럼 치부되었다. 그 결과 생

활 전반에서 고유문화를 찾아보기 어려운 상황에 처하게 되었고, 이는 자기정체성의 혼란이란 문제를 낳게 되었다. 이러한 이유로 말미암아 우리에게 전통이란 무엇인가 하는 질문이 새삼스런 화두를 던져주고 있으며, 이는 또한 전통적 가치와 현대적 가치가 첨예하게 대립하는 현대사회에서 전통교육이 과연 이 시대에 어떠한 의미를 갖는가 하는 문제와 전통교육이 오늘날의 교육과 어떠한 상호작용을 할 수 있는가 하는 문제를 제기한다.

전통교육이란 전통과 전통문화를 가르치는 활동, 특히 서구 문물이 유입되기 이전에 우리 민족 구성원 전체가 향유했던 문화유산을 가르치는 일이다. 그렇다면 전통교육을 왜 하는가? 전통문화를 왜 배워야 하는가? 다시 말하여 전통교육을 배우려는 목적이 무엇인가 하는 문제이다. 전통교육을 배우려는 목적은 다름이 아니라 전통을 계승하고 발전시켜야 할 필요성으로부터 말미암는다. 그렇다면 전통을 계승하고 발전시켜야 하는 이유는 무엇인가? 전통은 단지 낡은 것, 과거의 것으로 치부되는 경우가 종종 있다. 하지만 올바른 전통의 계승, 발전은 민족의 자기정체성을 강화하여 미래의 발전에 필요한 것이다. 그러므로 전통교육의 목적을 어떻게 설정하든지 간에 전통의 '어떤' 내용을 '어떻게' 가르칠 것인가 하는 것이 가장 중요한 문제라 할 수 있다.

우리의 전통적인 생활 문화나 전통적인 가치관들을 낡고 쓸모없는 유물로 여겨 폐기해 버릴 것이 아니라 바로 그 속에서 우리만의 고유한 어떤 것을 가려내고 새롭게 발전시켜 나갈 수 있어야 한다. 그 시대에 맞추고 앞서가면서 전통의 맥락을 지니고 어느 한 면이 새로 창조될 때 우리는 그것을 바른 의미의 창조라 하고 동시에 그것을 바른 의미의 전통의 계승이라 부른다. 이런 의미에서 전통의 계승은 단순한 모방이 아니라 전통에 대한 새로운 해석이라 할 수 있다.

그렇다면, 전통은 왜 계승되고 발전되어야 하며, 전통교육은 왜 필요한가? 전통교육이 필요한 까닭은 첫째, 민족의 고유한 전통문화를 계승발전시키는 일은 민족 주체성을 형성하고 확립하는 데 결정적인 역할을하기 때문이다.[6] 나와 남의 차이점을 알고 세계와 우리나라를 구분하기위해서는 민족의 주체성을 확립해야 한다. 즉, 우리 문화의 실체를 명확하게 알기 위해서는 자신의 전통문화를 주체적인 시각으로 탐지할 수 있어야 한다. 급속한 산업화 과정에서 우리 고유문화에 대한 부정적인 인식과서구문화에 대한 동화 노력의 결과 가치관과 문화적 정체성에 혼란을 초래하게 되었으며, 이는 우리의 정체성을 회복하는 과정을 통해 극복할 수있겠다. 둘째, 교육을 통한 전통문화의 계승과 발전은 한 민족의 생존과관련된다. 국가의 성립요건을 국민, 영토, 주권이라고 한다면 전통문화 혹은 민족문화도 또 하나의 요인으로 포함시켜야 한다.[7] 이스라엘은 비록영토와 주권 없이 세계를 떠돌아다녔지만, 그들만의 전통문화를 간직하고있었기 때문에 작은 나라임에도 불구하고 강한 민족으로 존재할 수 있는것이다. 셋째, 우리나라는 분단된 국가로서 분단 이전의 전통문화를 서로인식함으로써 북한과의 민족 동질성을 찾아낼 수 있기 때문이다. 북한과서로의 관계를 확인하고 공동의 전통문화를 찾아내는 것은 서로가 새로운관계로 발전할 수 있는 민족 동질성의 밑거름이 될 수 있기 때문이다. 넷째, 우리 전통에 대한 교육은 우리 전통에 어울리는 외래문화를 선택할수 있는 힘을 기를 수 있기 때문이다.[8]

이러한 전통교육은 다음과 같은 구성조건을 지니고 있다. 첫째, 한국

---

6) 전경화, 「유아 전통교육에 대한 교사 인식과 실태에 대한 연구」, 『유아교육학론집』 4권 2호, 2000, pp.30-31.
7) 이계학, 『한국인의 전통교육 사상과 가정교육』, 한국정신문화연구원, 1993.
8) 박이문, 『문명의 위기와 문화의 전환』, 믿음사, 1996.

적 특성을 지녀야 한다. 이는 한국 고유의 것만이 아니라 외부에서부터 수용된 것이라도 오랜 과정을 거쳐 한국적 특성을 지니게 되면 한국의 전통교육의 범주에 포함시킬 수 있는 것이다. 둘째, 한국인의 삶에 기초한 것이어야 한다. 우리 사회의 문제를 인식하는 동시에 그 모순을 해결하기 위한 대안이 되어야 한다. 셋째, 과거 교육이든 외래 교육이든 현 시점에서 또는 앞으로 우리 교육의 한 부분이 되기 위해서는 민족의 삶에 발전적으로 작용해야 한다. 오늘을 살아가는 우리의 삶의 질적 향상에 도움이 될 때 전통교육으로서의 의미를 부여할 수 있을 것이다.

한국의 전통교육은 단순히 과거를 회상하고 지적인 호기심을 채우기 위한 것이 아니라, 그것을 바탕으로 현대교육을 분석, 설명할 수 있는, 즉 오늘 우리가 당면한 교육문제를 해결하는 창조적이고 혁신적인 전환이 필요하다. 또한 우리 전통교육에 대한 자긍심을 가지는 한편, 이를 비판적으로 계승할 필요가 있다. 마지막으로 창의적인 자세가 필요하다. 과거의 사회적 토대와 현재의 그것 사이에는 커다란 차이가 있다. 과거의 교육이 아무리 좋았다 하더라도 그것을 현재에 그대로 접목시킬 수는 없다. 그러므로 전통교육에 대한 철저한 이해를 바탕으로 이를 객관적으로 비판하고 개조할 수 있는 창의적인 자세가 필요하다. 이를 통해 진정으로 전통교육을 계승 발전시킬 수 있는 것이다.

본 **QR코드**를 스캔하시면, **"전통 인성교육이 해답이다"**의
참고문헌을 참고하실 수 있습니다.

찾아보기

저자소개

신창호

현 고려대학교 교육학과 교수

학력 및 경력
고려대학교 교육학과 졸업(철학 부전공)
한국학중앙연구원 한국학대학원 석사(철학 전공)
고려대학교 일반대학원 박사(교육철학 및 교육사학 전공)
경희대학교 교육대학원 교수
고려대학교 교양교육실장
한국교육철학학회 회장

주요 저·역서
『교육철학』, 『교육이란 무엇인가』, 『교육철학 및 교육사』, 『수기(修己), 유가 교육철학의 핵심』, 『유교의 교육학 체계』, 『대학, 유교의 지도자 교육철학』, 『유교 사서(四書)의 배움론』, 『율곡 이이의 교육론』 외 다수

심승우

현 한양대학교 유럽-아프리카연구소 연구교수

학력 및 경력
성균관대학교 정치학 박사
한국정치사상학회 이사 역임
한국정치학회 편집위원, 국제정치학회 연구간사 역임

주요 저·역서, 논문
『민본과 민주의 개념적 통섭』(공저), 『제도적 통섭과 민본의 현대화』(공저), 『다문화 시대의 도전과 정치통합의 전략』, 『정치학: 인간과 사회 그리고 정치』(공저), 『아웅산 수치평전』(역서)
"신자유주의 시대와 공화주의 시민경제의 모색"(시민과세계, 2016)
"민주적 시민성에 대한 동서양 교육철학의 통섭 모색"(공저, 안암교육학회, 2017)

윤영돈

현 인천대학교 윤리교육과 교수

학력 및 경력
서울대학교 윤리교육과(학사, 석사, 박사)
해군사관학교 교수(윤리학)
인천대학교 사범대학 부학장

주요 저 · 역서

『다문화시대 도덕교육의 프리즘과 스펙트럼』, 『인성건강과 인문치료』, 『인격』(공저), 『양심』(공저)

이승철

현 성균관대학교 초빙교수

학력 및 경력
성균관대학교 사범대학 교육학과 졸업
성균관대학교 대학원 교육학과 석사(교육학 전공)
성균관대학교 대학원 교육학과 박사(교육사 전공)

주요 저 · 역서
『왕양명의 내적 자각과 교육론』, 『창의성의 이해와 창의인성교육의 쟁점』

임도영

현 수원과학대학교 강사

학력 및 경력
성균관대학교 정치외교학과 졸업
성균관대학교 석사(정치사상 전공)
성균관대학교 박사과정 수료(정치사상 전공)

주요 저 · 역서
『실패한 우파가 어떻게 승자가 되었나』(공역)

임홍태

현 성균관대학교 BK21 연구교수

학력 및 경력
성균관대학교 한국철학과 졸업
성균관대학교 한국철학과 석사(철학 전공)
중국인민대학교 철학과 박사(중국철학 전공)
한국유교학히 유교사상연구소 책임연구원
다산학술문화재단 선임연구원

주요 저 · 역서
『심경철학사전』(공저), 『동양사상』(공저), 『한국철학사상가연구』(공저)

지준호

현 서울교육대학교 윤리교육과 교수

학력 및 경력
성균관대학교 유학대학 한국철학과 졸업(동양철학 부전공)
성균관대학교 대학원 한국철학과 석사(한국철학 전공)
북경대학교 대학원 철학과 박사(중국철학 전공)
서울교육대학교 교수
한국철학사연구회 회장

주요 저·역서
『'대학'의 종합적 고찰』(공저), 『고전에서 배우는 효도와 공경』(공저), 『유교문화
체험연수교재』(공저), 『유학 제3기 발전에 관한 전망』(공역), 『주자학의 형성과
전개』(공저), 『다산 경학의 현대적 이해』(공저), 『한국철학사상가연구』(공저)

한성구

현 성균관대학교 동양철학과 연구교수

학력 및 경력
성균관대학교 동양철학과 졸업
중국 북경대학 석사(철학 전공)
중국 북경대학 박사(철학 전공)
성균관대학교 박사 후 연구원
성균관대학교 초빙교수
서울교육대학교 겸임교수

주요 저·역서
『과학과 인생관』(역서), 『중국 6세대 영화, 삶의 진실을 말하다』(공저)

함규진

현 서울교육대학교 윤리교육과 교수

성균관대학교 행정학과를 졸업
성균관대학교 대학원 박사(정치외교학)

주요 저·역서
『개와 늑대들의 정치학』, 『최후의 선비들』, 『조약으로 보는 세계사 강의』, 『위험
한 민주주의』(역서), 『실패한 우파가 어떻게 승자가 되었나』(역서), 『정치질서의
기원』(역서)

전통 인성교육이 해답이다 -전통교육의 재해석과 현대화-

초판발행	2018년 6월 22일
공저자	신창호·심승우·윤영돈·이승철·임도영·임홍태·지준호·한성구·함규진
펴낸이	안상준
편 집	김효선
기획/마케팅	노 현
표지디자인	김연서
제 작	우인도·고철민
펴낸곳	㈜피와이메이트
	서울특별시 마포구 월드컵북로 400, 5층 2호(상암동, 문화콘텐츠센터)
	등록 2014. 2. 12. 제2015-000165호
전 화	02)733-6771
f a x	02)736-4818
e-mail	pys@pybook.co.kr
homepage	www.pybook.co.kr
ISBN	979-11-89005-08-5 93370

정 가   19,000원

박영스토리는 박영사와 함께 하는 브랜드입니다.